日本フリークライミング小史

定本

我々はいかに「石」にかじりついてきたか

How we have clung to the "STONE"

Toshiyuki Kikuchi

菊地敏之

山と溪谷社

フリークライミング・ワールドへのいざない

ヘミングウェイの短編『挫けぬ男』(The Undefeated)に、

「あっしは闘牛士なんでさ」というセリフがある。

老いて仕事にありつけなくなった闘牛士が、興行師にいよいよ袂を分かたれる、という間際に言ったもので、沢木耕太郎の『敗れざる者たち』の扉にも冠されてあるから、知っている人も多いのではないだろうか。

しかしこんな言葉を聞くと、私などはどうしても次のような言い回しを思い浮かべてしまう。

「オレはクライマーなんだよ」

もっとも、こちらはヘミングウェイや沢木耕太郎ほどカッコ良くはない。

「どうしてあなたはいつもそうなの?」「なんでこんなことができないの?」「あんた、幾つなの?」

などといった比較的、というかモロに情けない叱責に続く唯一の言い分として、この言葉は発せられるように思われる。

いやいや、「思われる」どころじゃない。実際、いつもいつも(40すぎになっても)親から、あるいはまわりの誰彼から、まるで小学生に対するような口調でこう言われるたび、私はこの言葉でその場を凌いできた覚えがある。

「だってオレ、クライマーだからなあ」

いや〜、申し訳ない。

しかし、少々手前味噌に弁解をさせてもらうと、「フリークライミング」という、非日常的にして社会的にもまだまだ未発達なスポーツをそれなりに全うするためには、確かにこうした子供じみた開き直りが必要なこともまた事実ではあるだろう。

真面目一徹に仕事などしていたのでは週末のクライミングがものにならないことは明白だし、その週末をくだらない家族サービスに費やすなど、ほとんど人生に対する侮辱にすら等しい。

と、まことにもって身勝手な言い分を平気で持ち出すところが「だって、クライマーだから」の所以でもあるのだが、しかし、考えてみれば（普通の人なら考えるが）クライミングだ何だといっても、所詮はただの遊びである。いったいどうしてそんなものに、大のオトナがここまで入れ込まなければならないのか。

「なぜなら、そこに山があるからだ」

とは、エベレストの初登頂に挑んだイギリスの某有名登山家が新聞記者の質問に対して放ったこれまた有名なセリフで、山の世界ではこの解釈が昔からかしましく交わされてきた。が、我々クライマーにとっては、こんなやりとりなど聞く方も答える方も、天然ボケ以外のなにものでもない。

「だってそこにメシがありゃ、誰だって食うだろ。なあ？」

以上のことにはどうしても思えないのだ。

「自分が登った高みから、はるかに見下ろす眺めが素晴らしいんですよ」

などというのも、どうもマユツバだ。

そういう利いたふうなセリフを吐く輩に限って、谷底の、樹林に囲まれた20mにも満たない岩場に、延々1シーズンも通い詰めたりするからだ。

「登りきった時の、あの充実感がねえ」

などもいかにもありがちだが、これもその割には念願のルートを登り終わった瞬間にも う他のルートに手を出し、なんとしても登れないで、その日の夕方、既に不機嫌になったりしている。

と、こうしたことを考え合わせれば、早い話、電車に乗るにもコンビニで買い物をするにも指先をチョークで真っ白にして平気でいるような連中に、クライミングの意義云々についてまともな説明を求めるというのは、まったく馬鹿馬鹿しい限りということがおわかりいただけると思う。

しかし、ただいま平成16年。21世紀もすっかり板についてしまった現在、我々はフリークライミングの大衆化とともにさまざまな事情から、なぜこんなものを?という実にイノセントな、というより一般的に見ればごくあたりまえの疑問を投げかけられることが、比較的多くなってきた。

そこで、なんとかそれを理解してもらわなければならないのだが、それには、まずフリークライミングがどのように興り、発展してきたか、そしてそこで我々がどのように蠢いてきたか、ああでもないこうでもないと馬鹿馬鹿しい時間を費やしてきたか、を見ていってもらうのが一番のように思われる。

中には読み進むうちにフリークライマーたちのあまりに自分勝手な理論に呆れる方もいるかもしれないし、些細なことにこだわって人生の貴重な時間をつぶす連中に日本の暗澹たる未来を見る方もいるかもしれない。

しかしその中で、世の中にはわけのわからない価値観があるものだが、それもまた多様な生態系の中の一つの運命かもしれない、日本の社会もずいぶん懐が広くなったものだ、と、一歩進んだ達観の境地を見いだしていただければ幸いである。

CONTENTS

How we have clung to the "STONE"

epilogue

extra

付録　紀元前のフリークライミング

How we have
clung to the “STONE”

chapter 1

フリークライミング事始め

ごく自然発生的なフリークライミングの始まりと、そのナレソメ

駅裏の坂を登り、住宅街に飛び出すと、正面にガタガタした岩山が見える。その、刃こぼれしたノコギリをさらにコンクリーに数回叩きつけたような不揃いな山容は、しかし取り澄ました山の手住宅街の背景としては、どうにもふさわしくない。特に雨の降った翌日など山影はさらに黒みを増してうざったく、よくまあ住民から文句が出ないな、と思うほどである。

ここがこの物語――というようなものでもないが――の最初の舞台となる所、**湘南鷹取山**である。京浜地区ではそこそこ知られた岩登りのゲレンデで、既に戦前から多くの登山家がここを訪れていた（らしい）。

というだけでなく、ここは埼玉の**日和田山**と同じく「日本のフリークライミング発祥の地」の一つとしても広く知られている。

などというと、普段はこんな所、犬を散歩させる空き地、くらいにしか考えてない住民達はもちろん、毎週通ってくるクライマー連中でさえ「？」の目を向けるかもしれない。

いや、「発祥地」などという言い方は、正確ではない。正しくは、フリークライミングの原型があった場所、という程度だろう。そもそも「発祥」という言葉には、なにかしら

湘南鷹取山　横浜、横須賀、逗子にまたがった石切場跡のロッククライミング・ゲレンデ。砂岩の特殊な形状から、ゲレンデとしての価値は賛否両論。ここのみを目的とした「タカトリクライマー」を多く輩出してもいる。

日和田山　埼玉県日高市高麗にある驚くほど小さなロッククライミング・ゲレンデ。ここの「女岩のハング」と呼ばれる高さ6～7mほどの前傾壁が、関東のフリークライミング発祥の地とされている。休日はロープがスダレのように張り巡らされることでも知られる。

の明確な意図や記録がなければならないが、ここにはそんなものは何もない。どこにでもある「石登り」を、昔からただ行なっていた、というだけなのだ。

だいたいこの鷹取山という所は、歴史あるロッククライミングゲレンデとはいいながら、山のそこここには子供でも登れるようなちょっとした2～3mの岩場、というかガケというか、要するに石が無数にある。そして実際、そのようにして近所のガキどもがここでしょっちゅう戦争ごっこなどをしてこの石を登ったり下りたりしているのだが、ここでは、そうした子供だけでなく、そこそこ分別のあるいい大人までがムキになってこれにしがみついたり落ちたり、というようなことを、かなり伝統的に、日常茶飯事として行なってきたのである。


筆者も10代から20代はじめにかけて、ここに実に足繁く通った。

もちろんその「石登り」のためにである。

しかし、ここで筆者自身とそのまわりにも大勢いた同朋たちの名誉のためにも言い添えておくと、この「石登り」はそんじょそこらのものとはちょっとわけが違う。

なにしろここはもともとは古い石切場跡で、基本的にスパッと切れ落ちた垂壁ばかりからできており、そこにかつての登山家たちが打ち込んだハーケンの穴がアバタのように残されているという、きわめて特殊な形状である。そしてそれを、自分の思う通りに縦横無尽に登るとなると、肉体的にはそれはなかなかたいへんなものがある。

もちろん最初のうちこそ筆者も本物のガキで、それなりの所を選んで登ってはちょっとした高所恐怖を味わって楽しんでいたのだが、そのうち違う人間が現れて、もっと目立つ、

ボルダリング　落ちても怪我しない程度の高さの岩、または石を、手足のみで登るクライミングの一形態。近年、独立したスポーツとして人気が高い。

フリークライミング　岩壁を手足のみで登るというロッククライミングの一形態のことだが、ここではスポーツとして発展したそれを指す。ルールや様式については本文参照。

かつ難しそうな所をこれ見よがしに登ったりすると、状況は変わってくる。

「おっ?・なんだ?・」

となり、わらわらとヒマ人がどこからともなく集まってくる。そして中に必ずお調子者がいて、同じことを一人やり二人やり、人によって登れる登れないが出るようになると、あとは決まっている。いつの間にか同じ場所に同じ顔が、最初のうちは入れ替わり立ち替わり、やがては一堂のもとに顔を揃えるようになって、毎日しがみついては落ち、しがみついては落ち、を繰り返すようになっていく。そして誰かがここを登ったと言えばそっちに行き、あちらの方が難しいと言えばそっちに移動し、と、まるで砂糖に群がるアリのようにたむろってはガヤガヤと時を過ごし、揚げ句、ちょっとやそっとでは登れないような難しさのルートをあちこちに印すようになっていった、というわけなのである。

と、まあ、こうしたことを今聞けば、単なる「**ボルダリング**」のハシリの話と思われるかもしれない。が、時代はまだ1970年代前半。日本にそんな言葉どころか、「**フリークライミング**」という観念すらない頃の話だ。

などと言ったら、これもまた正確ではない。なにしろフリークライミングという言葉自体は「手足だけで岩を登る」という登山形態の根本的な定義として昔から当然あったものだし、たぶん「ボルダリング」という言葉にしても、当時の山岳雑誌などには既に登場していたはずだからだ。

しかしここで問題なのは、そういうことをやっている本人たちが、果たしてそのようなものをやっているという意識を持ち合わせていたかどうか、ということだ。なにせ格好にしてからが、**フラットソール**もない時代。履いているものといえばペロペロのアップシューズ（ジョギングシューズという言い方も、この頃はまだ無かった気がしますねえ）のみで、ウェアも普段着のまま。当然、**チョーク**などない。

というだけでなく、そもそも情報が無いということは、形のみならず本質まで無いというに等しい。こんなこと言っても今の完成されたフリークライミングを知る世代には理解されないかもしれないが、要するに地動説以前の人間が、星なんてフタに描かれた絵だと思っているようなものなのである。

もっとも、いかに「ボルダリング」という言葉がなかったとはいえ、基本的にここは**ロッククライミング**のゲレンデであるからして、こうした石登りもその一部、あるいは予備練習として捉えられてはいたことは事実である。筆者もある時からはもちろんそうだ。が、これもよくよく考えると、いまひとつわからない。ニワトリが先か卵が先かじゃないが、登山に憧れて、このようなことをするようになったのか、こうしたことをするようになったから登山に憧れたのか、それすらよく覚えていないのである。

まあ、筆者自身は近所に住んでいた小学校の先生なぞに連れられて実に子供の時からこのあたりをうろちょろしていた、というのがそもそもの最初なのだが、当時同じようにここにたむろっていた連中にしたところで、そのきっかけはさほどのものには思えない。おそらく、ヒマでヒマでしょうがなかったとか、何何ちゃんに誘われたとか、あるいは商店街から逃げてきたとか、せいぜいその程度の実につまらない理由で、しかも大方はそれすら忘れて、とにかくこの一風変わった市民公園に足を踏み入れ、他人がわけのわからないことをするのを見ているうちに気がついたら自分も同じようなことをしてしまっていた、

フラットソール　底にパターンのないラバーを張ったクライミング専用シューズ。フリークライミングはこの靴の開発によって大きく発展を遂げたといえる。

チョーク　滑り止めの炭酸マグネシウム。かつては体操用のものを流用したが、今はクライミング用のものが市販されている。

ロッククライミング　ここではフリークライミング以外にアブミ（簡易縄バシゴ）その他もフル動員して、アルプス、谷川岳などの大きな岩壁を目指す行為を指す。

ホールド　岩場にある手がかり、足がかりのこと。時にそれはきわめて小さく、同じものでも使える人と使えない人がいる。

くらいのものであるに違いないのだ。

などなどといったことを考えれば、ここで日がな一日テントウムシのように岩の下に巣食っているような連中に「フリークライミングの発祥」やら「来るべき時代」を期待するのは、それはまったく無理というものだろう。

そんなことよりまず我々に重要なのは、いかに次の**ホールド**に手を伸ばすかであり、いかに自分だけが登れるラインを引くかであり、いかに明日の授業をサボるかである。小僧の遊び、と言ってはあんまりだが、つまりほとんどそのノリで、単にあそこが登れるここが登れるを大騒ぎしていただけにすぎないのだ。

と、なんだか冒頭からいきなりダラシな～い話になってしまったが、まあ、物事の始まりなんて、たいていはそんなものだ。

よく、フリークライミングというと、いつ頃、誰がどこからどう持ち込んで、と、とかく形式的に捉えられることが多いけれど、実際はどこの誰も、特別これというような意識などなしに、自然にこうなっていったんじゃないだろうか。それは、例えば全国各地のロッククライミングゲレンデだったかもしれないし、高山の岩壁だったかもしれない。あるいは海岸べりの岩、神社の裏のガケだったかもしれない。

いずれにしてもそうした場所にそれぞれ、いなくてもいいヒマ人が必ずのようにいて、まわりから「そんなつまんないことにこだわんなよ」とか「もっと他にやることあんだろう」などと言われながらあれこれやっているうちに、徐々にエスカレートしてきて、また同時にあちこちから同じような手合いが新手の細菌のようにうじゃうじゃ増殖してきて、このような形あるものになっていったんじゃないかと思うのだ。

それは全国的に見てもそうだろうし、もちろん外国だってそうだろう。

そういった意味では、よく言われる「フリークライミング発祥の地」や「フリーの先駆者」などというものも、元祖○○まんじゅう同様、きっと日本中、そして世界中に、あまねく存在するに違いない。


とはいえ、もちろんこの頃、我々はそんなこと知る由もない。自分たちがやっていることがどういうもので、やがてどのようになっていくものなのか、さっぱり理解できなかったし、そもそも自分たちが何をやりたいのかさえ、思えばまるでわかっていなかったからだ。しかしまあ、そのようなあやふやさというものが、いろいろな意味で70年代というものだったのかもしれない。さまざまな萌芽が明確な形をもてず、浮かんでは消え浮かんでは消えしていた時代。

だが、それらはやがて大きなうねりになっていく。きらびやかで自信に満ちた80年代に向かって、フツフツと出番を待つことになっていくのである。

▼資料
スポーツとしてのフリークライミングが始まったのは、世界的には旧東ドイツのエルベ砂岩塔地帯、イギリス湖水地方、アメリカ東部などなどとされているが、それ以前、既に20世紀初頭にパウロ・プロイスらがドロミテでハーケンの使用すら拒んでいたことを思え

ば、その発生はかなりに根源的といえる。

しかしアメリカ、特にコロラド、ガンクス、そして**ヨセミテ**などでの発展が、このスポーツの形成にとって重要なものであったことは疑いの余地がない。

1924年には早くもコロラドで**5・8**が登られ、47年にはロスアンジェルス郊外のターキッツロックで初の5・9が記録されている。

ヨセミテに関しては、40年代の開拓期以降、もっぱら世界最大級のロッククライミングの場とみられていたが、60年代のフランク・サッカラー、ロイヤル・ロビンス、チャック・プラットらの活躍で、フリークライミングでも主導的な立場を築くことになる。そして70年代のジム・ブリッドウェルと、それに続くジョン・バーカー、ロン・コーク、ジョン・ロングら「ストーン・マスターズ」の面々。

特に73年のバーカー＝コークによるホットライン（5・12）他多くの高難度クラックルートの登攀や77年のレイ・ジャーディンによるフェニックス（5・13）初登などは、いずれも当時世界の最先端をいくものとして内外のクライミング界に衝撃を与えた。

なお、こうしたジムナスティックなフリークライミングの模様は、74年、J・ブリッドウェルによる「ヨセミテの新しい波」としてイギリスの登山誌『マウンテン』に掲載され、世界各地に大きな影響を与えている。

ヨセミテ　アメリカ・カリフォルニア州にある花崗岩の大峡谷。長さ10㎞ほどの谷の側壁には高差500〜1000ｍの岩壁が連なり、世界のロッククライミングの一大中心地となっている。

5・8　アメリカ方式のクライミンググルート難易度表示で、5・はフリークライミングで登ることを、8はその難易度を示す。5・8という難しさは今はまったく初心者向きだが、この頃の日本にはまだなかった。

有史前のボルダリング

過ぎ去ってしまった日々を、輝きと感じるか、後悔とともに思うか。それはおそらく誰しもが同様に抱くものに違いない。だが筆者の場合、10代後半の学生時代を振り返ると、どうも後者の方が勝っているように思えてならない。

これは決して卑下して言っているのではなく、あのかけがえのない時代に自分がどれだけの貴重な時間を鷹取山でのあれやこれやに費やしたかを考えると、否応なく浮かんでくる感慨なのだ。

実際、しつこく通った。

休日はもちろん、近くの高校に入ってからは放課後も必ず、どころか、授業中までスキを見計らっては、ひたすらに通い詰めた。

もちろん例の「石登り」、今でいう「ボルダリング」のためである。

ちなみに「ボルダリング」とは、簡単に言えば「河原などにあるボルダー（高さ2〜4mくらいの大石のこと。地質用語）を、ロープなどを使わず身一つで登ること」で、もともとはアメリカなどでフリークライミングのサブゲームまたはトレーニングとして行なわれていたのが、時代とともに一つのジャンルとして確立していったものだ。

フリークライミングの中で最も純粋で根源的なゲーム、などともいわれており、そのシンプルなスタイルを見ればいつ誰がどこでそういうことを始めていたって何も不思議は無い。しかし前章でも触れたように、当時、世にはそういう情報も観念もなく、正式なクライミングでもないこれらは、やってどうなるというものでもない。

それを、何をしゃかりきになって岩にしがみつき、学校をサボってまで通い詰めたのか?ちなみにその頃筆者は10代半ば、人と比べて特別幼稚だったとは思えないが、それでも一般的な観念からするとあまり自慢できることとは言えないような気がする。しかもよくよく考えれば、横須賀などという、山には最も縁のなさそうな町の、ただの裏山にすぎない鷹取山で、である。

話は逸れるが、この「タカトリヤマ」という、なんとも間の抜けた響きは、実は筆者の後々までの大きなコンプレックスになっていた。これが「**北山公園**」ならどこか思索的な雰囲気が漂うかもしれないし、「**王子ヶ岳**」ならさしずめ求道者のごとくに聞こえるかもしれない。しかしこれが「タカトリヤマ」となると、途端に力が抜ける。なんといってもここは近所のオバサンが犬を散歩させたり、ヒマな小僧が戦争ごっこをやるような所である。いい若者が胸を張って口にできるような所とは残念ながら言い難い。事実、私が岩登りを人に教えて生計を立てるようになった今でも、たまに講習会の帰りなどに実家に顔を出すと、母は「まだあんなとこ行ってんの?」と悲しそうに言う。

まあ、これらのカッコ悪さを差っ引いたとしても、あの頃、自分が学生として、また一人の人間として、やらなければならなかった諸々を考えると、なぜあんなことにあそこまで心と時間をつぎ込んでしまったのか、つくづく情けなくもあるしまた悔しくもある(今

北山公園　兵庫県西宮市にある自然公園。園内にはボルダリングに最適な花崗岩塊が点在しており、古くからクライミングが行なわれていた。しかし付近一帯はハイソな住宅街で、よく文句が出なかったものだと思う。

王子ヶ岳　岡山県倉敷市にある、おそらく日本で最も古いボルダーエリア。岩は硬い花崗岩で眺めもよく、関東からも訪れる者が多い。

コの字

中谷雅彦　知る人ぞ知る70年代後半の代表的タカトリクライマー。谷川岳一ノ倉沢烏帽子奥壁同志会直上ルートフリー化などの記録を持つが、その業績は地元ではほとんど知られていない。フリークライミングの勃興とともに行方知れずとなってしまった。

山学同志会　当時日本のクライミング界の最高峰にあった山岳会。小西政継以下有名どころが顔を連ね、ヨーロッパアルプスやヒマラヤなどに輝かしい記録を多数残している。

でも筆者は鷹取山に行っていて大事なことをやり損ねたという夢を見る。本当だ）。

しかし、それでも結果的に、筆者、のみならずここに足を踏み入れた多くの連中は、この遊びをやめるどころか、ますます積極的に、なおかつ他のものを放棄してまで夢中になってしまった。まあ、これについての個人の思いはそれぞれあるだろうが、やはり気になるのは、そうした我々の時代のボルダリングが、クライミング的にはいったいどの程度のものだったかということだ。

まずレベルについて触れると、これらは冷静に見て、驚くほど進んでいたと言ってよいだろう。これは決して自分たちのことだけを手前味噌に言っているのではなく、全国各地でのそれもおそらく同様だったであろうということについて触れている。

まあ我々の場合、所詮はアップシューズだからタカが知れているのだが、それでも、いわゆるそれまでの山登り系ロッククライミングの世界にはない次元のものだったことは間違いない（もっとも、山のそれと比べてこちらは一つのラインを登るのにも何度もトライしてようやく成功するようなものばかりだったから、それもあたりまえといえばあたりまえだ）。

加えて、そうした我々の偏執性もすさまじく、当時我らのメインエリア、「**コの字**」と呼ばれる高さ3～4m、幅たった5mほどの垂壁には、一時期20本近くのラインがあったというのだから、感心を通り越してほとほと呆れてしまう。しかもそこをニギリメシを食いながらビーサンで登ったとか、助走をつけて行って3手で登ったとかという記録も残されており、まったくもって驚くほかない。

ちなみにこの頃傑出していたのは**中谷雅彦**氏という筆者よりやや年上のクライマーで、氏は**山学同志会**という、山の世界では相当知られた山岳会にいながら鷹取ばかりにひたすら通い、我々の思いもつかぬような所に思いもつかぬような課題を設定しては圧倒的なパフォーマンスを披露していた。そうした中には高さ10mほどの**クラック**を初見で〝ボルダリング〟して行き詰まり、上から救助されるなどという見事なものも確かに含まれてはいたが、一方で**ヒールフック**や**フィギュア4**（！）などといった、その数十年後に初めて日の目を見るような荒業も編み出していたのだから、今から思えばなかなかにすごい。おそらく、難しさにすれば今でいう5・11クラスには達していたのではないかと思う。

だが残念ながら今、こうした記録は、ほとんど残されていない。それは鷹取山という、放っておけばすぐザラザラになってしまう脆弱な砂岩の宿命かもしれないし、単に我々のダラシナサによるものかもしれない。そしてまた、こうしたパフォーマンスが、実にその場限りのものであり、もっぱらその尺度も「ムラのオキテ」によるところが大きかったせいもあるだろう。

という「ムラ」の尺度とはどういうことかというと、これはルートそのものの難しさよりも、むしろそれをトライする際のやり方（スタイル）にもっぱら求められるのが、なによりミソである。

まず誰が見てもアッパレとされるのは、課題を一発でクリアするものだが、それができなかった場合でも、その後のトライがいかに数少ないか、そして、いかに粋でスマートか、が問題になる。当然ながらそのやり様があまりにしつこければ例え登ってもさほど相手にされないし、露わに他人を真似るのも誉められたものではない。だから時には必要以上にさりげなさを演出することもあり、例えばわざとホールドを省いたり、手順を間違えたり

クラック　岩に走った亀裂、あるいは割れ目のこと。手や足を突っ込めるのでルートになりやすい。

ヒールフック　爪先を乗せられないくらい高い位置にあるフットホールドに踵を引っ掛け、ホールディングすること。どうしても必要でない時でもわざわざやると、ちょっと上手くなった気がする。

フィギュア4　ホールドを掴んだ片腕に片足を絡ませ、上体を伸び上がらせるという荒業。途中で自分がやっていることがわからなくなるとたいへんなことになる。

などの〝技〟も披露される。が、これもあまりにアザトイと逆に場をシラケさせるだけで終わる。

そして特に難しいのが、完登した時のセリフで、「よーし、登れた」とか「いや〜、難しい」などは比較的好感をもって迎えられるが、「やりイ！」とか「いただき！」は×。「簡単じゃん」なども、さんざんっぱらトライを重ねた揚げ句では白い目で見られる。間違っても今時のボルダリングのような雄たけびなど上げようものなら、もう誰も口をきいてくれない。

と、なかなかコウルサイところだが、しかし遊びとは本来そういうものだ。

ごく自然に集まったコミューンの中でごく自然にオキテが作られ、それにそぐわない者はイジメられたりスポイルされたりしながら、ごく自然に形が作り上げられてゆく。この中でものをいうのは、いかにそのものをわかってやっているかという曖昧なセンスであり、どこにでも通用する言葉などでは決してない。「**人生に必要な知恵はすべて幼稚園の砂場で学**」ぶ、というわけだ。

もっとも、こうしたことは今にすれば前時代的な習慣として疎まれるものではあるかもしれない。しかしこうした素朴さが、「古き良き時代」というか、その頃のボルダリングの良さでもあったんじゃないかと思うこともある。なんといっても我々は、ある意味こうした理不尽な「オキテ」を通して、何が「カッコ良く」て、何が「カッコ良くない」か、何が本質で何が本質から外れているか、などなどといったことを学んできたような気がするからだ。そしてそれは、その後のフリークライミングがとかく形や名前ばかりにとらわれ、そうした本質から離れていったことを思うとつくづく感じることでもある。で、その

『人生に必要な知恵はすべて幼稚園の砂場で学んだ』 アメリカの作家、ロバート・フルガムのエッセイ集。この人は他にも『気がついた時には火のついたベッドに寝ていた』というものも著しており、クライマーに負けずとも劣らぬすごい人生を送ってきたことをうかがわせている。

結果がこれなの?と言われれば、なんとも黙るしかないのだが……。

だがまあ、なんだかんだといっても決定的に不足していたのは、やはり情報ということだろう。

例えばある日、三浦半島の一イナカに巣食う我々のもとに、なんでも日和田山という所では、もっとすごいルートが登られているというウワサが伝えられ、鷹取山の常連がこぞって彼の地に遠征に行ったことがあった。その時筆者はちょうど高さ10mの〝ボルダー〟のてっぺんから落ちて両足を骨折し、入院していたために参戦できなかったのだが、聞けば結果はボロボロだったとのこと。

ヒワダの連中はスゴイ!ということになったのだが、後から聞いた話ではそこの連中がある時ひそかに鷹取に来て妙な穴ぼこだらけの岩に面食らい、あそこはスゴイ!ということになっていたらしい。

今から思えば地元の慣れ親しんだ岩と他の岩で勝手が違うのはお互いにあたりまえなのだが、情報に乏しい我々は懲りもせず、今度は関西の連中はスゴイらしい、とか、岡山や広島はもっと進んでいるそうだ、などということを聞きつけては、う〜む、などと唸っていた。で、こうしたことを後から聞いても実態はぜんぜんはっきりしないのだが、まあ、レベルや競争性といったって、当時のものなどそのくらい素朴だったということだ。

しかしそこに大きな転機が来るのは、1980年も明けて間もない1月。まさに80年代最初に発売になった**『岩と雪』**72号に、**戸田直樹**らのアメリカ、ヨセミテ体験記とともに、ヨセミテの王者**ジョン・バーカー**が彼の地の有名なボルダー「**ミッドナイト・ライトニン**

『岩と雪』 山と溪谷社が世界に誇るロッククライミング専門誌。1958年の創刊以来一貫してクライミングの最先端を紹介。多くのクライマーに影響を与えてきた。1995年休刊。

戸田直樹 日本にフリークライミングを根付かせることになった最大の立役者。それまではヒマラヤのチャンガバン南西岩稜初登などで知られたビッグウォールクライマーだったが、それが一転フリークライミングに傾倒したというところがカッコ良かった。今は何をやっているのか?

ジョン・バーカー 17歳で世界初の5・12を達成した(ヨセミテ・ホットライン)というアメリカのエース。特にクラックの上手さは想像を絶するもので、70年代に初登し5・11dとグレーディングしたクラックが、80年代後半にやっと第2登され、5・13bになってしまったこともある。

ミッドナイト・ライトニング ヨセミテのクライマーズキャンプ場(キャンプ4)の真ん中にある巨大ボルダーに作られた世界で最も有名なボルダリングルート。今でもここをトライしようとするとクライマーがみんな見に集まってくる。

グ」を登る写真が載って、一大センセーションを巻き起こしたのである。
筆者はこれを、前述のような理由から病院のベッドの上で初めて目にしたのだが、しかし負け惜しみでなく言えば、この時、個人的にはまわりで言うほどこの写真がすごいとは思わなかった。ああ、アメリカ人も似たようなことやってんだなあ、としか思わず、これがどのくらいのものなのか、オレもやってみたいものだ、などと大胆なことを考えていた。が、もちろん、それから20年以上たった今でも筆者にはこのルートは登れていない。登れる予定も、皆無である。

▼資料
日本のフリークライミングの始まりというものを見た時、まず最初に名前が挙がるのが、蔡恵司、木下誠、末政正行ら関西の骨と皮同人であろう。周囲に先んじて海外の動向に敏感だった彼らは、70年代初頭に六甲や北山公園でボルダリングなどを行ない、いち早く関西に広くこのスポーツを広めたとされている。この系列には森脇聖児、田淵則明などがおり、日本のフリー黎明期にヨセミテで先陣を切って活躍することになる。

また、同じく岡山の王子ヶ岳も75年頃から〝日本最高のビッグウォールクライマー〟近藤国彦らによって着手され、当時からかなりのレベルのボルダー課題がいくつか登られている。

一方、関東では黒田薫が73年ヨセミテを訪れた後、74年には森正弘がヨセミテで日本人として初めて本格的なフリークライミングを行ない、ナットクラッカーなどを登攀。75年には再び黒田が松島晃らとヨセミテチームを結成して彼の地に赴き、蔡・末政らとともに5・10クラスのクライミングを行なっている。

なお、こうした「ヨセミテにおけるフリークライミングの流行」が『岩と雪』などを通して日本に紹介されたのは74〜75年頃のことと思われるが、こうしたことの影響を受け、国内で実際にフリークライミングが行なわれるようになったのは、本文でも触れたように各地各様。その中でも関東の主流といわれた日和田山では75年頃から中山芳郎、森正弘らによって本格的に女岩のハングのフリー化が着手され、以後、堀地清次、東田鉄也、広瀬憲文、岡野正美といった多くの先駆者たちを生み出している。

80年1月発売の『岩と雪』72号。日本のフリークライミングはここから始まった

「ハードフリー」降臨

まったく個人的な話で申し訳ないが、筆者は1960年の生まれであり、60年代に幼児期を、そして70年代に10代をすべて送ってきたことになる。そういった意味では70年代というものに対して、格別の思い入れがある。70年代。村上春樹流にいえば、**イーグルス**が「ホテル・カリフォルニア」を歌い、ブルース・リーが強烈な肉体と掛け声で世界を駆け巡った時代、ということだ。まあ、今から見ればこれらも素朴で垢抜けないものかもしれないが、それだけにまた、実に〝Heavenlyな〟時代だった、といえる気がする。

というのはしかし、まったく筆者の個人的な感慨にすぎないものではあるだろう。だがその70年代に、鷹取山、そして全国あちこちで行なわれていたであろう「ボルダリング」の前身を思う時、同じくどこかほんのりと、霞に包まれたような素朴さと、そして明るさを感じずにはいられない。

だがまあ、そのような勝手な感傷にいつまで浸っていてもしょうがない。時代はどんどん進むのであり、わだかまった靄の中にもどんどん光が入り込んで、輪郭を鮮明に浮かび上がらせる。

イーグルス　70年代アメリカ西海岸を代表するロックバンド。しかし初期の頃はロックというよりカントリーに近く、このバンドが好きな奴は、ミーハー、またはふにゃらけた、などと言われた。77年の『ホテル・カリフォルニア』で一転哲学的な方向性を打ち出したが、我々の世代ではこの曲はむしろいやらしいことに使うことの方が多かった。

平田紀之　79年、戸田直樹とアメリカに赴き、フリーの伝道者になったクライマー。戸田氏よりはどちらかというと理論派で、その後第二次RCCグレード改訂委員会の中核として活躍した。

と、いうことで、日本のクライミング界に打ち込まれた一発の照明弾、それは前章でも紹介した『岩と雪』72号（1980年2月1日発売）「ヨセミテとコロラドの体験」ということに尽きるだろう。

前年、このアメリカ二大岩場を訪れた新進気鋭のクライマー戸田直樹とその仲間たちが、彼の地で行なわれているフリークライミングという行為に大きな感銘を受け、それを報告するとともに、日本もああならなきゃダメだ！と、熱烈なアピールをしたのである。

そしてこれが結局、日本のクライミング界を根底から覆すことになったわけだが、それにしてもあの衝撃はすごかった。

これについてはここであれこれ説明するより、その号を誰か古いクライマーにでも借りて、まるまる一冊読んでもらった方がわかりやすい。しかし、文を読む以上になにしろ痛烈だったのは、先にも触れたように、ヨセミテのエース、ジョン・バーカーのアクロバティックなボルダリング写真だろう。その号の表紙にもなったそれは、彫りの深いブロンドのクライマーが、裸に短パン一丁で、見事にオーバーハングした壁に指先だけでぶら下がっているというショット。

今から思えばこんなイナカの国のドシロウトどもに天下の「ミッドナイト・ライトニング」は少々もったいない気がするが、なにしろそれはカッコ良く、それまでの、寒そうな岩場にずんぐりむっくりの重装備で踏ん張っているのが「登山」というイメージを、ガラッと覆していたのである。

もちろん、それ以外の（と言っては失礼か）戸田直樹、**平田直之**らによるポパイ／ターザン調の語り口も刺激的で、結果、この『イワユキ』72号によって、日本のフリークライミングは正式にスタートした、と、いうのが、まあ、一般的な定説と言ってよいだろう。

もっとも、細かいことを言えば、こうしたものには、もちろんそれなりの異論もあれば反論もある。

「ヨセミテの衝撃」といったって、そもそもヨセミテに行った日本人は戸田氏らが最初ではなかったし、彼の地で5・10クラスの難ルートを登ったのも、決して彼らが初めてではなかった。

また、こうした考え方自体も、その6年も前にヨセミテの王者**ジム・ブリッドウェル**が「ヨセミテの新しい波」として世界中に発信しており（『岩と雪』39号に掲載）、関西などではそれ以上にイギリスの『マウンテン』やアメリカの『クライミング』などに影響されたスマンだクライミングが、かなり早くから行なわれてもいた（らしい）。

そして、忘れてならない（？）我が鷹取山軍団の動向である。

先にも触れたように、その前々からボルダリングに結構入れ込んでいた我々にしてみれば、この「短パンにいちゃん」の写真も、当時の論客あるいは山の大御所たちがこぞって讃えているほどには、スゴイものとは思わなかった。というより、思いたくなかった。

だから、これを手にした時の反応も、皆熱狂するというよりは「なんだ今さら」という感じでどころか鼻で笑うようなところがあったのだが、その実、誰も彼もこの話になると隅の隅までやたら詳しく馬鹿にしていたから、きっとみんな家では目を皿のようにして読みふけっていたのだろう。

しかし、そうした、何かにつけて斜に構えることを美徳としたがるこの半島にも、やが

ジム・ブリッドウェル　70年代全般を通して活躍したヨセミテの第一人者。日本では主にエル・キャピタンの人工登攀ルート開拓で知られるが、実はヨセミテの5・11ルートのほぼ大半は彼が初登したものである。

て転機は訪れる。

まず、最初にその姿となって現れたのは、**檜谷清**氏なる1人のクライマー。前年だか前々年だかに開催された日本初の岩登り競技会で彗星のごとく現れ優勝をさらったという人物で、なぜその氏が我々の間で話題になっていたかというと、単に有名人であるにもかかわらずたびたびここに姿を現していただけというのだから、なんともイナカモノ丸出しな話なのだ。しかもそれが今売り出し中の戸田なんとかじゃないというところがまたいい。

というわけで、我々都会の動向からは一線を画した小僧連としてはそのように有名な檜谷氏を遠目に見たり、ごくたまには「一緒にやる?」などと声をかけられて舞い上がりながら(向こうにしてみれば少々疲れたからヒマそうなガキにでも声をかけてみるか、程度のものだったかもしれないが)日々を過ごしていたのだが、ある時、どういうイキサツでだか氏とある**未登のハング**をトライしていると、下から何か文句ありそうにしつこく見上げる者がいる。この界隈では見慣れぬクライマーらしきその男は、極端に短い短パンに白いハイソックスという、明らかに我々の地元のセンスからは逸脱した格好をしており、そのうちにずうずうしくも上まで勝手に上がってきて、我がヒノタニさんに、さも知り合いでもあるかのような無礼な会釈をした揚げ句(後から知ったことでは実際知り合いだったらしい。結局、我々は〝してやられた〟のだ)、いきなり、体を逆さにしてあろうことか爪先でハングにぶら下がり、我々が何度やっても登れなかった課題をあっさりと解決してしまった。

これが、鷹取山における戸田直樹の鮮烈なデビューであり、まわりにいた連中はまさに度肝を抜かれてしまったわけなのだが、当然ながら筆者は、この雑誌から抜け出て歩いてきたようなトダナオキ氏に、途端にいかれてしまった。

檜谷清　日本のフリークライミング創生期、戸田直樹らとともに活躍したクライマー。日本人として初めて5・11を達成したことや、平山裕示をいち早くクライミングに引き入れたことで知られる。後年、怪我のためリタイア。

未登のハング　鷹取山子不知にある通称「戸田ハング」。今はあまりやる人がいない。ちなみに小川山には「戸田落ちハング」というのもあり、なかなか有名人もつらいことを物語っている。

なにしろ顔がスルドい。檜谷氏もヒゲなどはやしてなにやら哲学的でカッコいいが、戸田氏の方はもっととんがっていて眼光鋭く、ゲームセンターで脇から**ティルト**などしようものならすかさず裏拳でもくらわしそうなオソロシイ顔をしていた。まあ、我々がまいってしまうのも無理はないというわけだ。

さて、このように、一時は難攻不落と思われた(?)鷹取山も意外とあっさりと時代の流れにひれ伏すことになったのだが、こうした動きは、その年(1980年春)、戸田直樹率いる**第二次RCCグレード改訂委員会**の名のもとに、実に全国各地、津々浦々、とまではいかなくとも、関東関西の主なゲレンデで同じように行なわれたようだ。

関東近県では最も進んでいると言われた日和田がまず押さえられ、続いて鷹取、三ツ峠、伊豆城山、関西の六甲、京都金毘羅、さらには岡山、広島などが次々に勢力下に落ちた。まるで大和朝廷の日本統一か織田信長の全国平定のようである。

それで話を少し元に戻せば、これが果たして「フリークライミングの誕生」と呼べるものだったかどうか、ということだが、まあ、ごく平均的に見て、それはそれで正しい意見だろう。

確かにそれまでにも各地のゲレンデでは充分難しいクライミングが行なわれていたし、優れたクライマーも大勢いた。しかし、それらが果たして明確な方向性と影響力を持ちえたものだったかというと、これはいささか疑問に思える。というのは、それらは結局どれも地方の一ムーブメントでしかなく、単なるゲレンデクライミング以上のなにものでもない。「フリークライミング」という日の当たったものでは、やはりなかった気がするのだ。

ティルト　当時ゲームセンターの主流であったピンボールマシンを、プレイ中に揺らすこと。プレイヤーは高得点を得るために、脇で見ている者は早く終わらせるためによく行なった。

第二次RCCグレード改訂委員会　もともと日本のクライマーのトップ集団だった第二次RCC(ロック・クライミング・クラブ)のメンバーが、日本にフリークライミングを根付かせようと作ったプロジェクトチーム。各地のゲレンデを訪れ、フリールートを作るとともにグレードの確定なども行なった。

そういった意味では、戸田らのこうしたアピールは、全国各地で自然発生的に湧き上がっていたあやふやなエネルギーを、「フリー」という確とした形にまとめあげた、重要なものだったと言って良いと思う。

と、結局こじつけてしまったが、実はこの頃、こうしたフリークライミングは、このようにさりげない言い方ではなく、「ハード・フリー」という、なんとも毒々しくもコッパズカシイ名前で呼ばれていた。これは今から聞くと思わず顔を赤らめたくなる、というだけでなく、当時から筆者などはかなりミットモナク感じていたのだが、まあ、敗戦国としてはしょうがない（でも我々はこんな言葉使わなかったなあ。使っていたのは例のぶっとびセンスの東京もんだけだ）。

しかしまあ、それでも我々は必死になってやっていたし、コッパズカシイなりにもいわゆるハード・フリーは、急速に形を整えつつあったことも事実なのである。

▼資料

戸田直樹以前の全国各地の動向というものも、フリークライミングの歴史的必然性を語る意味でたいへん興味深い。が、これは本文でも触れたような理由で記録としてはほとんど露出しておらず、実態は非常につかみづらい。

まず、当時フリークライミング先進地区といわれた関西では、六甲堡塁岩がかなり昔からフリーの洗礼を受けていたことが知られている。実際、戸田らがヨセミテ以後、全国行脚をして各地にフリークライミングを広めて回った折、既にここでは大勢のフリークライ

ワイドクラック　手や足だけでなく、体が入ってしまうくらい広いクラックのこと。チムニーなどがこれにあたるが、それよりやや狭いものもあり、いずれにしても体全体でもがき苦しみつつ登らなければならないため人気がない。

マーたちが彼らを歓迎したというから、その根付き方は相当なものだったのだろう。

また当時、岡山・広島も〝西の風〟といわれ注目を浴びており、ここでは先にも触れた王子ヶ岳の他に三倉岳が日本のクラッククライミングの先鞭をつけている。その中心となったのは、76年にヨセミテを訪れ日本人として初めてエル・キャピタン（ノーズ）とハーフドーム北西壁を登った林泰英、吉野正寿ら。ヨセミテ同様良質の花崗岩からなるこの山は、特に奮闘的な**ワイドクラック**が多いことで知られており、それどころか77年から既にヨセミテのグレードシステム（デシマルグレード）を採用し、5・10クラスのクライミング（ワイドで！だ）を行なっていたという。ちなみにこのエリアからは後年、奥鐘山西壁のフリー化や戸田直樹らとの瑞牆山の開拓などで知られる山本譲が現れている。

さらにこの他には長野でも清水博、中嶋岳志、南裏健康らによって70年代後半より瑞牆山の不動沢で開拓が進められ、今日にも通用する難ルートがいくつか登られている。

それで結局、何をする？

さて、そのようにして「フリークライミング」というスポーツは、いよいよ始動を開始したわけだが、しかしそれが、当時大勢を占めていた〝登山〟という大きな枠組みの中で、どの程度認知されたのかというと、これはまた話が変わる。というのも、なにしろ山の世界では長年にわたってヒマラヤ、ヨーロッパ、そしてそれに通じる冬山こそがクライミングの本道とされてきたのであり、〝ハードフリー〟だのなんだのと言ったって、裏山の10mそこそこの岩でやっていることなど、偉大な登山の歴史に比べたらものの数ではない、という考え方が根強かったからだ。

実際、我々にしても、いくら「コの字」を2手で登ったり、そこに21本目のルートを追加したりしたところで、それがいったい何になる？ということになると、これはまったく自信のないものだった。

というところで、ここで一応内幕を暴いておけば、実はこの頃、筆者はじめ仲間内の大方は既にどこかしらの山岳会に入って本格的なロッククライミングをそこそこ行なっており、当然いわゆる**アルパインルート**などもかなり登ってはいた。が、そこでこうしたゲレンデの経験を生かせることといったら、まあせいぜい**Ⅳ級Ⅴ級**で白目をむかずに登れるく

アルパインルート　それまでの通常の登山の系列にある岩壁、穂高岳や谷川岳などの岩場にあるルートのこと。ここではクライミング技術以外にも危険回避能力や洞察力などが必要とされ、それがイコール岩登りの難しさとされている。「本番」「本チャン」などと呼ばれることもある。

Ⅳ級Ⅴ級　ロッククライミングの技術的な難しさを示す難易度表示だが、これはヨーロッパアルプス（特にドイツ語圏）方式。しかしこのあたりの数値は慣例的に登山靴で登ることを前提にしていたため非常にやさしく、Ⅳ級でほとんど木登りと変わらない（アメリカ方式で5・4～5）

らいがセキの山。たまにハーケンや**ボルト**を1本2本使わずに登ったところで、余分なことを、と、かえって見下されるのがオチだったのだ。

またそれ以上に、筆者はじめ毎日タカトリの陽だまりあたりでグダグダ時間をつぶしているような連中というのは、山に対する姿勢もいつの間にかそのように染まってしまい、いざ山に行けばめったやたら敗退を繰り返したり、しょうもないトラブルに巻き込まれたりして、フリークライミングの発言力を貶めるのに図らずも一役買ってしまっていた。

ちなみに当時、このような一群のことを「**ゲレンデクライマー**」と呼んで登山界ではかなりに蔑視されていたのだが、まさに我々こそそれ。背中にべったり書き記してくださいと、もう開き直るしかないくらいにナサケナイものだったのである。

そんなだから、来るべきフリーの時代、などといったってどうもいまひとつピンとこなかったのだが、ここでまたやってくれたのが、戸田直樹や檜谷清といった面々である。

その年の5月、早くも彼らはアルパインクライミングの牙城、谷川岳の一ノ倉沢に赴き、日本で初めてボルトが使われたということで有名な人工登攀ルート、**コップ状岩壁**や**滝沢下部**、さらに長い、危ない、難しいと三拍子揃った**ニノ沢右壁**などをフリー化したのである。

と、これだけ聞くと、単にそれまでアブミを使っていた所をちょっと無理してフリーで登っただけ、というように聞こえるかもしれない。しかし、実際はこの手のルートというものは行くのがまずたいへん、ということはつまり安全地帯からかなり隔絶された場所にあるということだから、そんな所でいちかばちかのクライミングをしようなどというのは

ボルト　ハーケンのように岩の割れ目を見つけて打つのではなく、ドリルで穴を開けて設置するという、とんでもなく乱暴な岩釘。どこにでも設置できるので非常に人気がある。

ゲレンデクライマー　本文にある通りもっぱらゲレンデでのみクライミングを行なうクライマーのことだが、それ以上の意味としては、勝手知ったるルートばかり登ってええかっこしいをする者、を指す場合もある。

コップ状岩壁　谷川岳一ノ倉沢にある有名な岩壁。出だしの大きなハングが特徴で、ここで日本で初めてボルトが使われた。

滝沢下部　正式には谷川岳一ノ倉沢滝沢下部大滝ダイレクトルート。やはり歴史的な名ルートで、ボルトを駆使した人工登攀時代の産物である。

ニノ沢右壁　谷川岳一ノ倉沢ニノ沢という険悪な沢の最奥に位置する岩壁。アプローチで既に大滝を越え、さらに長いスラブ、中間部の帯状ハング帯、そして最後にドーム正面壁を登らなければならないというロングルート。

相当な自信と精神力がなければできるものではない。おまけに墜落を止めてくれるはずのボルトやハーケンからしてがほとんど腐ったものばかりで、本当に落ちた時にどうなるかわからず（逆に、わかっていた、ともいえるが）、いざやろうとするとそれはなかなかたいへんなものであった。単にフリークライミングが上手いという以上に、アルパインクライミングそのものを熟知しているということが絶対条件でもあったのだ。

それを彼らはコップや二ノ沢右壁という、ただでさえ相当うっとうしいルートでやったのだから、これはもう大騒ぎであった。

相変わらずビーサンにアロハかなんかで昼すぎにタカトリに現われ、皆がヘタったのを見計らって初登をかっさらうというようなセコイことばかりやっている我々に比べると、あまりにも立派であり、そしてオトナに感じられた。

雑誌なんかの扱いもものすごく、それはほとんど近代登山史上の一事件と呼んでも差し支えないようなものだった。もっとも今にして思えば、そんな小汚い壁で無理しなくたってなあ……と思えなくもないが、それでもやはり、保守的な山の世界で新手の勢力がものを言うためには、こうしたつらい手続きも必要ではあったのだろう。

実際、この頃、フリークライミングなどと言っても、それは結局はアルパインクライミングの中の、ちょっと目先の変わったタイトル、としてしか捉えられていなかったんじゃないか、と思えなくもない。

『岩と雪』などを見ても、クロニクルに出るものといえばいわゆるアルパインルートのフリー化ばかりで、それもフリー化された個所の技術的な難しさというよりは（まあ、これも表記したところでⅥ級、Ⅶ級という実にあいまいなもので、いまひとつピンとこなかったということもあるが)、壁のそのものの難易度の方が方がむしろ問題にされていたような気がする。

そんなだから、いくら我々がこの時代、〝たかがゲレンデ〟でどれだけ派手なパフォーマンスを披露しようとも、所詮は、だからどうした?の域を出るものではなかったのだ。って、決してひがんでるわけじゃありませんよ。ひがんでいるわけではないのだけれど、それでも最近の山岳雑誌にあるような、どこそこのボルダーに限定バリエーション追加とか、奥多摩のなんとか岩に「サージャント・ペッパーズ・ロンリー・ハーツ・クラブ・バンド　6m　5・10b」を開拓、なんて記事を読むと、あの頃の我々の成果だって全部まとめて書き出してやりたいという気も、しないではない。

しかし、あの頃それをやったら、まず間違いなくこいつら馬鹿だと思われていたであろう。これはまた決して今の人たちをそうだと言っているわけではなく(中には言いたいのもあるが)、要するにあの当時、フリークライミングというものの価値観はまだ充分に熟成されていなかった、ということなのだ。

そう、要は価値観の問題なのである。

だいたい本家本元のロッククライミングにしたって、筆者がまだ駆け出しだった頃、ある登山道具店に行ってクライミング用の靴をくださいと言うと、「安全に登頂できる方法があるのに、わざわざそんなことをするのは、登山じゃない」などと怒られてしまったことがあるくらいだから、それほどたいしたものではなかったのだろう。

しかし、それでもクライミングは流れていく。一本の歴史でつながったひとつの文化として、大河のようにすべてを動かしていくのである。

柏瀬裕之　古くから登山界の論客として活躍しているクライマー。書く物は極めて思索的だが、クライミング自体は意外とそうでもない。著書に『午後三時の山』（白山書房刊）など。

ところで価値観といえばこの頃、フリークライミングの構築の部分で一つのカギになったものに、「インタレスト・グレード」なるものがあったことも、ここでちょっと触れておきたい。

これは当時『岩と雪』や『山と溪谷』にちょっとくだけた論文調の記事をよく載せていた**柏瀬裕之**なる人物が提唱していたもので、それまでのクライミングルートが、主に規模や傾斜、技術的難度や客観的危険性などのみによって難易度（グレード）が決められていたのに対し、それればかりでなく内容の面白さによっても優劣をつけていいだろう、という考え方だ。

この「面白ければいい！」という考え方は、今でこそあってあたりまえのような気がするが、やはり当時は、登山イコール困難の追求。ルートは悪ければ悪いほど良く、価値も高いと思われていた時代だから、そこに「面白さ」などというフヤけたものを正面切って主張するのは相当勇気がいる、というか、恐れを知らない所業と思われても仕方がなかったろう。そして実際、せっかくのこの試案も「このオッサン、何勝手なこと言ってんだ？」の声とともにいずれ再び深い海の底にと沈んでいくのだが、しかしそれでもこうした考え方がフリークライミングを古い登山の価値観から解放させる大きな礎になったことは確かな気がする。

ところで最後にこの柏瀬なる人物について。氏は、かつて一ノ倉沢全壁トラバースなどということを平気でやるような心底フヤけたクライマーで、クライミングの実力はまったく未知数、しかしなぜか例の第二次ＲＣＣグレード改訂委員会の１人として名を連ねており、それだけでも相当に胡散臭い。しかも後年、自分より若い戸田氏たちがとっくに引退した後でもしつこく岩登りを続けていて、今でもたまにクライミングジムなどにひそかに現われては、確かに一味違った「インタレスト・グレード」なクライミングを展開してくれている。フリークライミングの前途は、まだまだ多難だったのである。

▼資料

フリークライミング誕生の過程には、フリークライミングが単純に面白い、スポーツ性がある、ということもあるが、それ以上に、それまで登山の主流を占めていたアルパインクライミングのある部分からの脱皮という意味があることも忘れてはならない。

周知のように、ロッククライミングはその対象が大きくまた急峻になるにつれ、多くの人工的手段を考え出し、講じて進歩してきた。それがボルトやアブミといった人工登攀である。そして、それで今まで登れなかった岩壁、例えば衝立岩正面壁や屏風岩などを克服することは確かに進歩ではあったのだが、同時にこうした手段がどこにでも、また誰にでも使われるようになると、クライミングの意義を半減させてしまう。事実、日本のほとんどの岩場には易難を問わず無節操にボルトが乱打され、よく言われる、日本全国**Ⅳ級A1**、になってしまったのである。

そのような時に興ったフリークライミングは、その閉塞状況から脱却するという意味でも、重要なものであった。そうした意味では戸田の

「日本のように岩登りをはじめて1年目の人と10年目の人が同じルートを同じように登れ、**ストップ・ウォッチ**で計らないとわからないようなやさしいピッチばかりでなく」

Ⅳ級A1　Aはアーティフィシャル（人工的）クライミングの略で、数字はその難易度。つまり、ちょっとしたフリークライミング技術（Ⅳ級）と最も基本的な人工登攀技術（A1）さえ知っていれば、どこでも同じように登れる、という一時期の典型的な日本のアルパインクライミングを指す言葉。

ストップ・ウォッチ　フリークライミング以前の70年代後半の山の世界では「記録」と呼べるものがほとんどなくなり、継続登攀のスピード記録ばかりがクロニクルを賑わした時期があった。例えば烏帽子奥壁～衝立岩～コップ～滝沢スラブ1日など。また初期のコンペもほぼスピード競技であった。

ピトン　ハーケン（ドイツ語）のことでこちらは英語。山の世界ではかつてドイツ語で入ってきた名詞をなるべく英語で言おうとする動きが盛んだ。ザイル→ロープ、など。ちなみにこれをフランス語と間違えるととんでもないことになるので注意。

「**ピトン**やボルトを平気で打ち足す登攀とは早くおさらばして、夏でさえ登れないハード・クライミングが生まれなければいけない時期だ」

というアピールは、時代の欲求に即したものでもあったといえる。

まさにフリークライミングは、新しいものであると同時に「登山のルネッサンス」であることが重要だったのである。

谷川岳一ノ倉沢全景。中央右の三角形岩壁が衝立岩。その右上がコップ状岩壁。左に二ノ沢右壁も見える

ルーモア・ハズ・イット

コロラドの「**ライフル**」という岩場に、「ルーモア・ハズ・イット」という有名なルートがある。

「噂通りの」という程度の意味だが、これは、この岩場が90年代に入ってから突然発見され、登られるようになったことを示している。もっともその岩場というのは、「ウワサによると……」などというものではなく、誰がどこから見ても目立ちに目立つ巨大な壁だから、この名前も日本からの訪問者にとってはいまひとつ納得がいかない。だいたい、コロラドと言えば、フリークライミング先進国アメリカの中でもヨセミテと並んで中心地とされた場所である。その歴史も70年代どころか60年代50年代にまで遡るほどで、そこで、なんでこんなのが今まで見つけられなかったんだ?と、この国の大きさというか、イナカさに、呆れるばかりなのである。

さて、日本でそのように「噂通りの」で登場した岩場として、最初に我々の記憶に残る場所といえば、やはり**小川山**だろう。

今や「日本のフリークライミングの故郷」としてあまりにも有名なここは、しかし80年

ライフル　アメリカ・コロラド州のほぼ中央にある石灰岩の岩場。高さ50～100mほどの側壁が長さ数キロにわたって続く一大スポーツクライミングエリアで多くの5・13、5・14を擁する。

小川山　奥秩父西端の眺めも名前もパッとしない山。だがその山麓に無数の花崗岩峰が林立し、格好のフリークライミングエリアとなっている。その入口の廻り目平はキャンプ場としても有名。

代より前には地元のクライマーがごく稀に訪れてはボルトラダーを引く以外、さして話題にも上らない不遇な場所だったのである。

それがまたなぜ、あのように突然脚光を浴び、人々がこぞって繰り出すようになったかというと、それはもちろん例の80年、『イワユキ』72号でのヨセミテ・ショックによる。

といってフリーの萌芽そのものは、それを待つまでもなく日本各地で始まっていたことは、これまでも再三述べてきた。が、やはりなんといっても本場物、つまりヨセミテのそれは、衝撃的であり、あきらかに違う次元のものだった。

そういう意味では、その時、我々を虜にしてしまったのは、今にして思えば、〝フリークライミング〟というより、むしろ〝ヨセミテ・クライミング〟だったのではないかという気もしないではない。実際その頃の雑誌などでは、この新しいスポーツに対してまさにこのような呼び名をしていることもあったのである。

そして、その〝ヨセミテ・クライミング〟とは、イコール、**クラッククライミング**。前出『イワユキ』72号なんかでも我らが戸田一派が彼の地のクラックに痛めつけられ、その中でもがき苦しみながら、フリーとは何ぞや？ということを肌で感じ取っていく様が、手に汗握るごとくリアルに描かれており、結局我々はこうしたことに夢中になってしまったのである。

こうなると、本物のフリークライミングとは、つまり、クラックを登ること、となってもなんらおかしくははない。が、悲しいかな東京近郊ではまともなクラックなど（まだ）どこにもなかったし、クラッククライミングの代名詞ともいえる技、〝**ジャミング**〟などは、見たことすらない（関西、広島などに関しては別項参照）。

クラッククライミング

ジャミング　クラックを登る際に手や足をこじ入れ、握ったり捩ったりしてクサビ止めとすること。クラッククライミングには必須の技だが、中でどうしているかハタからはわからないため非常に習得しづらい。

そうこうするうちに、その（80年）夏、「日山協岩登り競技会」という全国レベルのクライミング競技会が三ツ峠で戸田直樹をルートセッターに迎えて行なわれ、その決勝ルートに、イジワルクもコザカシクも、なんとクラックが選ばれるということがあった。この競技会はもともとのスピード競争（その第1回大会の優勝者が檜谷清氏だ）から時代を反映してルート自体の難しさを問うものへと移行した最初の大会だったのだが、その結果がどうだったかというと、なんと、完登者はたったの5人。今にすれば5・9程度のそのルート「戸田クラック」で、全国の選りすぐり（でもないか。実は筆者もそこにいたのだ）のクライマーたちが、ほぼ全員玉砕という有様だったのである。

ちなみに、ここでも優勝したのは檜谷氏で、これによって氏のクライミング能力は不動の評価を得たわけだが、一方のタカトリ軍団は、やはり地元以外では使いものにならないともっぱら評判を地に下げたのであった。

さて、こうなると、急務はクラック技術のマスターである。

しかし、いかに石切場とはいえまさか鷹取山にクラックを刻むわけにもいかず（だが信じられないことに、この時我々の仲間内ではそういう話も実際に持ち上がったのである。いやあ、すごい人たちだったわけだ）、どうしたらいいかと日々無為に過ごしているうちに、どこからともなく噂になってきたのが、奥秩父の小川山だった。

なんでもそこにはクラックがびしびしと切れ込んだ花崗岩の岩場があるらしい。

「花崗岩」というだけで、もうヨセミテと同じ、と思ってしまうところが短絡的というかイジマシイというか……なのだが、そうは言ってもそんなわけがわからない場所にわざわざ時間と金を費やして出かけていくには、いまひとつ情報が頼りない。

しかもその山の名前が我々新生フリークライマーたちの目に初めて触れたのが、実は『岩と雪』ではなく『**岳人**』（80年1月号クロニクル「小川山涸沢岩峰群2峰南壁初登」の記録）であるというのがどうもいただけなかったし（失礼！）、その見出しにしてからが「シビアに登れる**VI級**のゲレンデ」というのも、なんだか乗り気がしない。おまけにそこに記された「核心部VI級＋」などという大袈裟なグレードからしていかにも胡散臭く、だいたい初登者の「**広瀬憲文**」などまるで聞いたことがない（しかし実はこの人は当時の日和田山などではかなり有名だったらしい。しかも後年、筆者の実質仲人になった人物である）。

そんなだから、まあ、小川山などと聞いても、我々の認識は「どうかなあ……本当に登る所あんの？」以上のものではなかった、と言ってよいだろう。

そういうわけで、ヨセミテから威勢よく入ってきたフリークライミングの波も、いささかここに来て袋小路に詰まったかのように見えたのだが、実はその頃、そうした日本人のヨセミテ欲をなんとか満たしてくれた場所が他にあった。ヨセミテのミニチュア版として有名な韓国の**仁寿峰**（インスボン）である。

この花崗岩の岩山には、その名も「**シュイナードA、B**」という、ヨセミテの偉大なクライマーがわざわざ来て登ったというルートがあって、ヨセミテブームより先に、ちょっとした韓国ブームを巻き起こしていたのだ。

筆者も、大事な学業を犠牲にしてバイトに明け暮れ、遅ればせながらなんとか彼の地を訪れた。

岳人　言わずと知れた登山の国民的専門誌。内容は崇高で格調高く、今どきあんな値段でこんなものが買えるなんて信じられない。日本人は幸せだ（なんかちょうだい）。

VI級　ヨーロッパアルプスから導入されたUIAAグレードは、当時最もやさしいI級〜最も難しいVI級に分割されていた。が、長年、日本にはVI級などという難しい個所はどこにもないとされ、この数字はほとんど神話と化していた。

広瀬憲文　日和田クライマーから出発して小川山涸沢2峰広瀬ルート開拓などで活躍したクライマー。しかしフリークライミング界では「ルナ」のドンとして知られている。

仁寿峰　韓国、ソウル近郊の花崗岩の岩山。巨大なドーム状に5〜10ピッチ程度のルートが多く引かれ、快適なフリークライミングができる場として今でも人気が高い。

シュイナード　ヨセミテ黄金期に活躍したクライマー。その深いクライミング倫理は、同年代のロイヤル・ロビンスとともにアメリカのクライマーの尊敬を一身に集めている。ブラックダイヤモンドとパタゴニアの創始者でもある。

で、81年春の訪韓の折、山小屋で会うなり突然「おうっ！おまえらか」と、声をかけてきたのが、例の広瀬氏である。

氏は例の凋沢2峰だけでなく、ここ仁寿峰でも「ビッグ・ドラゴン」という当地の最難ルートを登って名を馳せており、前に鷹取山で一度会ったことがあるだけの我々にも、実に親切に、あれこれ教えてくれた。と言っては良く言いすぎで、もう聞いてもいないのにどこを登れここを登れとうるさく、そのくせ人がそこに行ってスラブなどで苦労していると上から下りてきては「手が震えてんぞ」などと冷やかし、ボルダーをやれば自分がどこか最初に登れるまで人を帰さないという、それは猛烈な性格の持ち主であった。

そんなだから我々も有無を言わず軍門に下るほかなく、結果的に筆者はこの時拾われて、帰国後、氏が所属している窓拭きの会社にアルバイトとして入り込むことになった。

と、だいぶん個人的な話になってしまったが、この窓拭き会社というのが、「ルナビルメンテナンス」という、当時クライマーばかりでやっているというので有名だったところで、ここから**鈴木英貴**や**池田功**といったフリークライミング界の重要人物も多く輩出されたわけだから、まあ許してもらおう。

そして韓国から帰って何週目かの週末、社員研修を兼ねてみんなで小川山に行こうということになり、物見遊山も含めて総勢十数人で出かけることになった。で、その時は全員で**ガマルート**という今でも彼の地の入門ルートとして有名なマルチピッチを登ったわけだが、これがそれだけ聞くとなんてことないようでも、その実態は広瀬氏の「ついてこい！」という号令以下、ロープもつけずに全員アップシューズ（！）でぞろぞろ登るという、と

鈴木英貴　80年代前半、ヨセミテはじめアメリカ各地で活躍したクライマー。かつてはヨーロッパアルプスなどで活躍していたが、アメリカに赴くや瞬く間に頭角を現し、クラックのオーソリティーとして君臨した。今でもアメリカに留まってクライミングを続けているという話だが、いったいどうやって食べているのか？

池田功　80年代初頭、戸田直樹の後を継ぐ日本フリークライミング界のエース。イムジン河初登や衝立岩のフリー化など、当時の日本のレベルを驚くほど急激にアップさせたが、引退も驚くほど早かった。

ガマルート　小川山にある5～6ピッチ、5・7のロングルート。核心は1ピッチ目だが、もちろん落ちたらただではすまない。今の装備でいまだにここを登れないクライマーもいるくらいなのである。

んでもないものだった。しかもこの時、1人が核心の微妙なスラブで行き詰まってしまったのだが、それを助けるどころか「なにやってんだ!ぐずぐずしてると給料下げるぞ!」と怒鳴り散らされるというのだから、よくまあ、無事にすんだものである。

だがそれでも、なんだかんだ上まで抜け、まわりを見やると、確かにクラックの多そうな魅力的な花崗岩塊があちこちに突き出ていた。その中にまだルートなどいくつもなかったが、これは乗り遅れてはならじ、と、思ったか思わなかったか。しかしその時はそれどころではなく、みな広瀬氏の次の号令にビクビクしていたのである。

▼資料

小川山が一般クライマーの目に初めて触れたのは、1975年10月号の『岳人』「未踏の岩壁シリーズ」での八幡沢紹介とされている。

しかし、本当の意味でフリークライマーがここを意識し始めるのは、同じく『岳人』80年1月号に、涸沢岩塔群2峰南壁オリジナルとダイレクトの2本の記録が出てからだろう。その時付けられた「VI級+」という目新しいグレードがしかし実は本物であることは、その後そこを登った東田鉄也ら日和田クライマーたちによって伝えられ、一躍注目を浴びることになったのである。ところで、その初登者、広瀬がなぜここを知ったかというと、先の未踏の岩壁シリーズの取材でこの地を訪れていた**岩崎元郎**の助言があったから、というのも面白い。

また、雑誌『山と溪谷』に「モアイクラック」の登攀写真が掲載されたのもこの頃だ。

岩崎元郎 ご存じ中高年登山の星。ただしこの頃は柏瀬裕之氏とともに登山界の論客として活躍し、フリークライミングの発展にあたってもいくつかの影響を残した。

中山芳郎　戸田直樹らと全国フリークライミング行脚に活躍したクライマーで、その技術的レベルは当時、相当なものだった。日本人としては最も早くヨセミテを体験した一人。

それはヨセミテの先駆者の一人、RCCⅡグレード改訂委員会の**中山芳郎**氏が初登したもので、日本離れした岩壁にびしっと切れ込む見事なクラックをクライマーがジャミングで登っている写真（岡田昇撮影）は、当時のクライマーたちを充分に浮き足立たせたと言ってよいだろう。これらを踏まえ、小川山が本格的に開拓され始めるのは80〜81年頃からのことである。

魅力的な花崗岩峰が立ち並ぶ小川山、廻り目平周辺の岩塔群

chapter 2

How we have clung to the "STONE"

フリークライマー誕生

フリークライマー誕生

それにしても、このように突然現れた「フリークライミング」なるスポーツが、なぜああまで急速に、そして圧倒的な支持の元で日本に定着したのか。いかにその下地が既にあちこちにあったとはいえ、その様相にはまったく驚かざるを得ない。なにしろ、例の「イワユキ72号ショック」のその春には、日本中のゲレンデにチョーク袋を腰に下げ、**EBシューズ**を履いたクライマー達が闊歩していたというのだから、その広がりのスピードはちょっと普通ではなかったような気がする。

しかも驚くのは、彼らの中には、いわゆる登山界がこのスポーツをクライミングの一部として理解するより早く、既に通常のロッククライミングから離れ、フリー専門になった者もいたことだ。

まあ、前にも述べたようにそれまでのロッククライミングが日本全国Ⅳ級A1どこに行ってもたいして変わらない、という状況にあったことを思えばそれもわからなくはないのだが、それでもまだ単なる一時的な流行かもしれないこんな行為にそんなにいきなり入れ込んでしまっていいものなのか？と普通なら考えるところだろう。

しかし結果的に1980年、日本のフリークライミングが最初のシーズンを迎える頃に

EBシューズ　当時の代表的なフリークライミング用シューズ。底パターンのないラバーソールシューズとして最も初期のものだが、作りが素朴な上、ゴムのフリクションも今とは比べものにならないくらい悪く、よくこんな靴で登っていたもんだと思う。

天覧山　埼玉県飯能市にある自然公園。山全体が能仁寺境内となっており、そこここに林立する羅漢像に交じっていくつかのボルダーとハングを持った小さな岩場がある。

北川　埼玉県西吾野にあるチャートの岩場。巨大なハングが売り物で、当時このハングの初登者にこのチーム の命名権が与えられたという。

はこの新スポーツは列島各地にすっかり根付き、巷には新生〝フリークライマー〟たちが、まるで出番を待っていたかのようにあふれていたというわけなのだ。

　さて、そうなると問題は、向こう三軒両隣、どいつもこいつもがわらわらと走り始めたという状況の中で、いかに遅れず先頭集団に食らいつくか、である。

　などと言うといきなりせちがらく感じるかもしれないが、基本的にフリークライミングに競争はつきものだし、それが目に見えてはっきりしている分、まだ不可解奇怪な山の世界より健全であった気もしないではない。

　そうした中、この頃からそろそろ日和田軍団、鷹取軍団、○○組、××一派などが形を現し、あちらこちらで顔を合わせてはチクリチクリと火花を散らすことになる。

　筆者はもちろん、セ・リーグのお荷物、鷹取軍団で、地元ではやたら威勢がいいくせに他に行くとまるで使いものにならないという世間評そのままに、慎み深くもっぱら内部で優位に立つことにのみ心骨を砕いていた。一方、あちこちに出まくっては無遠慮にどこもここも登り、なにげにまわりを威嚇しまくっていたのが、日和田軍団である。中でもそこから派生して**天覧山**のハングや**北川**のハングで再結成されたという「チーム・イカロス」なる一派（まったく、暴走族じゃねえんだぜ。でもこの頃のクライミングってこういうノリがあったことも確かだ）が当時圧倒的で、そこには檜谷清氏はじめ、**堀越隆正**、**志賀光則**といった、当時、既に有名どころが軒並み顔をそろえていた。

　またそれ以外にも、やはり檜谷清率いる、**小林孝二**、**綿引英俊**といったRCC神奈川軍団や、**吉川弘**、**室井由美子**らJECC軍団など、あとあとまでしつこく（いや、まったく）この世界に居座り続ける面々が早くもひしめいていたのだから、ほんのちょっと出遅れた

堀越隆正　フリークライミングのまったく黎明期からまさに今現在も活躍する年齢不詳のクライマー。いまだパワフルなボルダリングで見せるあの力はいったいどこから来るのか?

志賀光則　まさに開拓クライマーの走りとも言うべき人。その生涯初登ルート数はクライミング界の殿堂入りに値する。残念ながら故人。

小林孝二　誰かがボルダリングをしていると「あ、面白そうだね」とやってきて、なにげに課題をかっさらうという元祖指力クライマー。かわいい奥さんをもらってからパタッと岩場に来なくなった。

綿引英俊　かつてスラブの帝王と呼ばれたクライマー。先史時代の数少ない生き残りの一人で、現在はエナジークライミングジムの頑固オヤジ。著書に『フリークライミングの真髄』（東京新聞出版局刊）。

吉川弘・室井由美子　二人まとめての紹介で申し訳ないが、何しろこのチームが日本のフリークライミング構築に果たした役割は底知れない。日本のフリークライミングの父、母、と呼んでいいほどなのだが、本当に彼らが自分の親だったら、ちょっと……。

常盤橋公園　東京駅と神田駅のほぼ中間にある小さな公園。かつてここでボルダリングするクライマーが首都高からも見えたが、今は柵ができて登れなくなってしまった。

だけの若手たちにとってはさぞやうっとうしく感じられたことだろう。

そして、こうした連中が一堂に会するのが、どこの山でも岩場でもなく、なんと東京駅の至近、日本銀行の真向かいにある**常盤橋公園**という所であった。そこにはかつての江戸城の城壁が高さ4～5mの規模でわずかながら残されており、そこで昔から会社帰りのサラリーマンやら学生やらがひたすら岩にしがみついて指のトレーニングに励んだという名所なのである。

しかし当時、まだフリークライミングなど始まって間もないというのに、毎日、夕方になると、鞄を抱えた背広姿のサラリーマンがあちこちから集まってきて、露天のベンチでパンツ一丁になって着替えをし、幅20mもない石垣にフナムシのようにびっしり張り付いていた、というのだから、いやはや、何の分野でも日本人の勤勉さというのはたいしたもんだと驚くほかない。おまけにこの公園にはその当時からホームレスが住み着いていて、そうした連中が狭い公園で入り乱れて、しかし黙々と自らの営みを遂行している様は、どう見ても尋常な光景とは言い難かった気がする。

さてそのような新生間もない、しかしすっかり下地を固めてしまったフリークライミングが初めて正統的な目標を持ちえ、本来の形に向かって大きく進みだしたのが、前章でも触れた小川山の開拓だ。

ここは79年の涸沢2峰広瀬ダイレクトに続いて、80年には八幡沢さよなら百恵ちゃんルート、仏壇岩モアイクラックなど（いずれも5・9）が先駆的なルートとして既に登られており、噂は確かなものとして既に多くのクライマーに名前も浸透していた。しかし、やは

スラブ　岩場の形状のことで、のぺっとした滑り台のような部分を指す。こういう所を好むのは綿○英○、室○登○男など爬虫類系が多い。

りその存在を決定的にしたのは、81年春の小川山レイバック（5・9）、マラ岩ホリデー（5・9＋）、クレイジージャム（5・10）などの初登だろう。これは79年に既にヨセミテを体験していた吉川弘、室井由美子氏らによって登られたもので、今や小川山の代表的なクラシックとして知らぬ者はいない。もちろん当時からその優れた内容は話題のマトで、早くも多くのフリークライマーの最初の目標になっていったのである。

もちろん、新ルート開拓はそれだけではすまない。新たなクラック、**スラブ**がダース単位で拓かれていき、それまでほとんど人のいなかった廻り目平に、その夏にはちょっとしたクライマー村ができていた、というのだから、なにしろこのスポーツのエネルギーはハナからすごいものがあったと言ってよいだろう。

しかも驚くのはその中には単なる週末だけでなく、何日もそこで合宿を組むような連中も既にいたことで、彼らは当然マトモな社会人ではない。学校に行かない学生か、もしくは「フリーター」。といってもこの頃まだこういう言葉はないから、「バム」と言った方がよいかもしれない。

まあ、もともと山の世界には遠征登山やその他の理由で普通の会社員を全うできずこのような生活を送る者が多くはあったのだが、それでも始まって間もないフリークライミングでこれだけ多くのバムがいきなり姿を現したことは、やはり驚くべきことではある。

ちなみにこの頃、そういう連中のお決まりのバイトというのが、クライマーにはまさにうってつけともいえるビルの窓拭きで、実は筆者も時を待たずその道に入り込んだことは前にも述べた。そしてここでの同業者には前出吉川、室井両氏などもおり、現場で顔を合わせると、なんかどこかで見たことがあるようなクライマーばかり。おまけにこうした中では日々の話題もクライミング以外にはまずなく、そこの外壁をトラバースできるかとか、ここでハンドジャミング決められるかとか、窓を拭いてるんだか岩登りをしているんだかわからないような毎日が延々続いていくことになったのである。

と、なんだか「日本のフリークライミングの動向」からちょっと話が逸れてしまったようだが、そうした一種のコミューンがこの頃のフリークライミングの発展に果たした役割も決して小さくはない。というのも、その頃筆者のいた窓拭き会社「ルナ」の中で小川山の他にもう一つ話題になっていた場所があり、それが伊豆半島、伊東の南にある**城ヶ崎海岸**だったからだ。

なんでもそこには、延々と続く断崖絶壁に、無数にクラックが走っているらしい。ということを最初に言いだしたのは、筆者とほぼ同時期にこの会社に入った**保科雅則**で、氏はそれまで写真学校に在籍してカメラマンを目指していたのだが、この冬に谷川岳である記録的な登攀をした際に落ちて足を骨折し、せっかく決まりかけた就職を棒に振っていたのである。そしてその春、実家の伊東に帰ってぶらぶらしている時にこの岩場を見つけ、我々に進言したというわけなのだ。

それなら一丁、手をつけに行こうじゃないかということになり、会社の中の数人で出かけたのが、ちょうど小川山初見参と前後する81年の初夏。今なら城ヶ崎といえば夏は暑すぎてシーズンは冬、と決まっているが、この頃は海岸でクライミングをするという発想転換はできても、海＝夏という固定観念までは拭いきれなかったのだろう。

そして数回の偵察を終えた頃には、やっぱり、という感じで例の広瀬氏がちゃっかりリ

城ヶ崎海岸　伊豆半島東岸に広がる長さ20㎞ほどのリアス海岸。日本でも有数の人気を誇る観光地だが、自殺の名所としても知られていることを、クライマーはたぶん知らない。

保科雅則　元山学同志会で、フリー、ビッグウォール、アイス、となんでも日本最高レベルでこなすマルチタスクのクライマー。唯一の苦手は仕事だけ、という噂も。現在ガイド。

ーダーに納まり、おまけになぜかゴムボートまで揃えてしまってすっかり海じたくになり、こうなるともうクライミングどころではない。

で、ある日下り立ったのは、今はほとんどクライマーも行かない南の岬の一端。最初は「ここも登れる、あそこも登れる」と喜んでいたのだが、そのうちそれにも飽きてしまい、ボートで沖に出ようということになった。本当はもっと岩場探索の方をやりたかったのだが、まあ、命令に背いたら何をされるかわからないからしょうがない。

と、いうわけでちょっと岸から離れると、案の定、広瀬氏にボートから突き落とされる。岸からすぐといっても入り組んだ磯は意外とうねりが高く、しかもボートに近づこうとするとオールで叩き返される。そのうち水もたらふく飲み、ワラをも掴む気持ちで逆の岸辺を見ると、うねりの向こうにたくさんのクラックが見え隠れしている。三方を高い断崖で囲まれているため人目につかなかったがそのスケールはすごく、もし取り付くことができれば難ルートが量産できることは間違いない。これが今まさに城ヶ崎でメインとされているシーサイドロックという一大エリアだったのだが、その目の覚めるような光景も、その時は虚しく波の中に消えてしまったことは言うまでもない。

シーサイドロック　城ヶ崎の南端近くに位置する岩場。壁のスケールも磯の大きさも城ヶ崎最大だが、懸垂下降でしか行けないため、一般観光客の目に触れることはない。しかしたまに釣り師がいるのは不思議。

▼資料

小川山のフリークライミングエリアとしての開拓は80年から着手され、この年に登られた八幡沢大滝右壁さよなら百恵ちゃんルート（矢作幸喜、原田正志）、モアイクラック（中山芳郎）などを踏まえて、翌81年には小川山レイバック（室井由美子、吉川弘）、マラ岩ホリデー

（同）、クレイジージャム（室井、吉川、塩田伸弘がトップロープで、池田功がリードで初登）、さらにペンギンクラック（東田、池田、他、5・10ａ）、ブラック＆ホワイト（綿引英俊、貝賀司、5・10ａ）などが加えられて、現在のスタンダード・クラシックが形作られた。

この時期の集大成として大内尚樹が『岩と雪』89、90号（82年6、8月号）に「奥秩父の岩登り」①②を著している。

また一方の城ヶ崎海岸は、81年よりファミリークラックエリアが檜谷清らチーム・イカロスのメンバーにより、門脇崎が保科雅則他「ルナ」のメンバーと、のちイカロスのメンバーにより拓かれた。そして、その第1報が『岳人』81年9月号に発表され、以後多くのクライマーを迎えることになった。さらに82〜83年のシーズンは、やはりイカロスによって現在のメインエリアであるシーサイドロックと、篠原富和らによるオーシャンロックが付け加えられ、その第1期開拓の集大成は『岩と雪』１００号（84年2月）に特集として組まれている。

愛と青春の旅立ち

「日本は10年遅れている」

と、79年渡米の折、戸田直樹氏は向こうのクライマーに言われたそうな。え〜、悔しいったらないじゃありませんか。いくらこっちにヨセミテのような岩壁がないとはいえ、そんな言葉を突きつけられると、我々日本人としては居ても立ってもいられなくなる。なんといっても我々は、あの歴史に名だたる明治維新や戦後からの復興を見事になしえた国民である。当然、生活文化の最底辺にあるようなクライミングにおいてすら、「遅れ」の一言は断じて受け入れ難く、結果、そのギャップは瞬く間に埋められていくことになった。その国内での様子は既にいくらか触れたが、それ以上に注目されたのは、本場ヨセミテでの成果だろう。

なにしろ、戸田氏が「5・10を登るのは難しいが、それを文章で表現するのはそれ以上だ」といって四苦八苦した、もう翌年には「5・11」を登る者が現れ、さらに次の年には片手に余る単位のクライマーがその数字を故国に持ち帰ったというのだから、そのレベルアップのスピードにはたまげるしかない。

ちなみにこのグレードというものは、それだけ見るとよくわからないが、数字一つ上げるというのは、それはたいへんなことだ。特に10から11への移行というのは、ここを境に人間としての生き方がガラリと変わる（つまり、社会的には終わる）、というくらい大きなもので、昔も今も多くのクライマーが最初に突きあたる壁とされているものなのだ。しかもその頃の装備といえば例のＥＢシューズオンリーである。

だから当時、日本人が本場ヨセミテで５・11を登った、というのは、今でいえば、日本のプロ野球選手がメジャー入りしたのと同じくらいのもの、と言ってよいほどだったかもしれない（そこまではいかないかな？）。そしてその立役者というのが、檜谷清をはじめ吉川弘、室井由美子、池田功、といった面々だったわけだが、しかし一方、その実態が、我々庶民にはいまひとつ上手く伝わらない、というのも、島国日本の常といえば常である。

だいたいさっき村から出てきたばかりの我々が、いきなりヨセミテなんかの話を聞かされたってチンプンカンプンだし、５・なんたらとかいう数字を突きつけられてもまるでさっぱりわからない。

というだけでなく、そもそも我々は、この期に至ってまで〝本物の〟フリークライミングがどういうものなのか、実はぜんぜんわかっていなかったのである。

などというと話がこんがらかるかもしれないが、グレード一つをとってもそうだ。

例えばその頃、あれだけ大騒ぎだったフリークライミングに、「グレード」がなかった、と言ったら驚く人は多いかもしれない。まあ、正確にはその言葉は正しくない。小川山の新ルートなどにもそれぞれⅥ級、Ⅶ級、などというグレードは冠されてはいたからだ。

が、それでもこの頃のこうした数字が、どれだけ情報として役に立っていたかというと、これはこれでまた別の話である。

というのも、そもそもこのギリシャ数字で表される「UIAA方式グレード」なるものは、かつてヨーロッパアルプスから持ち込まれ、それまでの日本の岩登りルートの難易度評価として一般的ではあったのだが、そのもともとの区分けにしてからが「I級＝やさしい」から始まり「IV級＝やや高度のバランスを要す。V級＝高度のバランスを要す。VI級＝極度に微妙なバランスを要す」というのだから、早い話どこに基準があるのかまるでわからない。

そして、新たに登場した、VII級、VIII級という数字にしたところで、おそらく「VII級＝想像を絶するバランスを要す。VIII級＝気が狂うほどのバランスを要す」以上のものだったとは思えないから、それで難しさを示そうというのはちょっと無理があったろう。

もっとも、実際のグレードというものは本来そのような〝基準〟で決めるものではなく、あくまで他のルートとの比較で付けられるものである。そういった意味でヨセミテの5・10、5・11（デシマル方式という）という数字は確かに同じような性格のルート間での膨大な数の比較から成り立っていたから説得力があったのだが、我が国のそれときたらV級VI級すらほとんど確立していない。それなら「VI級＝おまえにも登れる。VI級＋＝おまえには登れない。俺だけが登れる。VII級－＝俺にも登れないけど檜谷さんならたぶん登れる」などとした方がなかなか気が利いているし、実際正確でもあっただろう（それでも、この数字にやたらこだわった連中もいたにはいた。そういうところがムラのオキテを解さないもののウザッタイところなのだ）。

そして、さらに問題なのは、スタイル。といってもあいつらは足が長いとかそういうことではなくて、ルートをいったいどのように登るか、ということだ。

特にややこしいのが当時フリークライミングの象徴であった「クラック」で、これには周知のように途中にボルトやハーケンなどが打ってあるわけではないから、登りながら自分で**ナッツ**や**フレンズ**などの中間支点(プロテクション)をセットしていかなければならない。しかし自分が無我夢中でセットしたナッツなどまるで信用がおけなかったし、例の「ジャミング」など、自分でやっていて、いつご主人様を裏切るかわかったものではない。と、くれば、未知のクラックにいきなり取り付くなどというのは、キヨミズの舞台から飛び下りる以外のなにものでもなかったろう。

そうなると、いきおい「**トップロープ**」か、リードしても数人がかりの「極地法」が常、ということになってしまう。

なお、この頃、リードのスタイルに関しては「**レッドポイント**」という考え方はまだなく、落ちたらその時点でロープにぶらさがって下までそくざに降りなければならない代わりに、次のトライもその状態を引き継ぐ形で行なえ、少しずつ最高到達点およびプロテクションを延ばして行く。というシージング(極地法)、あるいはヨーヨーイングと呼ばれるスタイルが一般的であった。ロープにぶら下がってのムーブ解決ができない分、今より厳しくはあるが、反面長い休憩や時には選手交代なども可能で、揚げ句、何人もで寄ってたかって一日そのルートをやっている、などということが平気でまかり通るようになってしまったのである。

そんなだから、当時、ヨセミテだのなんだのといっても、それは太平洋を渡る以上には

ナッツ　サイコロ程度の金属片をクラックに差し込んでハーケン代わりにするというもの。セットと回収がしやすいのでクラッククライミングには重宝するが、そのぶん外れやすく、恐ろしいことこの上ない。

フレンズ　バネの力で自動ロックする可変式カムナッツのことで、これは商品名。これを開発したヨセミテのクライマー、レイ・ジャーディンは、その後ヨットで悠々自適クルージングを楽しんでいるという話。

トップロープ　ルートの終了点に既にロープをかけ、上から確保された状態でクライミングを練習すること。リードの恐怖心を取り除いてくれるため、慢性ビビリ症のクライマーたちに伝染しやすく、当時「トップロープ病」というのが流行った。

レッドポイント　そのルートを一度も落ちずに登って初めて「フリーで完登した」と見なすもので、80年代前半にヨーロッパで発生した。ドイツのクルト・アルベルトが、自分がそのようにして登ったルートの下に赤丸を印していったのが最初という説も。

るか異次元にあるものだったといえるだろう。

しかし、そのような平和な(?)均衡も、突然、破られることになる。ヨセミテ帰りの池田功が「ルナ」に復帰し、アメリカの風を我々の中に否応なしに吹き込んだのである。

池田功というのはこの後日本のフリークライミングの歴史で重要な役割を果たす人物だからここで少し紹介しておくと、なにしろ力がすごい。この一点に尽きる。

そのすごさはまるで生まれた時から懸垂でもしていたのではないかと思わせるほどで、フリークライミング技術の方も、日本にこのスポーツが根付いた瞬間から今とまったく同じようにどこもここも軽々登るなど、他の追随を許さぬ圧倒的な実力を示していた。

という氏とは、実は筆者は「ルナ」の同期で、最初はこっちも仕事終りの単なるゲーセン仲間程度に思っていたのだが、向こうは突然カメラマンに誘われてヨセミテに行き、彼の地のルートをバリバリ登ってきたという。

で、話を戻すと、その氏がアメリカから帰ってくるなり我々の平和な世界に参入し、みんなの迷惑をよそに「トップロープぅ?」などと眉毛を吊り上げながら言いだしたのである。ちょうどその頃筆者は保科雅則らと新たに城ヶ崎に見つけたクラックに取り組んでいて(というよりまったく歯が立たず毎回最初の数メートルでお茶を濁していたのだが)、池田功がここに来るやいきなりリード。しかも人がセットしたナッツで自分もそこそこあがいたフリをして、悔しそうに降りてくるのも認めないという、まったく体育会系の世界に変わってしまった。

そんな風潮を、筆者は嫌だなあと思っていたのだが、こういう時のクライマーの裏切り

エル・キャピタン

2000ドル　当時の為替レートは確か1ドル270円。2000ドルといったって日本円なら50万円近くだ。しかしアメリカでの価値は当時も2000ドルに違いなく、これは今にすれば20万円ということになる。20万円で半年?って、ちょっとすごいよ。

というか変わり身の早さは相当なものがある。誰も彼もクラックを真面目にリードするようになり、やがては「俺もヨセミテに行く」と言い出す者まで現れてしまったのである（もっとも、このような〝正統的な〟スタイルの重要性は、この頃から既に戸田氏、檜谷氏ともにかなりしつこくアピールしていたし、ヨセミテ体験組は皆こうしたスタイルでどこもここも登っていたようだ）。

もちろんこの時点でも筆者はアメリカ旅行などまったく我が家の家系には関係ないと思っていたのだが、人生というものは何があるかわからない。ちょうどその冬、筆者は当時アルパインクライミングの世界で少しばかり話題になっていたルートで成果を上げて舞い上がってしまい、勢いで自分もアメリカに行くことに突然決めてしまった。しかも出発はその春で、行った以上は最低1シーズンか、もしくはそれ以上居続けようという大胆さである。

しかし、そのための金など貯めてないから、出発まで残り2ヶ月でなんとか稼がなければならない。さらには例のトップロープ病をなんとかしてクラックにも慣れなきゃならない。というのに岩場に行けば相変わらず腰が引け、池田功に「本当にヨセミテ行くの？」などと言われる始末で、おまけにそこで心機一転するどころか毎日壮行会と称して飲み歩き、当然金も貯まらない。

と、最悪の準備期間だったわけだが、それでもあちこちからようやく**2000ドル**をかき集めて、82年4月下旬、いよいよヨセミテへ出発となった。

その時の高揚感は、ああ、今でも思い出すが、しかし、その思いもヨセミテに入るなりすぐ吹き飛んだ。

渓谷に入った途端、目の前に高差1000m、地上最大の垂壁**エル・キャピタン**が覆いかぶさり、圧倒的に行く手をふさいでいたのである。

「来るんじゃなかった!」

まるでこの世のものとは思えない巨大な岩の塊を仰ぎ見ながら、人生にたびたびある取り返しのつかない後悔を、おそらくこの時、一緒に行った全員が抱いていたのである。

▼資料

日本人としてヨセミテで最も初期に本格的なフリークライミングを体験したのが、70年代中盤の先駆者たちであることは前にも述べた。

以後79年にかけ、戸田直樹、室井由美子、吉川弘、他数人が同じく5・10クラスを経験し、それが日本のクライマーたちに最も直接的に影響を与えることになる。

そして、その時、課題とされた5・11というグレードも、80年には早くも現実のものとなった。その最初のクライマーは、大方の予想通り、檜谷清。

その年の春、日山協岩登り競技会で例の戸田クラックを見事完登し、同年秋、日本代表としてイギリスでの交流クライミングからソビエトでの岩登り競技会にわたる途中で寄ったヨセミテで、「グリーンドラゴン」(5・11b)をリードしたのである。しかも当時国内の5・10クラスでも〝落ちながら〟が比較的多かった中で、氏はこのルートを初見ノーフォールで登っている。

なお、81年は、室井、吉川、塩田伸弘、池田功、堀地清次らもこのグレードを手中にしている他、国内では**橋本覚**らが山梨・四方津の岩場に「ドラゴン」(5・11+?のちにホールド

橋本覚　日本のフリー黎明期に一本指懸垂やマニアックなトップロープ課題などで圧倒的な力を示したクライマー。と、それだけ聞くといかにもすごそうだが、実態はこの後、明らかになる。

が欠け、5・12になった）を拓いており、日本人が肉体能力的にかなり成熟してきたことをうかがわせている。

カリフォルニアの日は翳る

その春、ロスアンジェルス国際空港に降り立った我々の顔は、さわやかであった。などと、自分で言うとはなかなかなものだが、しかし皆、内心では間違いなくそう思っていたはずだ。

なんといっても、ここは「カリフォルニア」である。

あまりに使い古された言葉ながら、空はどこまでも青く、光は底抜けに明るい。500ドルで手に入れた中古のバンでフリーウェイを走り抜ける頃には、耳元にイーグルスの、あのきらびやかな、しかし哀愁漂う例のイントロが鳴り響いてくる。まさに我々は今、青春の真っ只中を、まるで映画の主人公のようにひた走っているのである。

というような、まるで絵にかいたような見事な勘違いを、この頃、何人のクライマーがしたことだろう。

なにしろこの時期、例の戸田ショック以降の80年代前半というのは、国内でのクライミングが「アルパイン」一辺倒から「フリー」へと大きく変動した年であったと同時に、日本からの外国詣でもヨーロッパアルプスからヨセミテへと大転換した時期でもあった。もっともその中には、単なるフリークライミングだけでなく、エル・キャピタンなどの**ビッ**

ビッグウォール　高差600〜700m以上、傾斜垂直前後の大岩壁のことを指す。ヒマラヤの一部、アラスカ、カナダ、パタゴニアなどにあり、ヨセミテはその最も環境が良いゲレンデとして知られている。かつて『クライミング・ジャーナル』でも「日本のビッグウォール」という特集を組んだことがあるが、実はそんなものはこの島国にはない。

キャンプ場　言わずと知れた「キャンプ4」。ヨセミテ国立公園内では唯一貧乏人のために設置されたウォーク・イン・キャンプ場（オートキャンプ場ではないということ）で、昔も今もクライマーの定宿とされている。当時は1泊1ドル。それでもこれをごまかす奴が後を絶たなかった。

グウォールを目指す者も多く含まれてはいたが、それらをひっくるめ、この頃、彼の地を訪れた日本人は、長期短期合わせて年間100人以上はいたのではないかと思う。

筆者がなんとかそこに参入させていただいたのは、日本フリークライミング歴3年目にあたる、1982年。その時も同行者は6人で、皆、数ヶ月から半年はいようという魂胆だったから、ヨセミテが日本人であふれかえるのも無理はない。実際、入園に関する諸手続きをすませてキャンプ場に落ち着くと、そこにはシーズンが始まったばかりだというのに既に日本人村ができあがっていて、日を追うごとにその数は増えていった。日本にいる時ははるか彼方にあったフリークライミングの聖地も、いざ来てみれば、かようにポピュラーになっていたのである。

しかもそこには世界中から同じようにクライマーが集まってきており、あちらにドイツ人村、こちらに日本人村、とそれぞれに汚さを競い合っていた。だが特に抜きん出ていたのは、我が日本人村だろう。というのは、決して自分らを卑下して言っているわけではなく、ベタついた黒髪と汚らしく日焼けした黄褐色の肌、貧相な顔の作り、そして背の小ささというのが、我々をして基本的にそのように見せる要素を多分に持っている。

それに加えて、ここに集まっているクライマーの中でおそらく自分たちが一番レベルが低いだろう、という劣等感も、自分たちをことさら貧弱に感じさせるのに一役買っていたことは間違いない。なにしろ（オレじゃあないけど）あの戸田氏にしてからが、「10年遅れている」と言われてしまった国民である。

実際、**キャンプ場**にテントを建てていざ登りに行こうと思っても、いったい何から始めたらよいのかさっぱりわからない。ルート図を見ても英語ばかりだし（あたりまえだ）、唯一読めるグレードにしても、国内が前に述べたようなものだったから、5・10aだのbだのといってもまるでピンと来ない。

そんなことで本場のクラックに取り付いてしまって、果たして無事にすむものなのかどうなのか。それにしてもこのルートの長さは何だ？これではきっと途中でギアも力も尽きてしまうに決まっている。しかし途中に頼みの綱のボルトはない。それでいったい誰が最初にリードするのか？今日こそはオレもやらなきゃならないのか？ああ、それにしてもなんだってこんな所に来ちまったんだ？オレは本当はフリークライミングなど好きじゃなかったんじゃないだろうか？

などといったことをグダグダと思いあぐねながら、毎日ビクビク過ごしていたのだが、しばらく登るうちに、こちらにはこちらなりの小わざ、というか、やりようがあることがわかってきた。

だいたいクラックというものは、ナッツ類を自分でセットしなければならない代わりに、条件さえ許せば逆に自分の好きな所に自由にセットできるという便利さがある。だから、自分が受け持った（と自分で決めた）数メートルさえどうにかナッツをかき入れてしまえば、取りあえず面目だけはなんとか立つ。つまり例の極地法である。

しかもこうしたせこいテクニックは日に日に冴え、ギアも、次に決まりそうなナッツ2～3個だけ持って、目星をつけた所にそれを一かバチか放り込んでくるか、それができなければ「ダメだ！」とことさら大袈裟にうめいて、さっさと降りる、というようなことばかりしていたのである。

おまけにここにはルートが無数にあって、目標のルートがちょっと怖そうだとか取り付

『ヨセミテ・クライマー』

きづらそうだとかということがわかれば、すぐに他のルートに転進することができるし、またそれをとやかく言う者もいない。

と、いうわけで最初のうちこそ首をすくめて過ごしていたものが、そのようにしてあちこちと〝登れる〟ルートを探し出してはあの手この手で陥落させていくようになると、言うことも自ずと変わってくる。

「このエリアには使えるルートは一つもないな」

ところでこの頃、我々が夢中になったものに、**『ヨセミテ・クライマー』**という本があった。70年代末にヨセミテのトポ（ルート図集）を編纂したクライマーによって作られたドキュメントタッチの写真集で、そこには各ページごとに筋骨隆々のクライマーたちがものすごい形相で岩にむしゃぶりついており、その迫力たるや言いようもない。しかもその格好が揃いも揃って長髪にバンダナ、ボロボロのヒッピーパンツに60年代サイケデリック調のシャツといういでたちで、なにしろ我々はそのカッコ良さに徹底的にシビレまくっていたのだ。

その一角を、自分も今、登っているというのだから、これはもうたいへんなことであった。グレードも5・9が10になり、やがては11にまで及ぶに至っては、最初の上目遣いもどこへやら。シャツもズボンもこれ見よがしにボロボロになり、手についたチョークなどもわざと落とさず、声もだんだんでかくなってゆく。これはもうどうしようもないことだったろう。

そんな折、たまの休養日にヨセミテビレッジに買い物に行くと、ハンバーガーショップのテラスに白い短パンTシャツで、手を脂ぎったジャンクフードで真っ赤にしている日本人夫婦がいる。

それが、この春から『イワユキ』に「アメリカ・岩登りの旅」という連載を始めた鈴木英貴・美智子夫妻で、筆者はもちろん初めてだったのだが、実は氏は「ルナ」のOBで、我々と一緒にいた一人と親しく、光栄にもお近づきになることができた。

などとずいぶん遜っているみたいだが、実際、その頃の鈴木氏といえばまさに天上人。右の『イワユキ』連載1回目にしてからが、「この時点で私たちのアメリカ滞在も1年半近くにわたり、登ったピッチは5・9が400、5・10が300、5・11が70に達していた」などとあるのだから、我々にとってはまったく神を見るに等しいようなものだったと言ってよいだろう。

で、そのような氏が涼しげな顔で言うには、今日は午前中に**バターボール**など数本の5・11のクラックを登って疲れてしまったから、午後は休養にするのだという。

「はああ、そうですか」

などと、こちらにはいっこうに差し出されない目の前のギタギタのお菓子に目を奪われながら間の向けた返事をしたものの、これには内心驚いてしまった。

というのも、我々の感覚では5・11のクラックというのは一日かけてようやく1本登るもの、そしてそれを登ったら手や指がボロボロになり、あと数日は何もできなくなるもの、というのが相場と決まっていたからだ。

しかしその後、鈴木氏にアメリカのどうしようもない菓子の種類とか、**カンカラの集め方**、有料シャワーの誤魔化し方などとともに、向こうの連中の登り方などを聞き、さらに

バターボール　ヨセミテのクッキークリフという岩場にある垂直20mのフィンガークラック。ストレニュアス（奮闘的）なヨセミテクライミングの象徴とされ、ここでボロボロにされた日本人は数多い。

カンカラの集め方　ヨセミテでは園内で販売するすべての缶に5セントのデポジットが加えられ、それを回収センターに持っていくとその分を返してくれる。で、昔からクライマーは落ちているカンカラを集め、小遣い稼ぎとしていた。

フラッシュ　そのルートを事前のトライなしに一撃でノーフォールクライミングすること。今の「オンサイト」とほぼ同じだが、この頃はこう呼ばれた。

驚いてしまった。そこには「**フラッシュ**」とか「5・11dを1フォールで」などという言葉が普通に、またごく日常的に出てきていたのである。

こうしたことを聞かされ、また実際に見せつけられれば、いくらこっちが田舎から出てきた新参者とはいえ、なにしろ我々がやっていることと、本場の人間がやっていることとは、似ているようでまるで違うと認識せざるを得ない。いくら形や名前を追ったところで、ヨセミテはの本質はるか高みにあり、一方こっちははるか地の底にある。

ということを認識すればするほど卑屈にもなっていくのだが、しかまあ、こうした思いというのは、なんだかんだ我々の世代のサダメなのかもしれない。何をやってもイミテーション、あるいは「後追い」にすぎないという、ぬぐいようのないコンプレックス。例えば我々のアメリカへの憧れの象徴とすら言えたイーグルスだって、我々が初めてカリフォルニアの大地を踏んだ時にはとっくに解散していたというのだから、よくよく考えれば情けない話だ。が、それが結局我々の世代というものなのだろう。

しかし、それでもカリフォルニアの空はあくまで深く、ヨセミテの岩壁はあくまで高い。そして、彼の地のクラックは相変わらず我々に意地悪く、またそれに八つ当たりするかのようにこちらの小狡さもますます長けて、あれやこれやとアメリカの日々は続いていったのである。

▼資料

80年代前半、日本人として本場アメリカで活躍し、彼の地のオーソリティーになるとともに日本国内のクライマーたちにも計り知れない刺激を与え続けたクライマーが、鈴木英貴である。

氏は79年に初めてヨセミテに渡ってエル・キャピタン、ハーフドームなどのビッグウォールを登った後、80年から夫婦でコロラドに滞在し、猛烈な密度のフリークライミングを行なった。

それは『岩と雪』に87号（82年4月）から約1年間にわたって連載されたが、その内容は、アストロマン、ユタの岩塔群、エル・キャピタンの高難度人工登攀、コロラド・ヨセミテの5・11ルート、と、当時の日本のレベルを完全に超えていた。

中でも第1回で紹介された「**アストロマン**」は、高差300m全11ピッチ中に5・11が5ヶ所も出てくるという、今もって世界中のヨセミテ訪問者の憧れともいえるハードルートである。

もちろん、その後日本人初の5・12、5・13も氏が独占しており、それは前者は82年、コロラドのブルース・パワーとヨセミテのクリムソン・クリンジおよびテイルズ・オブ・パワー、後者は84年、やはりヨセミテのコズミック・デブリである。

アストロマン　ワシントンコラムという壁にある世界で最も有名なマルチピッチ・フリールート。フリー化初登（1975年）はジョン・バーカー、ロン・コーク、ジョン・ロングというスーパースターたちで、それだけでも憧れは募りに募る。鈴木氏のこの時の記述「なんという難しさ」「指がバターを塗ったようにクラックからすべり出る」は、後々まで明言として語り継がれた（特に中根あたりによって）。

▼補足

鈴木氏のその後の記録は以下の通り。87年、グランドイリュージョン（5・13c）レッドポイント（世界初）、88年、コロラド・スフィンクスクラック（5・13b）レッドポイント（世界初?）、89年、ジョシュアツリー・スティングレイ（5・13d、その後ホールドが欠け5・14aに）初登。

太陽の季節

しかしその年、筆者にとってヨセミテがいかに手の届かない場所だったとしても、そこでの日々が「**我らの生涯の最良の夏**」であったことに疑いの余地はない。

連日カンカン照りの空と乾いた岩壁。夕方、腕をへとへとにさせて帰ってくると、キャンプ場にいるのはクライマーばかりで、またひとしきり、クライミングの話で盛り上がる。何もかもが刺激的で、何もかもが満ち足りた毎日。それに加えて、当分働かなくていい！ となったら、誰にとってもこの世のパラダイスとなるのはあたりまえだろう。破れたシャツも、クソまずいオートミールも、なんのその、というわけである（ところでこのオートミールという食べ物は、日本にいる時はアメリカ人の常食だと思っていたのだが、向こうに行ってこれを食べていると現地のクライマーから「おまえはそんなものを食べているのか！」と言われた。ちなみにこの時筆者の食べていたのは、「**セーフウェー**」印の1箱――約半月分――1ドル98セントというものである）。

日本人クライマーも日増しに増え、キャンプ場にいくつか立てられた〝日本人村〟では、それぞれどこを登ったここを登ったと、情報交換もしきりであった。そして、みんなでいれば怖くない、じゃないが、人数が増えれば刺激も自信も増し、自ずとクライミングレベルも上がってくる。

『我らの生涯の最良の夏』　アメリカのスポーツ専門誌『ナショナル』の初代編集長、フランク・デフォードによるスポーツエッセイ集。「人生を乗り越えられなかった少年」「男に打ち勝つために女に育てられた男」などなど。もっと訳を読みたい。

セーフウェー　アメリカの大手スーパーマーケットチェーン。他に「ボンズ」などがあり、それぞれ激安の商品を独自販売している。店内見回り係は銃を持っているので注意。

実際、5月を過ぎて一足早いサマーシーズンが訪れる頃には日本からさらに大勢のクライマーたちが押し寄せ、それまでおどおどしていた我々も皆それなりの成果をあげるようになっていた。何度も持ち出して本人にはたいへん申し訳ないが、ほんの数年前あの戸田氏が打ちのめされたというグレード5・10などごく普通のものとなり、夢の5・11さえ実に1ダース近くの者が手中にしていたのである。

と、言うと、今の感覚ではなんだかたいしたことないように感じるかもしれない。しかし当時、なにしろ国内に、まだ「小川山レイバック」と「クレイジージャム」しかない時代である。しかも、これも何度も持ち出すが、靴も例のEBのみ。ということを思えば、いかに我々の成果が11そこそこで、しかもそのいくつかは相変わらずの極地法だったにしても、まあ、頑張った方だと言ってもらいたい気がする。

また、ついでに触れれば、この頃の我々にとってヨセミテというところは、グレード以上にやるべきことが沢山あったということも言い添えておきたい。というのは、もちろん、あの地上最大の一枚岩、標高差1000mが地面から垂直にそそり立つエル・キャピタンや、ヨセミテの象徴、ハーフドームである。その神々しい、というか、この世のものとは思えない大迫力の姿を見たら、誰だってビッグウォールクライミングに一度は目移りしてしまうのが人情というものだ。

そういった意味でヨセミテというところは、純然たる「フリークライミング」の殿堂というよりは、まず「ロッククライミング」の聖地であって、ショートルートはそれに付随したプラクティスという色合いもなくはなかったのである（これはたぶん今でもそうだ）。

ザ・ノーズ　エルキャピタン南東壁と南西壁を分かつ巨大なカンテ（それが上から見ると鼻に見える）に拓かれたこの壁の初登ルート。初登は1958年、ウォレン・ハーディング、ウェイン・メリー、ジョージ・ホイットモアで、1年半、延べ37日間に及ぶ極地法で成し遂げられた。後年平山ユージが2時間49分で駆け登るというふざけた記録を出したが、通常で登って3泊4日。

当然のことながら筆者にとっても、このエル・キャピタンは日本を出る時からの目標の一つではあった。だからこそいざヨセミテに入谷して初めてこの岩壁を目の当たりにした時、喜びよりむしろ後悔が先に立ってしまったのだが、その謙虚さも時間が経てばどこへやら。朝な夕なの驚愕的な風景にも慣れ、この谷の岩もそこそこ登ってくると、他の奴に登れて俺にできないはずがない、などという気にもなってくる。ちなみにこの壁の代表ルートである「**ザ・ノーズ**」を登った日本人はそれまでにも半ダース以上はいたはずで、それがまた我々クラスにも「あわよくば」という甘い気持ちを抱かせてくれている。

というわけで、結局、筆者自身は渡米して1ヶ月目だかもうちょっと後だか前だかにこの「ノーズ」も首尾よく落とすことができた。もっとも内実は一度敗退した揚げ句で、しかも通常5・9の個所ですらアブミに頼ってという有様だったが、それでも壁の中でまる3日間を過ごし、体中へろへろにしながら頂上に抜けると、そこは渓谷が眼下に一望できる高みで、いかにもヨセミテを足元にしたという気にもなる。

こうなると、いよいよ態度はでかくなり、格好もすさまじくなってくる。岩場に落ちていた破れたTシャツを拾って何日もそのまま着続け、岩場に行っても、もう有名ルート以外見向きもしない。ある時など、例のボルダー「ミッドナイト・ライトニング」を一人でトライしていたら（もちろん登れるわけなどなかったが）後ろでじっと見ているクライマーがいたので「あんたもやるか？」と聞いたところ、それがジョン・バーカー本人だった、というくらい、まさにその大胆さは破竹の勢いだったのである。

さて、このようにして我々は、はるかなるアメリカで人生の真夏を謳歌していたわけだが、一方で国内に残った連中も、その勢いは負けていなかったようだ。ただし、こちらは我々のようにやたら浮き足立ったものではなく、かなり地に足の着いた正統的なものだったように思われる。

まずその成果は、池田功＝**南場亨祐**による一ノ倉沢**衝立岩**正面壁のフリー化としてセンセーショナルにもたらされた。これは戸田氏らのコップ状岩壁フリー化以後アルパインクライミングの究極の課題として捉えられていたもので、それがこんなにも早く、しかも本当に現実のものとなったのだから、各方面への衝撃はすさまじかった。

しかしそれ以上に重要なのは、同じく池田功と、**堀地清次**による**バナナクラック**、**イムジン河**など小川山での11クラスのルート開拓だろう。彼らはいずれも前年ヨセミテでかなりの成果を上げたクライマーで、ほとんどこの時期の日本クライミング界を背負って立っていたと言ってもよい。その彼らが自ら日本のフリークライミングの旗手としてこれらのルートに着手し、そして見事完成させたわけだが、これらのルートは当時のみならず、今登ってもたまげるほど難しい小川山の代表クラックでもあるわけだから、実際、そのレベルはかなりのものだったのだろう。

というような話題が『イワユキ』などを通してヨセミテにいる我々にも伝えられはしたのだが、こちらはなにしろ日本人観光客も避けて通るほど猛烈な格好で「なりきって」いたから、そんなニュースも「ああ、そう?」くらいのものである。

加えて、こちらでは我が鈴木英貴氏がアメリカでもまだ希少価値があるグレード5・12を登るという成果を打ち立てていて、我々お出かけ組としては自分のことでもないのにま

南場亨祐　吉川＝室井ペアらとJECC黄金期を作ったクライマー。特に恐ろしいルートへの突っ込みのアッパレさは同年代の我々をうならせたものだったが、その後、手堅い社会人になっているのは納得できない。

衝立岩　新田次郎の『神々の岩壁』の舞台にもなった谷川岳一ノ倉沢の岩壁。その迫力と悪絶さは日本のアルパインクライミングの象徴ともなっている。言い方を変えればフリークライマーが最も嫌がるような壁。

堀地清次　80年代前半、池田功とともに日本のレベルを大幅に引き上げたクライマー。その粘っこく気迫に満ちたクライミングは見る者を圧倒し、一部に熱狂的に信奉された。今はしっかり者のホールド屋の若社長。

バナナクラック・イムジン河　いずれも小川山を代表するクラシック・クラック。まあ、小川山を語るならこのへんはまず登っておいてほしいですね。

すます鼻が高くなる。やることもますます大胆になり、ついにある時、仲間がカフェテリアで人の残り物をあさっていて捕まり、一族郎党でヨセミテ追放という処分を受けることになってしまった。他の外国人もやっているのに何でオレたちだけなんだよ?とその時は思ったが、しかしここでパークレンジャーたちがとった処置は、後から思えば決して適切ではなかったろう。なぜといってそれで我々がおとなしく帰国するはずなどなく、結果的に**トゥオラミ・メドウズ**や**レイク・タホー**に同じ被害をばら撒くだけになってしまったからだ（それにしても道端で静かに寝ていただけのオレの頭を靴で蹴って起こしたタホーのおまわり、覚えていろよ）。

と、いうわけで、この82年という年は筆者にとって、また日本のクライミング界全体にとっても、まことに忙しい年で、まさに疾風怒濤という言葉がぴったりな時代だったんじゃないかと思う。

記録的な成果では、前述したように小川山、城ヶ崎などに高難度ルートが量産されたことが大きいが、それ以上に注目されるのは、それらハイレベルなルートを登るクライマーたちが大勢、しかも矢継ぎ早に登場してきたことだろう。

実は、このような全体のレベルアップについては、面白い話がある。

あるクライマーが、この人は筆者の知り合いで前年にもヨセミテに来たことがあったのだが、その時は5・9しか登らなかったのに、翌年再びヨセミテに来て我々と一緒に登ると、いきなり5・10をリードしたのである。もちろん、この頃は日本にもそれなりのルートはあったのだが、彼の場合はアルバイトが忙しかったことと比較的世の中をなめた性格

トゥオラミ・メドウズ　ヨセミテ渓谷の上流にある高原地帯。花崗岩の巨大なドームが林立し、夏の一大クライミングエリアになっている。しかしボルトが遠かったりなかったりと、恐ろしいものが多い。

レイク・タホー　カリフォルニア州とネバダ州にまたがる湖。夏のハイソな観光地として有名で、その周辺に多数のクライミングエリアがある。有名なグランド・イリュージョンもこの一角。

だったため、それらを登ることは一切していなかった。

しかしそれでも、突然レベルがアップしてしまったのは、おそらく、まわりにいる連中が普通にやることは自分にもできるはずだという「意識」によるものだったのではないかと思う。こうしたことは実は案外多く、かなり難しいルートを何人かでトライしている時でも、一人が登れてしまうと、不思議と皆、立て続けに登れてしまう。筆者などもそうした恩恵にはずいぶん助けられたくちだが、人間のパフォーマンスレベルというものは実にそのように集団心理に左右される部分が大きいものなのかもしれない。

そういった意味では、この年、国内に、日本人の手で5・11というグレードのルートが作られたことは、大きな意味があることだったと思う。なにしろそれまでは、この数字はアメリカの専売特許とされ、たまに国内で非常に難しいルートが登られても、自信を持ってその数字を冠することができず、ついつい VII 級などというファジーな（と、いう言葉もこの頃流行りましたね）言い方でお茶を濁すのが常だったからだ。

だが、そこで池田功や堀地清次といった面々が、ビシッと、「これは5・11だ」と言えば、話はガラリと変わってくる。フリークライミングを追求することは国内でも充分可能だ、という、考えてみればあたりまえのことがようやく認知され、それに準じたクライマーたちがさらに全体のレベルを上げることにもつながる。もちろん、そうした連中がすべてしっかりした方向性を持っていたかどうかはわからないが、なにしろ、日本のフリークライミングはこうして、おおかたの下地を固めつつあったのである。

▼資料

82年に登られたイムジン河、バナナクラック、83年に登られた蜘蛛の糸は、今なお小川山の、いや日本の三大クラシック・クラックに数えられる名ルートである。

これは池田功、堀地清次といった若手クライマーの急激な躍進のほどを知らしめすとともに、日本のフリークライミングが既に完成されたことを示すものとして、記録的にもきわめて重要なものといえる（蜘蛛の糸は檜谷清初登）。

この模様は『岩と雪』93号に「小川山、アップ・トゥ・デート」として載せられ、その中で池田、堀地はヨセミテに負けずとも劣らないこのハイクオリティーなルートにかなりの自信をうかがわせている。

なお、この記事にはこれらのルートの登攀にあたって、なかなかムーブが見つからず、かなり苦労して、また日数もかけてようやく完成した旨のことが書かれてあるが、これはこの当時、また彼らが特に意識して、ハングドッグ（ロープにぶら下がったままホールドやムーブを探ること）を排除しながらトライしたためで、そうした意味でもこれらはまさにヨセミテに匹敵するクライミングだったといえる。

ちなみに、この時彼らが行なったグレーディングは、イムジン河が5・11c、バナナクラックが5・11b、と、かなり低い。これもやはりヨセミテに対抗するが故の厳しい評価だろうが、その後、これらは両方とも5・11dで落ち着いている。

『クライミング・ジャーナル』 1982年創刊号。表紙と特集の文言がだいぶ違うが、まあ、いいか。

クライミングジャーナル創刊

このように80年代初頭というのは、それまでの混沌としたフリークライミングが急速に形を整え始めた時期だったわけだが、その頃の大きな転機として、もう一つ、『**クライミング・ジャーナル**』（白山書房）の創刊というものも、ここでどうしても挙げておきたい。

というのは、実は筆者は後年、この出版社に就職し、ここで給料をいただいていたからだ。が、もちろんそれだけでなく、フリークライミングを交えて大きく変化した「日本のロッククライミング」の、時代を象徴するできごとだったと思うからでもある（いや決して何かを期待しているわけではないんですけどね……）。

ちなみにそれまでのクライミングの専門誌としては、『岩と雪』（山と溪谷社）があり、これは今まで何度か紹介してきた。言うまでもなくそのオピニオン誌としての役割は日本のクライミング界の中で実に計り知れないものがあり、それは例の72号の影響力を見てもわかる通りだ。

そのような状況の中に突然登場したのが、『クライミング・ジャーナル』という、いかにも軽い名前の雑誌である。『イワユキ』が背表紙もしっかりしたどちらかというと「文献」なのに対し、こちらは平綴じという作りにしてからがいかにも「雑誌」という感じで安っぽく、どうも〝出てすぐ消える〟を暗示しているようで仕方がなかった。

と、筆者は立場上これ以上悪くは言えないのだが、しかしその頃あるクライマーが言ったセリフはなかなか核心を突いている。

「イワユキは本棚にしまっておくもので、クライミングジャーナルは網棚の上に置いてくるものだ」

うーむ、なるほど。と、言ってよいものかどうか……。


さて、まずその創刊号の話から。実は筆者はこの号を、アメリカに渡ってから一足遅れで初めて見たのだが、本音を言えば、やはり相当安っぽいものに見えた（もちろんその時はまさか自分が後年この本を作ることになろうなどとは夢にも思わなかった）。

なにしろ、中を開くといきなり内輪の顔ばかり。まあ、クライミングだ何だといっても基本的には狭い世界のこと、それもある程度はいたしかたないのだが、それでも次から次に現れるお手軽な面々を見ていると、どうにもその場しのぎに作り上げたという感は否めない。

また記事も、タイトルは、おっ、と思わせるものの、内容はなんだかあっという間に終わってしまうものばかりで、いまひとつ物足りない。それになにより勘違いとしか思えないものがやたら多い。

特にモノクログラビアの「これがジャミングだ」など、それまでのクライミング誌には珍しい見開きで、それが写真家保科雅則のデビュー作だったのだが、これが実はカッコ悪い。いかにも流行を先取りしたかのようなタイトルにもかかわらずその扉写真はぜんぜん

レイバック　クラックの片端を手で引っ張り、もう片端を足で突っ張って登る技術のこと。ジャミング同様クラッククライミングには欠かせない技だが、こちらはジャミングに比べただの馬鹿力がものをいう場合が多く、やや下に見られる。

ジャミングなどではなく、目いっぱいの**レイバック**でただクラックを登っているだけというもの。これがためにこの雑誌もモデルのクライマーも後年まで笑いものになってしまったというわけで、そのモデルというのが実は筆者だったのだ。

しかしまあ、だからというわけでもなく多少の弁護をすると、こうした勘違いというものはなにも『クライミング・ジャーナル』の専売特許ではない。天下の『イワユキ』にももちろん多々あったのだが、そこが与党と野党の違い、という以上に、もとからそれを見て育ってきた世代にはそれがなかなか気づかないものでもあるのだろう。

と、話がちょっとずれてしまったが、まあ、なにしろ、わざわざアメリカまで行ってそんなものを見せられても、さしてありがたくも思えない。誰かが面白半分に買ってきたこの創刊号（今ならプレミアムがついているんじゃないだろうか?）も、みんなで回し読みするうちにページが折れたり剥がれたりしてボロボロになり、そのうちどこかへ行ってしまった。おそらくテントの下拭きか、焚き火の焚き付けにでもされてしまったのだろう。「網棚の上に置いてくるもの」という性格はこの時点で既に充分備えていたのである。

しかし、そのようにハナからクライマーに虐げられる運命にあったこの雑誌も、良いにつけ悪いにつけそこそこ新鮮な刺激を提供してくれたことは確かだった。なんだかんだ言いつつ、新しい号が出れば皆それにしっかり目を通し、いい酒の肴にしていたのだから、作る側の意図は充分かなえられたと言ってよいのではないだろうか。

そうした『クライミング・ジャーナル』名物賛否両論という意味も含めて特に白眉だったのが、毎号巻頭を賑わした「CJインタビュー」だろう。これはその都度その都度ちょっとした話題になったクライマーが登場しては言いたい放題かまし、それをまた無責任な編集者がたきつける、というもので、中でも話題騒然だったのが2号の巻頭インタビュー**西田康二**の「馬鹿になりたくない」発言だ。

西田康二とは、誰あろう、我が鷹取山の勇士、とはさすがに形容がはばかられる例のテントウムシ軍団の1人である。中谷雅彦氏同様、アルパインクライミングの牙城で知られた山学同志会にいながら山にはとんと行かず、鷹取でボルダリングばかりしていたというふざけた男で、もうそれだけで雑誌の品位を落とすことは必定だった。

その彼が、鷹取山にある2mほどのハングをフリーで登ったということで栄えある全国誌の巻頭に登場したのだが（実は初登は筆者なんだけどなぁ……。まぁいいや）、その内容たるや、「トレーニングは?」「ぶら下がり健康器を買いました」「カモイにばかりぶら下がっていると、かあちゃんに怒られちゃうからなあ」などとまさにタカトリクライマー丸出しで、さらに「山には行かない。城ヶ崎や**湯河原の幕岩**がぼくらの本番」とか、「ぼくらのやっているのは登山じゃない、スポーツなんだ」とか、まあ、クソ生意気なことこの上ない。もっともこれらも今聞けばさして不思議はないことなのだが、当時はまだまだ「ゲレンデクライマー」という言葉が生きており、これを正面切って言うのは相当な開き直りが必要だったことも確かだろう。そして極めつきが、アルプス・ヒマラヤに興味はないんですかという問いに対しての「ぼくは馬鹿になりたくない」云々である。

といってこれも実際は「8000mというのは恐怖なんですよ。僕は数学をやっているから脳細胞が減るのは致命的なんだな。もちろん冗談だけれど（笑）」というものだったのだが、こうした話というのはとかく一人歩きするもので、あれを読んで、あるいは噂を

西田康二　70年代末〜80年代初めの第1期鷹取黄金期を形成したクライマー。しかしクライミングはいつの間にかやめ、本当に数学の教授（?）になった。やっぱりヒマラヤを目指さなくて、良かった?

湯河原幕岩　温泉で有名な湯河原の奥にある岩場。山の中腹に小さな岩塔が無数に点在し、そこに拓かれた猛烈な密度のルートはまさに国民の岩場である。ちなみにこの頃はまだ正面壁のみが対象で、クラックルートしか登られていなかった。

聞いて、フリークライマーとはとんでもない無礼者たちの集まりだと憤慨した人は多かったのではないかと思う。

もっとも、それがまた我々には小気味良くもあったし、実際その年の流行り言葉にもなったりもしたのである。

ちなみにこの西田氏は、その後あっさりとクライミングから離れてしまい、そうした無責任さも、この雑誌はどこかしらに匂わせていた気がする。


いずれにしても、この頃の『クライミング・ジャーナル』といえばまさに玉石混合、よくもまあ、こんな行き当たりばったりの記事ばかり次から次に見つけてくるものだ、と、今から読み返してもつくづく感心するが、逆に言えばそれだけエネルギーが充満した時代でもあったのだろう。

そうしたこの時代のクライミングの大きな特徴は、やはり、アルパイン、ヒマラヤ、そしてフリーと完全にジャンルが分かれていったことに尽きる。それが果たして良いものだったかどうかはわからないが、少なくともそうやって、古い固定観念や伝統から解放され、クライミングがそれを行なう者の問題に帰ってきたことは事実には違いない。そういった意味ではこんな雑誌（失礼）も、クライマーのためにはずいぶん役に立ったものだ、と、本気で思っているのは筆者の他に果たして何人いることやら……。

▼資料

『クライミング・ジャーナル』は82年4月1日、白山書房から発売された。

創刊当時A4サイズの大版で、「単なる情報誌にとどまらず、クライマーの心情、人間性をもダイナミックに捉えるべく、グラフィックに、アクティブに誌面を創」ることを旨としていた（蓑浦登美雄編集長編集後記）という。

第1号の内容は、その名も「特集　ハード・フリー・クライミング」。インタビュー・山崎祐和、座談会・吉尾弘＋檜谷清＋柏瀬裕之、橋本覚のボディトレーニング、グラフ・これがジャミングだ、中山芳郎のナッツプロテクション・テクニック、一ノ倉沢・明星山フリー化の記録、などなど、いずれも時代をかなり意識したタイムリーな記事を中心に構成されている。

さらに第2号（82年7月発売）も、特集＝ロッククライミングの新ゲーム、というタイトル以下、ボルダリング、トップロープ・クライミング、ショート・ハードフリーというラインナップで、明確にクライミング界の来るべき時代＝フリークライミングの時代を捉えていることがわかる。

ちなみに創刊号には編集後記に初代編集長、裏表紙の広告写真に2代目編集長（武川俊二）、本文中の連載・実践クライミングの生徒役に3代目編集長（吉川栄一）、そして「これがジャミングだ」に4代目編集長（筆者です）が総出演しているのも、まさに時代を見据えた、というところか？

How we have
clung to the "STONE"

chapter 3

グローイングアップ・80's

どこにいったい壁がある？

前章のどこかで、80年初頭の日本のフリークライミングの始まりを、歴史上の明治維新に例えたことがあった。たかがクライミングの話でちょっとそれは大袈裟すぎるかもしれないが、しかしその変化の大きさを見るとまさに「革命」と言ってもよかったかもしれない。

というところで、そうした話をしたり聞いたりしていつも思うのは、ノンフィクションとしての歴史のリアルさ。例えば本当の明治維新のような激動時に実際に居合わせたら、いったい自分はどんな気持ちで何をやらかしていただろうか、ということだ。もちろん本当に「革命」ともなれば、人々の混乱は相当なものではあるだろう。しかし、一方で、そうした時の庶民生活の落ち着き加減というものも、案外早かったのではないか、とも思はなくはない。なんだかんだどんな革命が昨日起こったところで今日もメシは食わなきゃならないわけだし、こうした時の我々庶民の順応力の高さというものは、なにかにつけ、そうとう高レベルであるような気もするからだ。

などという見解はもちろん筆者のまったく個人的なものにすぎないのだが、わがフリークライミングの場合を見ても、それは少なからずあてはまっているように思う。なにしろ

三浦半島　東京湾の南に突き出た閉鎖的な半島。横須賀出身と言うのと三浦半島出身と言うのではイメージに大きなギャップがあるが、実態は一緒である。大根とスイカが有名（そこまで言うか?）。

あの順応の素早さ加減は、今から考えても充分驚くべきものだったと思わざるを得ないのだ。

ということを筆者がひしひしと感じたのは、前出のアメリカ滞在から帰国した時のことだった。

帰国してすぐ鷹取山に行くと、「コの字」には相変わらず西田なんかがいて、まずは「おー、生きてたか」などということになったのだが、それまではなんだかんだ内輪しかいなかったこんな場所にも大勢の見知らぬクライマーたちが来ていて、それだけでちょっと面食らってしまった。しかも、かつてはまったくその場限りの話題でしかなかったような課題も、一つひとつが既に「ルート」としてそれなりに取り組まれており、それもなんだか妙な気がする。

しかしまあ、そうした個人的な感慨も、一歩引いて考えれば、単に我々のムラ意識にすぎなかったのかもしれないし、なにかにつけ斜に構えたがる**三浦半島**の地域性だったのかもしれない。が、少なくともそうした違和感の中に、時代が明らかに変わったな、と思わせるものがあったことだけは確かな気がする。そしてそれは大袈裟な話、なんだか竜宮城にでも行っていたかのような錯覚さえ起こさせるものだった、と言ったらよいだろうか。こっちにしてみれば竜宮城どころか、フリーのメッカ、ヨセミテに行っていたはずなのにである。

というところで筆者はその後すぐ、アルバイト中にちょっとした事故を起こし、しばしのリタイヤを余儀なくされてしまったのだが、なにしろその前後数年の日本のクライミン

開拓　かつて山岳会やクライミングチームというのは、なによりクライミングをするために集まったという性格の集団だったが、この頃は開拓をするのが目的というものが多かった。中には「チーム・タワシ」などという団体も。

グ界を振り返ると、それはもう明治維新どころか既に富国強兵を驀進する立派な近代帝国であったようにすら思えてならない。

それはまずなんといっても、全国的に推し進められた岩場の開拓に典型的にうかがい知ることができる。

だいたい、クライミングの目的を、いわゆる本番と呼ばれる山ではなくゲレンデに置く、というのはフリー維新の大きなポイントの一つなのだが、この頃は単なる既成ゲレンデのリニューアルやそこでの課題の解決などだけではなく、ハナからフリークライミング用として新たな岩場を見つけ、〝**開拓**〟していくというものに変わっていた。

しかも、その多くは文字通り「埋もれた」岩場であるから、当然、掘り出しや掃除が必要になる。と一口に言ってもこれがものすごい。時にツタをはがし、時に大木を切り倒し、と、ほとんど土木工事に近い。特にクラックは中に土が詰まるどころか完全に埋まっていることもあるから、並大抵の〝工事〟ではすまされない。というのにそうした発掘の手は緩まるどころかますますエスカレートし、揚げ句は沢の側壁から林道の脇、海岸、観光地、民家の裏庭、神社の境内と、もう「開拓」どころかほとんど「不法侵入」まで辞さない勢いである。

それというのも、もちろんフリークライミングのため、10年遅れていると言われた日本のレベルを取り戻すため。と、まるで『プロジェクトX』を見ているかのようだが、なんにせよ、我々日本人というのはなにかにつけてこうしたことが好きな国民なのだ。まあそれが良いか悪いかは別にして、とにかくこのようにして新しい岩場が日本全国に次から次へと作られ、日本のフリークライミングの土台ができあがっていったことは事実だろう。

ところで「フリーの土台作り」といえば、この頃その一つに、グレードの確定があったことも忘れられない。

これも以前、日本のフリークライミングには最初グレードがなかった、と書いたことがあったが、さすがにこの頃は5・○○というヨセミテ式のグレードシステムも定着して、どこそこのルートがどうだ、いやこうだと、巷の話題を賑わすようにはなっていた。

しかし、このグレーディングというものがまた難しい。

原則的にはこの数字はそのルートを初登した者が自らの感覚で付けるものなのだが、この感覚が必ずしも全員同じとは限らないからだ。特に厄介なのが本場アメリカとの対比で、これがどうしてもプライドとコンプレックス、そして勘違いの狭間で揺れ動くことになる。

ちなみにこの頃（83年）には日本から短期アメリカに訪れた者の中にも5・12という難度を獲得する実力者が出てきていて、その代表格が堀地清次と**寺島由彦**という若手2人だったのだが、これがなかなかに斜に構える性格ときていて、こういう時にあまり役に立たない。

となると、当然ながら、ああでもないこうでもないの小競り合いがここでも付け加えられることになる。

こういう時、まずたいていはアゲアシをとられるのを恐れてやや低めに数字を付けるものなのだが、それはその人の性格にもよる。やたら謙虚になってしまう者もいれば、時に己の技量を顧みず、大胆に驚くべき数字を付ける者もいる（まあ、誰とは言わないけれどね）。

こうした中、83年1月に池田功が**鷲頭山**で「ジェット」5・12aを登ったのを皮切りに

寺島由彦　当時堀地＝寺島ペアと言えば知らぬ者はいない。10代からチーム・イカロスの若手ホープとして注目されたクライマーだが、その頃から日和田の帰りに一人で缶ビールを飲んでいたという話も伝えられている。

鷲頭山　伊豆半島沼津市の南にあるゲレンデ。駿河湾と富士という眺めは良いが、岩は小さくしかもやや脆くて、今はあまり人気がない。日本初の5・12ならもうちょっと考えてもらいたかったものである。

4月に堀地清次が城ヶ崎で「タコ」5・12bを登るなど、国内にもいよいよ5・12クラスのルートが出現することになる。しかし、これらの記録発表を今読むと、グレーディングにあたってその経緯をくどくどしつこいくらいに書いていて、本人たちには失礼ながら結構面白い。まあ、それくらい、この頃のグレーディングというのは気を使うものだったのだろう。

しかしそれでもヤジというのは尽きないもので、ある時などよりによって池田功のルートに対してある若手クライマーがクレームをつけるという事件があった。この時、池田はもちろん激昂し、「こんど会ったらぶん殴る」などと言って、ハタで見ている我々は、口元に笑みを浮かべつつ、ハラハラ見守っていたのだが、その後その若手クライマーはさっさと行方をくらましてしまったから、その顛末は残念ながらわからない。

というようなたわいもない日々がなんだかんだと過ぎるうち、小川山でクライミング界を揺るがすような大事件が発生した。

小川山で金鉱が見つかったというのである。

なんだか突然脈絡のない話のように聞こえるかもしれないが、これには実は伏線がある。そもそもこの一帯は古くは武田信玄の隠し金山であり、実際、数年前にもこの周辺で金を掘り当て大金持ちになったという山師がいる。で、その本人が廻り目平から少し離れた某所に温泉センターを作ってそこのオヤジにおさまっており、そこにヨセミテから帰って小川山でぶらぶらしていた（失礼。クライミングをしていた、ですね）橋本覚氏が足繁く通ってはその話に夢うつつになっていた。そしてある日、誰も行ってない岩場に新ルートの可能性を

篠原富和　「縄文人」を名乗る小川山の隠れた開拓王。氏の拓いたエリアは妹岩、砦岩など大々的で優れたものが多い。マルチの人気「屋根岩2峰セレクション」も氏の手によるものである。後年、佐久に在住。

探しに行って金の原石を見つけたというのである。

その話を、その時たまたまキャンプ場に居合わせた檜谷清、**篠原富和**、それに筆者らで聞き、さっそく現場に繰り出すことになった。

そして現場に着くとなにやらピカピカ光る結晶を含んだ石が確かにあったのだが、どうもこの程度のものなら何度も見たことがあるもののような気がしてしょうがない。

みんななんとなくそれを言い出せないでいるうちに、結局、篠原氏が「これ金じゃないよ。だいたい金の原石ってのは金色してないんだよ」

と、見識をひけらかし、皆、なあんだ、ということになったのだが、実はこの話にはオチがつく。皆呆れていざ帰るとなった時、檜谷氏がなにげにその石をザックの中に詰めているのを橋本氏が見つけてしまったのである。

「なにやってんのよ、檜谷さん?　なに自分だけ持って帰ろうとしてるのよ?」

いや～、この人たちって……、と呆れるほかないような話だが、しかしその頃のフリークライミングの急激な進歩を思うと、これも手放しでは笑えない。なにしろここで脱落しないためには、並の社会生活を送っていたのでは間に合わない。だから時にこのように、それから大きく逸脱してしまうケースも出るわけで、まあなにしろ、日本のフリークライミングの成熟には、まださまざまな苦労ともうしばらくの時間が必要だったのである。

▼資料

小川山レイバック、クレイジージャムなどの開拓ですっかりポピュラーとなった小川山も、83年頃から大規模なエリア開拓が頻繁に行なわれるようになる。

その代表的なものが、83年の妹岩（当時の名称は烏帽子岩左岩稜末端壁）、84年の砦岩だろう。両方とも篠原富和が中心になって大々的に〝掃除〟を行ない拓いたもので、こうしたスタイルはこの後、小川山はじめ各地のルート開拓で一般的なものとなる。なお、この頃には、八幡沢左岸スラブ、おむすび山スラブ、水晶スラブなども同じく拓かれている。

また、もう一つの重要なエリア開拓として、瑞牆山十一面岩左岩稜末端壁の開拓も忘れられない。この今もって日本最高とされるクラックエリアは81～83年にかけ戸田直樹を中心としたグループ・ド・コルデによって進められ、日本を代表するクラック、「春うらら」が生まれている（1P目5・11b初登は81年、2P目5・12a初登は84年）。

私、一本指懸垂、できます

フリークライミングというとよく
「ああ、あの指先だけで天井みたいなとこ登っていく、あれね」

とか、

「ものすごい力がいるんでしょう?」

などと言われる。いつもながらに少々疲れてしまうやりとりだが、確かに最近のコンペや雑誌、その他諸々を見ると、そう思う気持ちもわからないではない。また実際、世界最難クラスになると、本当に指一本で全体重をぶら下げたり引き上げたりしていかなければならないこともあることは確かだろう。

もっとも、そこまでやるのは本当に世界レベルの話であって、実際には門外漢たちが考えるほど腕の力など必要とはしない。が、それでも重力に逆らって肉体だけで体を上に押し上げていくというこのスポーツの性格上、それなりの能力は身につけなければならない。というわけで、昔からクライマーたちは、さまざまなトレーニングで自らの肉体を鍛えあげてきた。

有名なのはヨセミテ、キャンプ4にあるジム・ブリッドウェル記念体育館で、これは80

年代前半に彼の地を訪れた各国のクライマーがおそらく一度は目にしている。といっても、それはキャンプ場内の木立に板を打ち付けたり縄をぶら下げたりして懸垂やら何やらができるようにしただけのもので、どうというほどのものではないのだが、しかし、それがヨセミテにあるというだけでありがたみは充分というものだろう。

ちなみにここにはバランスを鍛えるためと称した綱渡り用チェーンも常設されていて名物になっており、それは今現在でもアメリカのクライマーの得意種目になっている。別に綱渡りができたからってクライミングが上手くなるわけではないだろうが、肉体を第一義に置いたフリークライミング・カルチャーの一端を伝えるものとしては、それらしくはあるかもしれない。

そしてもちろん、我が国でも、フリークライミングとトレーニングは、その最初の段階から切っても切れないものとしてさまざまに追求されてきた。というより、ある面ではクライミングより重要視されてきたフシもなくはない。

まあ、もともと岩場が少ない上に天候も悪く、加えて休日が異常に少ない日本では、それもある程度は仕方ない。しかし、後年、フランスのあるプロクライマーに

「日本人は技はないが力だけはすごい」

などと言われたことを考えると、ここでも我々というのは実に勤勉な国民だったんだなと、ただただ感心せざるを得ないのである。

さて、そうした勤勉さを象徴する場所として東京駅そばの常盤橋公園があったことは前にも述べた。そして同じくその頃クライマーの常駐場所と化していた所として、そこから

程近い所にある千代田区立総合体育館も紹介しておきたい。

筆者は例の「ルナ」に入ってさっそくここに連れていかれ、公共施設にこんなマニアックな連中のための場所があったのか、と驚く以上に、それっぽいマッチョたちに交じって意外とクライマーたちが多いのにもビックリしてしまった。

しかも、そういうクライマーの何人かは、明らかにここでも〝顔〟のようで、さすがに鏡を見てウットリというのはいなかったにしても（いたのかな？）、例のマッチョたちとベンチプレスなどに興じており、ますますたまげてしまった。

だいたい、クライミングというスポーツは、いかに力がいるとはいっても、基本的にそれは自分の体を上に引き上げていくものだから、懸垂などはしこそすれ、ベンチプレスをやるという発想はまず湧くものではない。だが、こうしたところでも根っからの勤勉さというものは出るものなのだろう。なにしろ筋力を鍛えるといったらなんでもかでもやらずにはいられない。というような試行錯誤を、この時代（今もそうかもしれないが）トレーニングの分野でも、クライマーたちは実に際限なく繰り返していたのである。

しかし、このように常盤橋で夕闇の石垣にしがみつき、体育館でマッチョたちに目を見張る、などということも、この後クライミング界がさらに踏み込むことになる試練に比べたらまだまだ序の口にすぎない。

クライマーたちは、自分の体重と、その体を引き上げる力の比率「パワー・ウエイト・レシオ」を上げるため、減量という作戦に打って出たのである。

という分野で代表選手といえば、誰を置いても橋本覚氏だろう。

四方津　山梨県東部、中央線沿線にある小さな岩場。かつてここに集った「四方津クラブ」の面々は皆、肉体派で知られた。今は住宅造成によって閉鎖されている。

一本指懸垂

氏は後年、例の金鉱話で我々の間ではとみに信用を失墜させてしまったのだが、もともとはフリー黎明期に**四方津**という地元の岩場で「ドラゴン」という、当時日本でも最難クラスのルートを拓いて名を馳せた名クライマーであった。また、氏はトレーニングのすさまじさでも有名で、**一本指懸垂**を筆頭にしたそのパフォーマンスは『クライミング・ジャーナル』の創刊号に特集などもされていた。

しかし、それ以上に注目の的だったのは、やはり徹底したウエイトコントロールだろう。だいたいクライミングというものは最終的には指が小さなホールドに耐えられるかどうかに行き着くわけだから、その負担を減らすために体重は軽ければ軽いほど良い。が、氏の場合はそのために絶食も辞さず、というのだからすごかった。

まあ、単に腕っぷしの強さ、というだけなら池田功も確かにすごかったが、こちらが窓拭きの合間に平気でマックシェイクのラージなんかを平らげていたことを思えば、まだまだといえただろう。

その点、橋本氏はストイックというものまでクライミングに付け加え、ますます厳しい世界に扉を開いたように思う。まあ、その結果が時折り見せる爆発的な食いまくりだったり金鉱探しだったりしたことを思えば、いささか氏の「極限」とか「ストイック」とかいう言葉にも個別の注釈をつけなければならない気もするが……。

しかし、いずれにしてもこの頃というのは、クライマーの間でこのようなスポ根が流行ったことも事実で、マッチョに走る者、懸垂回数をうなぎのぼりに増やす者、一本指懸垂系のパフォーマンスに走る者などが、次から次に現れては話題を博した時代でもあった。

といって、彼らがその肉体能力に匹敵するクライミングをものしていたかというと、これもまたコメントは難しい。確かにそれでレベルを上げた人もいたことはいただろうが、多くは結局クライミングとは関係ないパフォーマンス止まりだったと言えなくもないからだ。

と、せっかく努力した人たちを馬鹿にしているわけではないが、いかにこうした汗を流したところで、肝心のクライミングをぜんぜんしないのでは、やはりいささか本末転倒と言わざるを得ない。実際、人さし指から小指までのすべての指で片腕一本指懸垂ができるのに5・10aがなんとしても登れず、堀地清次をして「あの人のことを研究したら、逆にクライミングの奥義がつかめるんじゃないかな」などと言わしめた人もいたくらいだから、なかなかこの頃の試行錯誤は行く所まで行った感がしたものではあったかもしれない。

だが、例の金鉱話同様、こうしたことを我々は決して笑えない（と、いいつつ、筆者などはかなり笑った方だが）。思えば、こうした諸々のドタバタも、結局あの頃のクライミングのキビシサをどこかで表しているものには違いないからだ。確かにそれが直接個別のクライミングに結びついていたかどうかはわからない。しかし、なにしろこうした、それに向かって突き進む、という態度が、クライミング界全体を土台上げする原動力になったことも間違いではない気がするのだ。

が、その後も堀地清次などは『岩と雪』のアンケートで、腕立て伏せが根性を鍛えるのにいい、などと発言しており、クライミング界のこうした風潮にちゃちゃを入れている。混沌は、まだまだ続くのである。

▼資料

フリークライマーの肉体面に関しては、『岩と雪』78号（80年12月）に山本正嘉による研究レポート「岩登りと上肢の筋肉」が、また89号（82年6月）に「岩登りと筋力パートII」が載ったのが最初と思われる。しかしこれは主に〝登れる〟クライマーと一般人との比較を医学的に行なうにとどまり、具体的なトレーニングまでには触れていない。

そのようなトレーニングについて、クライマーの立場から専門的に紹介をしたのが、森正弘「クライマーのためのウェイト・トレーニング」だ。これは『岩と雪』96号（83年6月）から100号（84年2月）まで5回にわたって連載されたもので、前腕の鍛え方や瞬発力と持久力の鍛え分け、などが詳しく網羅されている。続いて同誌に連載された「クライマーのためのストレッチング講座」（中山芳郎、101号から7回）とともに、これらはフリークライマーのフィジカルな知識の最初のベースといえるものだろう。

その他87年には同誌122号で「トレーニングで実力アップ」という特集が組まれ、堀地、寺島、平山といったトップクライマーのアンケートとともに人工壁の可能性が既に示唆されているのも興味深い。

その後『クライミング・ジャーナル』52、53号（91年）にも筋肉トレーニング、ストレッチング、栄養学が小特集として組まれ、好評を博して（？）いる。

タイム・イズ・オン・マイ・サイド

日本を「神の国」と呼んでいいものかどうか。

などと言っても、もちろん政治的な話などではない。だいたいフリークライマーでそんな政治意識を持った者などいないだろう。という前提でものを言わせていただくのだが、日本のフリークライミング史の富国強兵時代、つまり80年代中盤の諸々を見ると、時にこの言葉を思い出さずにはいられない。

というのは、あのような混沌とした時代、我が国のフリークライミングがあのように劇的な進歩を成しえた理由に、クライマーたちの勤勉さももちろんあっただろうが、それ以上に時代の波がまるで神風のように味方したと思われる面もなくはなかったからだ。

そのような時代の波とは、一言で言えばフリークライミングの様相――用具やルールなど――が、よりグレードを引き上げやすいようにと徐々に変化していったということに尽きる。

まず用具に関しては、言わずもがなシューズの発展が決定打としてある。

具体的には〝魔法の靴〟**フィーレ**の登場で、これはフリクション性を大幅に増したゴム

フィーレ　スペインで開発された高性能フリクションシューズ。今はさらに性能の良いゴムが出ているが、当時は驚きで、何か有毒な薬品を混ぜてあるんじゃないか、ということが真顔でささやかれた。

をソールに使い、性能を飛躍的にアップしたものだ。まあ、それでも今現在のものと比べるとドタ靴以外のなにものでもないが、それまでの武器が例のEBだったことを思えば、まさに劇的な革新といえただろう。

また、靴以外にもこの頃は**極小カムナッツ**（TCUなど）やフレンズのハーフサイズなどが登場したりして、クラッククライミングにも朗報をもたらしていた。いかにフリークライミングが「道具に頼らず」のものとはいえ、こうしたテクノロジーの進歩がもたらしたものも決して小さくはなかったのである。

次にクライミングの様相について触れると、クライミングのルール自体の変化がまず挙げられる。

といって、もともとフリークライミングには、明文化されたルールなどがあったわけではない。しかし、それでも不文律というか、暗黙の了解でこれはOK、これはダメというのはあった。

で、それを説明しようとするとかなりに専門的でややこしくなるのだが、この際読みづらさを無視して一方的に言っておくと、まず、ハーケンやボルトを掴んだり乗ったりしない、などというのはあたりまえとしてある。問題は、落ちてロープにぶら下がってしまった時に、それをどう「フリー」と解釈するか、ということだ。

もちろん、かつてのヨセミテや、その影響を受けた初期の日本では、それは既に「フリー」とは認められず、その時点で即座に下までずり下ろされ（ロワーダウン）、いったんリタイヤしなければならない。それを行なわず、つまりロープにぶら下がった状態でそのまま

極小カムナッツ　それまでナッツしか利かせられなかった幅1インチ以下のサイズのカムディバイス。ナッツに比べて安心感は増したが、高価で壊れやすく、出資も増えた。ちなみにTCUとはスリー・カム・ユニットの略。

ホールドをまさぐったり、次の**ムーブ**を研究したりするのは「ハングドッグ」といって、反則とされる。いずれにしてもこの後にはロワーダウンして下からやり直さなければならないのだが、その過程にあっても人工物に頼って岩を解き明かすのは、フリーではない、というわけなのだ。

しかしこれも、それを犯したからといって罰金や免許取り上げという罰則があるでなし、時と場合によって、というより往々にして、無視されてきたことも事実だろう。それになにしろ、これでは一つのルートを登るのに大変な時間と労力が必要となってしまうし、飛躍的に伸びつつある世界のレベルに追いつくにはいかんせん無理がある。

で、この頃から「より困難なグレード」という味方を得て「ハングドッグ」は一般的に認められるようになってきたというわけなのである。

まあ、これについてはかつて筆者はずいぶん口を尖らせて煙たがられた方なので今さら言いたくないのだが、確かにあの頃、日本人のレベルアップが猛烈に進みつつあった中で、これらのことを棚に上げる勢いも並ではなかったことも確かだろう。しかしそれでも後年、厳しいモラル派からハングドッグ容認の急進派に転進した**ロン・コーク**が「今の自分にとってのクライミングの冒険性は〝難しいルート〟にある」と言っているように、それが時代の流れというものだったのかもしれない。

そしてさらなる追い風は、ルートの設定場所がクラックからフェースに変わったということだ。

そもそもフリークライミングは、岩場に人工物をなるべく投入しない、という主旨から、

ムーブ　このホールドをこう取って、足をどこに上げて……などといったクライミングの動きのこと。おおよそフリークライミングは、こうした動きをいかに上手く組み立てるかで成否が決まると言ってもよい。

ロン・コーク　ジョン・バーカーと共にヨセミテ黄金期を作り上げたクライマー。トム・クルーズ似で彼の地では相当な人気がある。バーカーがトラディショナルにとどまったのと対照的にスポーツクライミングにも傾倒し、後年まで活躍した。

ボルトを使わず、ナッツなどで支点の採れるクラックを中心に発達してきた。が、クラックなどというものは基本的にヨセミテなどの花崗岩以外にはそうそうあるものではない。だから他の場所で思うようにルートを作ろうと思ったら、クラックのないフェースにラインを求めるしかなく、そうなるとどうしてもボルトなども使わざるを得ない。

そして、そうした傾向は実はこの頃、世界的なものでもあり、結果、それはルートの量産を可能にすると同時に、クラックに閉じ込められていたそれまでの最高難度を突き破ってさらなるグレードを達成することにつながったのである。

そうした中、日本もやや遅れてフリークライミングをスタートさせたわけだが、だいたい日本というところはアメリカ以上に、どころか、世界的に見ても可哀相になるくらい、もともと岩場の少ない土地柄である。ましてやクラックなどいくら大騒ぎしてもいくらもあるものではない。そんな中、世界に準じて日本にもフェースの時代が訪れるのは、これはほとんど必然ではあっただろう。

そしてそうした「フェースの時代」というのは、今から思えばまさに「富国強兵」の要望にマッチしたものだったかもしれない。なにしろそれは、資源的な可能性を広げると同時に、労力的にも、量産を可能にしたからだ。

などというとわかりづらいが、早い話、クラッククライミングでは自分でナッツやらフレンズやらをセットしたり回収したりしなければならないため、往々にして非常に時間がかかる。一方、フェースクライミングではそれがないため、時間も労力も少なくてすみ、一日何本でもトライできる。

また、技術的にも、クラッククライミングが「ジャミング」などという、わけのわからない技術を長い時間かけて習得しなければならないのに対して、フェースクライミングではその難易度を比較的「力」の問題に置き換えやすい。つまり、指や腕やらを鍛えさえすれば、それを「技術」としてダイレクトに反映させることができる。

さらに、ルートを拓く場合にも、フェースならばクラックと違ってどこでも自由な発想でラインを求めやすく、なにより「掃除」がやりやすい。

などなどということから、あちこちにフェースのルートが拓かれだすやいなやクラッククライミングは瞬く間に廃れ、小川山などでも一気に陰の存在へと転落してしまったのである。

さて、そうした新時代の代表ルートとして、湯河原幕岩に84年に拓かれたスパイダーマンなどをここでは挙げておきたい。

これはそれまでもっぱらクラックの岩場とされていた柱状節理のこの岩壁に見いだされた最初の攻撃的なラインで、池田功や檜谷清らがぼちぼち手をつけていたところを、**大岩純一**氏が初登したものだ。

その大岩氏というのは、その後、池田功の代表作、スーパーイムジンの第2登争いを、室井・吉川時代からの小川山の先駆者である**塩田伸弘**氏と演じたクライマーで、これらの活躍を筆頭にこの後の日本をまったく力ずくで引っ張っていくことになる。それはこの後イヤというほど紹介することになるので、ここでは詳しく触れないが、その猛烈な力と、マニアックさと、ラディカルなクライミングスタイルは、まさに80年代、日本が富国強兵というよりもはや高度経済成長に向かっていく時代を代表するクライマーと言ってよいだ

大岩純一　小川山に日本初の5・13、エクセレントパワーを拓くなど、80年代を代表するクライマー。その猛烈な力は池田功、橋本覚と共に日本三大レイバッカー（カギッシュなレイバックをする人のこと）などとも呼ばれ、恐れられた。今はサーフィンに凝っているという話だが、あまり華麗とは思えない。

塩田伸弘　やはり吉川＝室井ペアらとJECC黄金時代を築き上げたクライマー。その華麗なテクニックは多くのクライマーに言い伝えられている。結婚と同時にクライミングから遠ざかったが、最近、名を伏せて地元の岩場に出没しているという話。

ろう。

ちなみにこの大岩氏は、実は鷹取出身で、筆者がアメリカから帰った頃、やたら元気な女の人と二人でしょっちゅう通ってきており（その女の人というのがこれもその後日本の代表的な女性クライマーとなる**あき子**氏である）二人ともその力強い登りから結構目立っていたのだが、歳が若いんだか若くないんだかわからないため、今ひとつ声をかけづらい雰囲気だった。後年、城ヶ崎に氏が拓いたルート名を見るとサンダーロードとかキャデラック・ランチとか（いずれもブルース・スプリングスティーンの曲名）なかなか若々しいものの、その実、陰では石川さゆりなどを愛聴しており、いかにも「高度経済成長」を象徴する世代（つまりオ○ジ）である。もちろん実体はいまだナゾに包まれている。

▼資料

幕岩の「スパイダーマン」（5・12a）は84年6月に登られたが、これ以前の5・12ルートとしては前述鷲津山の「ジェット」（5・12a、池田功）、城ヶ崎なみだちエリアの「タコ」（5・12b、堀地清次）、小川山左岸スラブの「ロリータJUNKO」（5・12a、綿引英俊）がある。

いずれもこの時の記録発表にはグレードだけでなくスタイルが細かくコメントされているが、その中で「タコ」では堀地が自らハングドッギングの経緯に触れている他、ロリータJUNKOでは**ラッペルボルト**の是非にも言及されている点が注目される。

また同時期、忘れてならないのが、戸田直樹による瑞牆山〝末端壁〟の総決算、春うら

大岩あき子　ご存じ日本フリークライミン界のゴッドマザー。インストラクター時代、純一氏と夫婦でJAOというチームというか登録商標というかを名乗っていた。しかし、それを聞いた白山書房の簑○社長は「なんだJAOって？ジャパン・あき子・大岩か？」と聞いたことがある。ああ、純さん。

ラッペルボルト　下からの攻略を通してではなく、上から懸垂下降によってボルトを設置すること。これに抗するのが昔ながらのグラウンドアップで、アメリカではこの方法を巡ってかなり激しい議論、さらには喧嘩までがあったようだ。

リングボルト　60〜70年代にかけての日本での唯一のボルト。アンカー部分が径8㎜、長さ2㎝たらずで、今にすれば非常に頼りない。

ハンガータイプ

ら2P目5・12ａの完成だろう。記録的には初登は84年5月12日で、「タコ」に続く3本目の5・12ルートとなっているが、これはあくまでノーフォールによるリードを目指したためで、このあたりも「フリー」というものに対するこの頃のクライマーの厳しい態度がうかがえる。

　さらに84年は「スーパー・イムジン」（5・12ｃ、池田功）、「流れ星」（5・12ｂ〜ｃ、堀地清次）などがこのあと登られるが、国内の5・12ルートわずか6本目と7本目にしてこのクラスのグレードが登られたことは、その頃の日本のレベルアップのスピードを見る上で、まさに驚嘆に値する。

　ボルトに関してはアルパインクライミング用の**リングボルト**から現在の**ハンガータイプ**に変わったのがちょうどこの頃。さらに87年からは穴の掘削に電動ドリルも持ち込まれ、開拓は急ピッチで進められるようになった。

外タレさまざま

日本に5・12クラスのルートが作られ始め、ようやくフリークライミングがスポーツとして本格的になった84年はまた、外タレが次々と来日した年でもあった。クライマーを「外タレ」などと呼ぶとちょっと違和感があるかもしれないが、それでもあの時のフィーバーぶり（これも懐かしい言葉！）を見ると、音楽、映画などに限らず、何の分野でも我々日本人というのは「ガイコクジン」に弱いんだなあ、と、思わざるを得ない。

というわけでこの年来日した「外タレ」というのは、**パトリック・エドランジェ**、**ジェリー・モファット**&**クリス・ゴア**、**ロン・フォーセット**という当時のクライミング界の錚々たる顔ぶれ。彼らは8月から10月にかけて矢継ぎ早に来日し、それぞれ話題を提供して帰っていったのだが、今から思うとよくまああんなメンバーが、ようやくフリーが定着したかしないか程度の日本なんぞに来て嬉しそうに登っていったもんだな、と感心してしまう。

まあ、もちろん、それには受け入れ側の大変な心尽くしがあったからだろうが、それにしても当時クライマーの中には、「何で外人をわざわざ？」と疑問を抱いた人も多かったのではないかという気がする。

パトリック・エドランジェ　80年代前半のフランスを代表するクライマー。第1回のヨーロッパグランプリで優勝するなど圧倒的な実力を持っており、一時フランスのスポーツ選手人気投票でF1のアレジに次いで2位にランクされたこともある。なんと筆者と同じ歳。

ジェリー・モファット　オンサイトという分野で抜きん出た実力を示した当代きってのイギリスのエース。ワールドカップ東京大会で来日した時やたらニコニコしていたので、女性アナウンスに「いいおじいさんになりそうな方ですね～」などと言われていた。

クリス・ゴア　モファットと共にアメリカを回ったクライマーだが、こちらはやや知的。いや、もう片方がどうこうというわけではありませんが……。

ロン・フォーセット　イギリス・フリークライミング界の大御所。ほとんど伝説の人物かと思っていたらまだ現役、しかもこの時29歳、というので多くのクライマーはビックリしたはず。指の皮をふやかさないために風呂にもほとんど入らないと聞いてさらにビックリ。

ついでに疑問といえば、こうして来日した面々がすべてアメリカ人ではなく、ヨーロッパ勢であるというのも、考えてみればよくわからない。だいたい日本のフリークライミングはアメリカ、それも特にヨセミテの影響を受けて始まったわけだし、どうせ呼ぶならジョン・バーカーとかロン・コークとかを呼べばよさそうなものを、と思うのだが、やはりそれはさすがにちょっと……だったのだろうか。

などと変に穿った見方をしてはいけない。

まあ素直に、この時代の世界的なヨーロッパ勢の台頭と、これらスーパースターたちの超越した実力を、その理由として認めておくべきだろう。

事実、80年代に入ってから世界のフリークライミングの流れはアメリカからヨーロッパに完全にシフトしており、折々で決定的な記録を作るのも、かつて知ったるヨセミテのビッグネームたちではなく、聞いたこともないようなヨーロッパ人ばかりだった。

その代表格が、今回の「来日外タレ」の話からはちょっとずれるが、西ドイツの**ウォルフガング・ギュリッッヒ**だ。

氏は、70年代後半に**トニー・ヤニロ**が初登して以来、アメリカの先鋭クライマーたちの相次ぐトライを次々に撃退してきた世界最難のクラック「グランド・イリュージョン」を第2登した人物としてその名を世界に轟かせた。

それは筆者がアメリカにいる82年のことで、その噂はキャンプ4にも伝わっていた。ドイツ人、というのが、その頃の世界情勢など知らない筆者らにはかなり意外だったのだが、その時伝わった「なんとか・ウルフガング」と名前からしていかにもすごそうで、折りしも我が日本人村の隣にはドイツ軍団がたむろっており、その中の一際目立つ大男がきっと

ウォルフガング・ギュリッッヒ　西ドイツのスーパースター。氏がけっこう前に初登したパンクス・イン・ザ・ジム（オーストラリア）やアクション・ディレクト（ドイツ）は、後年、それぞれ世界初の5・14、5・15だったとして驚きの評価を得ている。93年に自動車事故で他界。

トニー・ヤニロ　なんといっても「グランド・イリュージョン」の初登者だが、それ以上に当時世界最高のクラックマスターと呼ばれたアメリカのクライマー。一時クライミングから遠ざかったが、80年代後半、「重すぎた筋肉を落として」復活したという話。

それだろう、などと皆で恐れおののいていた。そしてその中の一番若くて弱そうなのが時折我々のテントに来ては『プレイボーイ』などを借りていくという使いっパをやらされていたのだが、後から知ったところではそれが実は当のギュリッヒだったのである。

ちなみに氏は筆者と同じ年で、ヨセミテのプールで水泳大会をして、勝った記憶がある。という、どうでもいい話はさておき、なにしろその頃から、世界のクライミングは新しい次元へ突入していたと言ってよいだろう。そしてそのW・ギュリッヒが世界最高と認めたクライマーが、やはり82年にアメリカ各地の難ルートを軒並みフラッシング（今で言うオンサイトと同じ）して回ったというイギリスのJ・モファットであり、そうした経緯から、日本フリークライミング界の救世主、RCCⅡグレード改訂委員会が、彼らを招待したというわけなのだ。

さて、それでその年の8月、いよいよ「世界の最前線」が日本にやってくることになったのだが、ここでまた余分なことを言えば、実は筆者は日本人の中で最も早く、このモファットなる人物と会っていたはず。だった。

それは82年の**ジョシュアツリー**でのことで、たまたま現地のクライマーから「イギリスで一番上手いクライマーが来ている」ということを聞かされ、しかもその彼がそれまでトップロープで5・12とされていた危なっかしいルートを大胆にも初見でリードするということをやってのけて話題になっており、一緒に飲んだりしたことがあったのだ。

で、話をモファットの来日時に戻すと、この時筆者は既に『クライミング・ジャーナル』の編集をしていて記者として小川山に赴き、かつて知ったる旧友（のつもりでいた）に

ジョシュアツリー　南カリフォルニア、モハベ砂漠にあるクライミングエリア。当時アメリカ1年滞在組の最後の巡礼地として多くの日本人が訪れた。J・バーカーの本拠地だけあってグレードは極めて辛い。

ジョニー・ウッドワード　イギリスからアメリカに渡ったトラディショナル・クライミングの雄。ハングドッグを排したスタイルで5・13などをバリバリ登るが、この人の作ったルートは恐ろしくて楽しめない。

会おうとすると、どうも顔が違う。

それでもなんとか前にしゃしゃり出て「俺を覚えているか?」と聞いたところ、相手は「何を言ってんだ、こいつ?」という顔であらわにシカトをする。RCCⅡの人からも睨まれ、仕方なくその後はギャラリーに徹したのだが、後から知ったところでは、筆者がジョシュアで見たのは、**ジョニー・ウッドワード**という、モファットの前のエースだったとのこと。う〜む、層が厚い、などと感心するのも見え透いた話。図らずも「ガイコクジン」にミーハーなところを自ら露呈してしまったというわけなのである。

しかし、確かにこの時、モファットらが見せてくれたクライミングは、そうしたミーハー心を充分満たしてくれるものであっただろう。

なにしろ、スーパーイムジン、天まであがれ、蜘蛛の糸、タコ、スパイダーマン、などといった当時の難ルートを軒並みフラッシュ、またはそれに近いスタイルで片付け、特に時の日本最難スーパーイムジンでは驚くべきフラッシュを記録しくれたのだから。

まあ、これでなんとか「日本のクライマーに世界の最前線を見てもらう」と、「日本のクライミングの現状を世界のトップクライマーに確認してもらう」というRCCⅡの2つの目論見は達成されたのだが、この大義名分も、やや穿った見方をすると、どうもクイズの答えを、ページをひっくり返して見ようとするものだったようにも思えてならない。

というのも、今までいくら頑張ったとはいえ、日本人にしてみればあまりにも突貫工事で作り上げられてきた我がフリークライミングに、実はいささか自信を持てず、といってそれを言い出すこともできずに我慢に我慢を重ねてきた、という面がなきにしもあらずだったからだ。

しかし、ここで世界のトップクライマーにこれらを認めてもらい、日本人は大いに溜飲を下げた、と言っては元も子もないが、この突然の招待劇に確かにそういう部分もあったことは事実だろう。日本のクライミングにとって、この時のモファットらの来日は、やはり大きな意味を持つものだったのである。

一方、その前に来日したP・エドランジェは悲惨だった。

エドランジェといえば今は世界でも知らぬ者がいないほど、ヨーロッパ・スポーツクライミング界にその黎明期からずっと君臨してきたいわば帝王であり、当時から彼の地での地位は不動のものだった。そして、プロとして、その驚くべきパフォーマンスをビデオなどで披露して食べていたのだが、そうしたことに理解のある当地では正当に評価されても、日本ではそれが逆に災いした。

日本ではまず『フォーカス』に「クモ男」なるタイトルで紹介され、それを受けたテレビ局が**明星山南壁**という、確かにでかくて迫力はあるもののフリークライマーにはさして面白くもない壁をフリーソロさせるという、川口浩探検隊ばりのキワモノ的な企画で来日させたのである（実際その番組も『水曜スペシャル』だった）。

しかもそのナビゲーターとして、当時『クライミング・ジャーナル』編集長の**武川俊二**氏が駆り出され、テレビ局のオキマリで独占的にやったため、他のメディアはじめ多くのクライマーからも総スカンを食らってしまった。

で、明星山はなんとか無事にフリーソロしたものの、上部でクルー用のフィックスロープが写ったり、同じ個所が何度も出たりして、ヤラセだのインチキだのと、これまた文句

明星山南壁　新潟県糸魚川市の裏にある石灰岩の大岩壁。高差約300mが姫川の河原からいきなりぶっ立つ様は見る者を圧倒する。（日本の感覚では）やや脆いが、ロング&フリーの好ルートが多く拓かれている。

武川俊二　かつて『岩と雪』の編集部、その後『クライミング・ジャーナル』に移ったという、〝かつて〟クライマー。その体型を見ればエドランジェが怒るのも無理はないが、昔、青梅マラソンに出たこともあるという。

がついてしまった。

おまけに専門誌としては唯一の露出媒体となった『クライミング・ジャーナル』インタビューでも、出だしにしてからが
「日本は面白いところだね。女の子がグループを組んで歩くんだな（ニヤニヤ）」

などといったいかにも軽々しいもので、一方、本人はこのようなボロ壁を登らされたことに怒り、「この壁は腐っている」「日本人は俺を殺す気か？」「君のような者にはわからない」などと暴言を吐いて、クライマーの間では多少人気を回復したものの、やはりこれも格調高い『岩と雪』などの反発を大いに買ってしまった。

と、なにしろ氏は日本とは不幸な出会いをしたとしか言いようがない。しかもその後のクライミングの流れやその他諸々を考え合わせると、あの頃、日本のクライミング界がもう少し彼を正しく理解していたら、我が国のレベルはもう1〜2年分は進歩していたんじゃないかとさえ思うほどだ。


そして10月、最後の大物は**モンベル**の招待で来日したイギリスのR・フォーセットである。

氏は、ある意味前の3人などとは格が違う。世界的にフリークライミングがブレイクしだした70年代からイギリスにその人ありと知られ、アメリカ、フランス、ドイツなどでの足跡はほとんど伝説ともなっている、いわばフリークライミングの生き神様である。

が、いかんせんもう若くはなく（といってもこの時まだ29歳という話だったが）、しかもモファットらの若い世代に後を追われていた矢先でもあり、おまけに前の2組に比べてジェント

モンベル　今やアウトドア業界で世界的に知られたメーカー。社長の辰野勇氏はかつてアイガー北壁日本人第2登などをした有名クライマーだが、ここ数年は笛に凝っている。しかしそれがクライミングほどモノになっているかどうか、社員は誰も教えてくれない。

ルマンであった、という不幸も重なって、いかんせん地味のそしりは免れなかった。

しかも来日したのもまったく寒々しい時期で、注目されたスーパーイムジンもフラッシュ寸前で雪が降ってきて足を滑らせるなどまったく運もなく、やはり『イワユキ』、RCCⅡらが後押ししたモファットたちの熱狂に比べれば、いささか寂しいものだった気がする。

というわけでこの年の外タレ合戦はそれぞれの思惑のうちに幕を閉じたわけだが、果たして、それが良かったのか悪かったのか。中には高い金を払ってそんなことをするなら、日本の若い世代を外国に派遣した方がよほど身があるのではないか、という攘夷の声も聞かれないではなかったが、なんだかんだ彼らの来日によって日本のフリークライミングは一つの節目を終えたことも事実だろう。

しかしそれにしてもエドランジェはあの時、あんな日本をどう思ったんだろうか。きっともう二度とこの国には来ないだろうな、と思っていたら、後年、再び来日したらしい。その時は杉野保がシーサイドに付き合って5・13クラスのクライミングを楽しんだそうだが、これも実はあんまり知られていない。よくよく日本には縁の薄かった人なのである。

▼資料

イギリスのジェリー・モファット、クリス・ゴアの二人は、84年9月15～25日にかけ、RCCⅡグレード改訂委員会の招きで来日した。

2人はこれに先立つ82年、アメリカでスーパークラックやイクイノクスをオンサイト、ジェネシスやサイコルーフ（いずれも5・12＋）など名だたるアメリカの難ルートもそれに近いスタイルであっさり片付け、その様子を伝えた「我々は休日に何をしたか」（英マウンテン誌）によって新世代のエースとして世界中から注目される存在となっていた。

来日してからの成果は、小川山で「蜘蛛の糸　5・11ｃ」「スーパーイムジン　5・12ｃ」などをオンサイト。ビクター（八幡沢のボルダー）裏面に「モファットトラバース」（現在1級）を付け加え、さらに幕岩で「スパイダーマン　5・12ａ」、城ヶ崎で「プレッシャー　5・11ｂ」「サイクロン　5・11ｃ」「赤道ルーフ　5・11ｂ」「タコ　5・12ａ」などを登って終了した。

一方パトリック・エドランジェは81年にベルドン渓谷でフランス初の5・13を、84年にセユーズで5・13＋を初登、86年のヨーロッパ（世界?）初のクライミンググランプリで総合優勝を果たすなど、まさにフランスクライミング界のスーパースターだったのだが、日本への紹介のされ方がそれを正しく理解しないものであったことは本文でも触れた。氏は明星山での撮影の後、城ヶ崎に赴き、ポセイドンをフリーソロした後、左右のフェースも縦横にソロ。そのいくつかは5・12クラスの難しさであったという。

フリークライミングという場所

我々が一般の人たちによくされる質問に「フリークライミングって、いったいどういうことをするんですか?」あるいは、「普通のロッククライミングとはどこが違うんですか?」などというのがある。

これに対しては、今まで実に苦労してきた。

もちろんここで、杓子定規的に「フリークライミングというのは、落ちた時にロープに頼る以外……」とやることも可能なのだが、そもそもロッククライミングそのものすらよく知らない人たちに（例の、あのロープは誰がかけるんですか?という手合いだ）、こんなことを説明したって話にならないのは目に見えている。

またそれに負けず劣らず、我々の頭の方も、もうどうしようもなくクライミングで満たされきってしまっている。

例えば言葉一つをとっても、ホールド、**ビレイ**、**プロテクション**といった特殊用語さえ、ハンドル、アクセル、ブレーキなどと同じように誰もが知っている一般名詞だと信じており、それを他の単語で置き換えるという術を知らない。

「ロープでビレイはするけれど、人工は使わずに登ることです」

ビレイ　ロープをつなぎ合った相手方が落ちた時、器具などを使ってロープをロックし、止めること。

プロテクション　壁を登っている人が途中途中でロープを通していく支点。これによってクライマーは落ちても途中で止まることができる。通常はハーケンやボルトなどが用いられる。

「ボルトはプロテクション用だけで、ホールドとせずに登ることです」

「ビレイっていうのは、つまり確保のことですよ」

これでは何を言っているのか、さっぱりわからない（わかるじゃん、と思った人、相当アブナイよ）。

しかし、問題は、我々の思考回路のこうした特殊さにもかかわらず、テレビなどでフリークライミングが紹介されることが、日増しに増えてきたということだ。彼らの移り気の激しさにはほとほと感心するが、そういうものをいくつか見ていると、はたして彼らはフリークライミングを本当にわかっているだろうか？という疑問も抱かなくはない。


といったところで、ふと思うのだが、果たしてフリークライミングがテレビというものを通じて世に紹介されたその最初とはいったい何だっただろう？

ひょっとすると、それは、前章でも述べたP・エドランジジェだったかもしれない。が、その結果は、先に述べた通り、まったくキワモノ以外のなにものでもなかったと言わざるを得ない。なにせ、そこは『水曜スペシャル』。あのエドランジェが「恐怖のクモ男」などと取り上げられて、クライマーにも一般大衆にも完全に誤解されてしまったのである。

あれでフリークライミングに興味を持ったという人はまずいないだろうが、しかしまあ、あの当時のフリークライミングというものに対する一般の認識なんて、せいぜいあんなものだったんじゃないかとも思う。なにせその頃、登山の番組といえばお決まりのヒマラヤで、それも真に記録的なものよりとにかく大々的なものが受けるというものだったから

(それはたぶん今でもそうだ)、それを思えば、日本であのような特定のクライミングスタイルを紹介するなどということは、やっただけでもまだ良い方だったのかもしれない。

さて、そのようなどこの馬の骨だかわからない(なんて言われたんですよ、エドランジェさん)ガイコクジンのわけのわからないパフォーマンスとしてではなく、ちゃんとした文化としてのフリークライミングが紹介されたものといえば、筆者の記憶では、それは大岩純一・あき子夫妻ではなかったかと思う。

それはその頃既にこの世界では地位を不動のものとしていた夫妻が、フリークライミング・インストラクターという新しい仕事を通じてライフスタイルを確立していく、というもので、内容はなかなかしっかりしていたように記憶している。

だが、実はその題名がすごかった。

なんと「今夜も(今日も、だったかな?)絶頂、指先夫婦」という、『オールナイトフジ』だか『11PM』だかでやったもので、たぶんクライマーはあまりこれを見てはいなかったと思うが、たまたま目にした筆者は正直たまげてしまった。

しかし、今から思うと、この時の大岩夫妻はえらかったと思う。

なんとなれば、このような「いかにも」なタイトルの企画に目くじら立てることなく出演し、本当のフリークライミングというものを真面目に伝えたのだから。ここでもし純一氏がこのふざけた題名に腹を立て、ディレクターの顔をあの握力でわし掴みでもしてようものなら、一般メディア内での今のフリークライミングの地位というものはなかったか、もしくは5年は遅れていただろう。実際、この時のテレビ局サイドにフリーを理解してい

キャロル　言わずと知れた矢沢永吉率いる、リーゼント&革ジャン・ロックンロール軍団。代表作に「君はファンキー・モンキー・ベイビー」など。

る者などいなかっただろうが、純一・あき子氏共に、本当に感心するくらい細かくこれを説明していて、我々クライマーが見ても充分うなずけるものを作り上げていたのである。

しかしまあ、世間で目新しいものがアイディンテティを確立するためには、時にこのようなプロセスもやむを得ないものなのかもしれない。なにしろあの**キャロル**ですらＴＶデビューが『ロブ・ヤング！』だったという例もあるくらいなのだから、まずは良しとすべきだろう。

というわけで、この頃からフリークライミングに対する世間の興味も出始め、筆者がいた『クライミング・ジャーナル』編集部などにも雑誌、テレビなどからさまざまな問い合わせが殺到するようになっていた。

しかし、その中にははっきり言ってかなりとんちんかんなものも少なくなかった。特に若い子が憧れでフリーライターなどやっているようなのはまず最悪で、フリークライミングどころか一般的な登山の用語――ヨーロッパアルプスとかハーケンとかといった言葉――すらまるで通ぜず、受話器を持ったまま途方に暮れてしまったことすらある。

前言を覆すようだが、いくら出ることが大切とはいえ、それも時と場合、そして相手による。理解できない連中に無理に合わせようとすると、ろくなことがないのもこの世の常ではあるだろう。

そういった意味では、たぶんその次に番組となった鈴木英貴氏のそれは象徴的だ。

鈴木氏といえば、いうまでもなくヨセミテのオーソリティーとして長年君臨してきたクライマーで、もちろんその時もそこでの活躍にスポットを当てたことは言うまでもない。が、ここまではよくある話でも、そのライフスタイルの紹介の部分で、一線を越えてしまった。氏はアメリカでクライミング三昧の生活を送っているという以上に猛烈な食事制限による減量でガリガリに痩せ細っており、それをまっこうから取り上げてしまったのである。揚げ句、アメリカでも「スティックマン」などと呼ばれるミイラのような裸姿で画面に現れて、よせばいいのにニカッと笑って嬉しそうにサラダを食べるところなんか映し、女性キャスターに、

「はあ〜、世の中いろんな人がいるんですねえ」

などとコメントされて、終わってしまったのである。

それをやはり深夜番組で見ていた筆者は、これはあんまりだと思ったが、事実はそれが一般大衆の本音だったのかもしれない。

こうしたことを思えば、最近の**平山ユージ**氏のエル・キャピタンなど、クライマーサイドとしてはまだまだ不満だろうが、よくあれだけしっかり作っているなと思う。

ちなみにもう一つの重要なテレビ媒体、コマーシャルでは、昔からクライミングを題材にしたものはいくつかある。もっともさすがに「ファイト、一発！」では話にならないが、アメリカではなかなか面白いものが多い。特に印象に残っているのはヨセミテの大岩壁をバックにフリーソロをしていくクライマーが時々ポケットからチョコバーを落としそうになり、それでも頑張って落とさず（そして自分も落ちず）頂上に到達すると、それは単なるビューポイント脇のボルダーだった、というもの。まあ、こうして説明だけするとたいしたことないが、そのクライミングのリアルさが、逆に結構いけていたのだ。

また、鈴木氏から聞いたところでは、昔ジョン・バーカーが、髭剃りクリームのCMに出ていたこともあったらしい。

平山ユージ　いわずと知れた日本フリークライミング界のスーパースター。彼の軌跡については本書よりも羽根田治著『ユージ・ザ・クライマー』（山と溪谷社刊）が正しい。

それはなぜか氏が空中に垂れたロープをユマーリングで上がってきて、カメラの前でニヤッと笑って髭を剃る、というもので、もともとお世辞にも愛想があるとは言えないジョン・バーカーがそのようなことをするのはたいそうな違和感があったという。残念ながら目にしたことはないが、機会があったらぜひ見てみたいものである。

▼資料

フリークライミングの露出は、テレビでは比較的遅かったが、活字メディアでは意外と早かった。最も初期には76年の新アウトドア雑誌、その名も『アウトドア』が、創刊号で既にヨセミテを特集し、彼の地のフリークライミングの様子を伝えている。もっともこれは出版元が山と溪谷社だから何も不思議はないのだが、80年発売の『ポパイ』90号でロスアンジェルス、ストーニーポイントのボルダリングを新しいスポーツとして紹介しているのは面白い。さらに続く92号では常盤橋のボルダリングまで紹介している。しかしその題名が「これぞ都会の山男!」というのだから、時代はまだまだだというところか。

最近話題になったのは映画でのそれで、言うまでもなく『M:I-2』『クリフハンガー』『バーティカル・リミット』など登山と同時にフリークライミングを紹介した(?)ものも多い。92年公開の『彼方へ』は、R・メスナーがシナリオを書き、S・グロヴァッツが準主役で出ている。その他、『007/ゴールドフィンガー』ではクライマーの強烈な墜落シーンがあり、実際にその恐怖を知っている者の度肝を抜く。

郵便物はタープの下へ

今はもういなくなったが、昔、小川山の全盛時代には、廻り目平にテントを張って、一夏そこで過ごす、などという剛の者が何人かいた。

その先駆けは、池田功、橋本覚、の両氏で、いうまでもなく2人ともフリークライミングの初期の代表格であるばかりでなく、インストラクターとしても草分けの存在で、その講習会を主に小川山で行なっていたのだ。

もっとも彼らの諸行を見る限りでは、それは仕事のためというよりむしろ自分が登るため、と言った方が正解だったろう。それでも池田氏の方は根が真面目だから講習会もまだ体を成していたが、橋本氏の方は有り体に言ってあまり働いているところを見たことがない。例の金鉱を探す以外、実際何をやっていたのかわからないというのが、多くのクライマーの一致した意見だったのではないだろうか。

ちなみにこの頃、廻り目平はまだ今ほどキャンパーたちで賑わってはおらず、金峰山荘などもなくて、代わりに何に使うのかわからない空き家が一軒あるきりだった。で、金曜の夜になると多くのクライマーがそこに押し寄せ、週末クライミングの拠点にしていたのだが、件の橋本氏は翌朝皆が出払った後、静かになった縁側で日がな一日のんびりタバコなんぞをふかしており、それはなんとものどかな風情であった。それは後年、来日したドイツの**シュテファン・グロヴァッツ**の写真集『**ロックス・アラウンド・ザ・ワールド**』の中にも収められ、この頃の雰囲気を実によく伝えている。

さて、それからしばらく時は流れ、小川山のさらなる発展とともにこの地の住人となったのが、大岩純一・あき子夫妻である。

もっとも、この頃は既に廻り目平はキャンパーたちにも有名で、瀟洒な**金峰山荘**もでき、夏になれば大勢の人間でごったがえしていた。そういう中、夏になると氏は家型のキャンピングテントを駐車場の隅に常設し、やはりここでクライミング講習会をしたり岩場の開拓をしたりして、長い期間を過ごしていたのである。

大岩氏については、前節はじめ今まで何度か触れてきた。日本人が海外でようやく5・12グレードを登りだした80年代半ば、やはり夫婦でアメリカ各地を回り、彼の地の有名どころを軒並み登りまくる一方、国内でも小川山・城ヶ崎などに片端から新ルートを開拓し、その生涯開拓総数は数百をくだらないという、まさに80年代高度成長期を作り上げてきた代表的なクライマーである。

おりしも時代はクラックからフェースへの移行期。全国各地でルートは爆発的に増えていたのだが、なにしろ氏の作るルートというのは、魅力的な岩を見つける労力、最も理想的で攻撃的なラインを選ぶセンス、そしてたちどころにルートにしてしまうという仕事の素早さ、などを結集した、まったくA型人間、団塊の世代を地でいくものだったと言えるだろう。実際、この頃の大岩氏のルートが、それ以前のクラック同様、今の小川山の代表

シュテファン・グロヴァッツ　国際コンペで何度も優勝したことがあるほどの実力派クライマー。だが、あまりにできすぎたほど色男なので、本国ではギュリッヒほど人気は無いようだ。

『ロックス・アラウンド・ザ・ワールド』　写真家ウリ・ヴィースマイアーが世界中を回ってグロヴァッツを撮り続けたクライミング写真集。写真は一枚一枚迫力があるが、ヤラセが多いことでも有名。日本では山と溪谷社刊。

金峰山荘　80年代中盤に廻り目平に建てられたヨーロッパ高原調のゲストハウス。造られたばかりの時は、ええ?こんな所に?と驚いたクライマーも多かったが、今や小川山の顔である。たまには風呂以外にも使ってあげよう。

的クラシックになっていることを思えば、その働きにはつくづく感服せざるを得ない。

　と同時に、ルートをトライして落とすまでのクライミングスタイル、そして、フェースならではの「力」を基盤にした技術など、おおよそ今のクライミングのすべてがこの大岩氏をベースにしていると言ってもよい。そういった意味では、日本の今のフリークライミングの礎は、まさに氏によって作られたとさえいえるのである。

　それに加え、純一氏は若々しくて格好良く、あき子氏はおしとやかで料理が上手く……と、他の凡庸なクライマーたちなら決して抱きもしないであろう意外な賛辞を、まるでとってつけたように加えるのには、もちろんわけがある。

　この頃、筆者を含む多くのクライマーたちが、彼ら夫婦にひとかたならぬお世話、というか、ほとんど寄生するようにして生きていたからだ。

　その連中というのは、**杉野保**、**鈴木朗**、**山下勝弘**、**安江斉**、**小林茂**、**大野悌義**などなど。既に皆そこそこ名の知れたメンバーで、特に杉野保は大岩氏がルートを拓くと（時には完成する前から）それをたちどころに攻め込んで軒並み第2登するという強烈な力を示していたのだが、なぜこうした連中がひとところにたむろうようになったかというのは覚えていない。おそらく鷹取山あたりで育った地域性からして、根っからたむろうのが好きだったのかもしれない。

　で、そのような連中が、いつの間にか大岩テントのまわりに集まり、いつの間にかその脇でメシを食うようになり、いつの間にかタープとテーブルを占領し、揚げ句の果て、いつの間にか講習生に手をつけて持っていってしまう、ということをやっていたのだから、今にすれば、よく怒鳴られなかったものだと思う。特に最後のものなど、さすがにハナか

杉野保　コロッサス（5・13a～b）、スプラッシュ（5・13d）をそれぞれ初登時12c、13bと付け、いまだにそれを言い張るという脳内筋肉男。実は筆者の高校の後輩なのだが、先輩に敬語を使ったことは一度もない。

鈴木朗　ただでさえボルトの間隔が遠いオーストラリアで面倒くさいからとそれを間引き、堀地清次をたまげさせたという、ぶっ飛び系の代表クライマー。さすがラテンの血が混ざった者は違う。

山下勝弘　高校時代ロックンロールをやっていたことをいまだに引きずるオヤジクライマー。最近ガイドになって半分ポシャっている。ロック魂はどうした？

安江斉　ジムでの順番を「モチベーション順だ」と言って平気で無視する極悪人。数年前指の腱を切り、みんなで心配していたら、先日5・12dを登って、「12bだな」と吐き捨てたという。まだまだ痛みが足りないようだ。

小林茂　かつて日本三大ビレイヤーと言われ、大岩氏のルート開拓に深く貢献したクライマー。JAO軍団の最年長者なのに身の回りは最も汚い。毎年のヨセミテ行きをパソコン教室通いでしばらく中断していたが、もう行けるように

なったのだろうか?

大野悌義　体重70んkg。日本人には珍しく、パワーウエイトレシオをものともしない登りでまわりを湧かせるクライマーだが、最近パワー不足との噂も。飲み仲間が減ったのが原因か?

らそれ目的というような輩はいなかったにしても、考えてみれば完全な営業妨害である(ま、その話はこれ以上するのはやめよう)。

というようなわけだから、我々がいまだに両氏に頭が上がらないのも無理はない。

それにしても、この頃、大岩氏の仕事ぶりも激しかったが、それに群がるこの寄生虫たちも、本当によく小川山に通ってきていたと思う。といっても、当時は人工壁もないし、小川山以外の岩場もまだそうそう開拓されてはいないから、なんであれフリークライミングといえば、ここに来るしかない。

しかし、それが毎週毎週となると、さすがに気力も体力もそう続くものではない。ことにサラリーマンともなると、金曜の夕方に必ず町を出るというのはそうそう簡単なことではなく、それを思えば皆よくまあ、あれだけクライミングに寝食をつぎ込んでいたものだと感心する。

これについては後年、杉野保がインタビューの中で「社会人としての犠牲はもちろん払っている。酒は飲まない、宴会行かない、付き合いしない……」と述べているが、安江斉に至ってはもっとすごい。彼は仕事中、クライミングをまったく知らない上司の前で目標ルートのムーブを身振り手振りで嫌というほど説明し、揚げ句「ちくしょう、今週も行ければきっと登れるんだけどなあ……」と遠くを見据えて、呆れと諦めとともに休日を勝ち取ってくるという。いやいや、立派なものである。

しかしこうしたことも、雨の日ですらわざわざ集まってタープの下でくだらないダベリに興じていたことを思えば、ずいぶん無駄な時間を費やしたように見えなくもない。が、しかしそれも今にすれば、その頃の我々にとって、なんだかんだ必要な時間でもあったのかもしれない。

またもや個人的な話で申し訳ないが、筆者はその頃、怪我からなかなか復帰できずウインドサーフィンなぞにうつつを抜かしていたことがあって、そこでも風待ちで膨大な時間を無駄にしたことがある。で、やはりそうした日々を実にもったいなく感じてもいたのだが、その頃ある雑誌に載ったサーファーの言葉に「結果的に風は吹いたり吹かなかったりするけれど、大切なのは海にいるかどうかということだ」というのがあり、ちょっと感心してしまった。

その言葉を借りれば、クライミングも、できるできないだけでなく、その時、岩場にいるかどうかということが、ある意味クライマーとしての人格を作っていくものでもあるのかもしれない。それでいったい何の御利益があるのかと聞かれれば、それはなんともわからない。しかし最近など特に人工壁の発達で滅多に岩場に行かなくなった現状を思えば、そのことの大切さもどこか忘れてはならないもののような気がするのである。

と、いささか強引に自分たちの無駄さ加減を正当化してしまったが、さてさて、そのように夏場、毎週のように中央道の暑苦しい渋滞に巻き込まれながらこの遠路を行き来した連中も、秋になれば大移動を始める。

行き先はもちろん城ヶ崎である。

当然、我が寄生虫軍団も大岩テントの撤収とともにそちらにこぞって移動する。その様はまるで養蜂業者のそれのようだが、城ヶ崎というところは基本的には観光地だから、クライマーにとっての生活は小川山のようにはいかない。キャンプ場はなく、疲れた体を休めるにも駐車場や道端に野宿をするしかない。しかし、いかんせん民家が近いため、いつ警察などに通報され、クライミング禁止などという事態につながらないとも限らない。

そんな時に降って湧いた朗報が、またもや大岩氏で、今度はここに本格的にアパートを借りたという。隣の部屋には既に橋本覚一家も引っ越してきており、我々も待ってましたとばかりにここに雪崩れ込むことになった。

つまりどこに行っても寄生虫としての性格は変わらなかったわけだが、またまたこれを正当化すると、こうしたことによって、結果的に我々は、クライミングそのものの方向性も、あるコアに向かって固めていくことができたような気がする。それはスタイルの面でもそうだったし、取り組み方の面でもそうだっただろう。決して手前味噌に言うわけではないが、この頃、ここにあれだけ優れた（まあ、この際自分は抜かしますけどね）クライマーたちが集まったのも、ハナから皆が優秀だったというわけではなく、このような刺激に触れたのが、一番大きな要因だったようにも思えるのである。

しかしそれでそうした連中が寝る前にオレの布団がないだのもっとテレビを見せろだのと騒いでいたり、またそれをあき子氏が「うるさい！静かに寝なさい！」などとまるで幼稚園児に発するような鶴の一声でピタッと静まらせたりしているのを見ると、確かに養蜂業者と蜂の群れ、という図式は否めなかったが。

▼資料

大岩純一といえば幕岩スパイダーマンの初登で一躍頭角を現したクライマーだが、それ以前にそのパワフルな登りから既に岩場では、あき子氏ともども、相当に名が通っていたことも事実だろう。

さらにその名を知らしめたのは85年のアメリカツアー。ヨセミテの5・12ルートの他、ニューヨーク近郊シャワンガンクスでの「スーパークラック」（5・12c）、「カンサスシティ」（5・12c）、などの登攀である。

そしてその後、氏の開拓クライマーとしての本領が発揮されるのが、三ツ峠での「大道芸人」（5・12a）などの開拓と、85年2月の城ヶ崎シーサイドロックの「ドラゴンフライ」（5・11c）、翌年の「シュリンプ」（5・12c）他の初登、さらに86年から始まる小川山の一連のフェースルート開拓である。中でも傑作は日本初の5・13ルートとなる「エクセレントパワー」で、それまでの感覚では思いもよらなかったようなマラ岩の急峻なフェースにボルダリングチックなムーブを見いだし、まず下部のみで「シルクロード」（5・12c）、上部のみで「ロッキーロード」（5・12a）とし、これをつなげて一本のルートとして完成させた。

ちなみにエクセレントパワーの第2登は87年のシュテファン・グロヴァッツ、第3登がマルク・ル・メネストレル、日本人としては杉野保、平山裕示、南裏健康らが続いている。

ソリッド・ステート・サバイバー

84年に来日したJ・モファット、C・ゴアの二人は、自らのクライミングやトレーニングについて聞かれた時、「とにかく我々は〝ありとあらゆること〟をやっている」と答えた。

これは確かに、その当時の彼らの驚愕すべき記録を片手に聞くと、ほほう、と唸らせるだけのことはある。実際、彼らの実力はその言葉を見事に裏付けていたし、我々の側でも、この言葉をその後、座右の銘にしたというクライマーは多かったことだろう。

しかし、それら事実を抜きにしてこの言葉だけを聞けば、この落ち目の帝国から来た連中は、戦後から瞬く間に経済大国へとのし上がった日本という国を本当に知っててこんなことを言ったのかな、と思うこともなくはない。

なにしろ我々日本人が「努力する」といったら、それはもうたいへんなものである。朝6時前に起きて7時には既にぎゅうぎゅう詰めの満員電車に押し込められ、平均1時間半かけて会社に行き、月100時間以上もの残業をこなして帰るのはいつも夜中。で、10年勤務すると5日間のリフレッシュ休暇がもらえるが、たいていは忙しくてそんなもの取っていられない。というような生活を国民の大半がやっているような国である（筆者が言うと説得力がないですけど……）。

　しかも時代は80年代中盤の、バブルに向かってまさに全員が登りつめようとしていた時期。クライミングも、84年にはほんの10本程度だった5・12ルートが、翌年にはその10倍近くに及ぶという高度成長を記録した時代で、クライマーたちはその進歩についていくのにまさに必死だった頃の話なのである。

　となれば、この「ありとあらゆること」という言葉のイメージが、我々日本人にとってどれだけ猛烈なものであったか。この旧帝国の生活保護で食っているという二人はわかって言っていたのかな？と、筆者などはつくづく勘ぐってしまうのである。


　と、いうことで、我々がこの頃、いったい何をやっていたか。あるいはやろうとしていたか。または、やらなければならないと、強迫観念に襲われていたか。

　などなどといったことでまず思い浮かぶ肉体トレーニングについては、前に少し触れた。しかしこの頃は、さらに懸垂ボードやら**クラックマシーン**やら、**バーカーラダー**やら、なんやらかやらやたら専門化したあれこれが登場し、加えて『食べて勝つ』『メンタル・タフネス』『ウィーダー・コンディショニング・バイブル』『トレーニング・バイブル』『リラクゼーション・マニュアル』『トレーニング・ジャーナル』、ビタミン剤やアミノ酸、カーボローディング、ヨガに太極拳など、クライマーたちはそれこそ手当たり次第、何にでも首を突っ込んでのあれやこれやが始まっていたのである。

　だが問題は、これだけのことをやっても、おいそれとレベルはアップしないという悲し

クラックマシーン　板を二つ突き合わせてクラックを作り、そこでジャミングの練習をしたという、実に素朴な〝マシーン〟。当時これを持っていてもあまり自慢する人は見かけなかった。

バーカーラダー　ジョン・バーカーが考案した（？）というトレーニング法で、何のことはない、縄バシゴを斜めに取り付け、腕だけでそれを上り下りするというもの。しかしバーカーさんがやっているというなら……。

くも残酷な現実だ。まあ、それも今から考えればあたりまえなのだが、フリークライミングというものは、他の登山あるいはアルパインクライミングなどと違い、数字で優劣がはっきり示される。過程よりも結果がものをいう、という厳しさがあるだけに、当時はいったいどうしていいのか、多くの人が悩みまくったんじゃないかと思う。で、そうした努力と成果のバランスが崩れると、あとは目に見えている。筋力トレーニングもスポーツ栄養学もサプリメントもかなぐり捨て、とにかく登りたいルートに猪突猛進する、という実に単純明快な解決法の登場だ。

ちなみにちょうどこの頃から流行りだしたものに「**マスタースタイル**」というものがあり、これはそれまでの「**ロワーダウンスタイル**」ではいまひとつ完璧ではないので、最終的には一度、下から上まで一回も落ちずに登ってそのルートの完登としようというものだ。一見ルールをより厳しくしたようにも思えるのだが、逆にこのスタイルの達成ためにはいくら時間をかけてリハーサルをしてもよいという発想を生んでしまい、一方で物議をかもしてしまった。

そして実際こうしたトライの仕方は時にスタンダードレベルを大いに逸脱したところでも展開されたものだから、さっそく堀地清次に「マスタースタイルは邪道だ」などとこき下ろされていたのだが（それにしても堀地清次というクライマーはなにかにつけ、名言を吐く。この際それをまとめたらこの本より面白いものがきっとできるだろう。しかもそれに、氏をハナから小馬鹿にしている唯一のクライマー、寺島由彦のコメントでもつけてやったらベストセラー間違いなしである）、こんな若造に何言われようと日本の厳しい社会をかいくぐってきたオトナにはまったく関係ない。揚げ句、「小川山レイバック、6回でマスター」などという記録も生まれたりして、フリーク

マスタースタイル　今でいうレッドポイントと同じで、戸田直樹率いるグループ・ド・コルデが提唱したもの。今から思えばなかなかな見識だが、しかし当時はボルトにヌンチャクをかけるのも登りながらじゃなければダメ、などというるさ方もいて、ウンザリさせられた。

ロワーダウンスタイル　落ちたらそのままロープにぶら下がって下まで下ろしてもらい、そのままの状態で再度トライするというスタイル。最後はノーフォールで登ることになるが、途中のクリップがないため楽は楽。

ライミングはますます混迷の色を深めていくのである。

また、混迷といえば、こうした既成ルートを登る方法だけでなく、ルートそのものにも触れないわけにはいかない。

というのは、この頃から取ってつけたようなライン採りやら「限定課題」やらが現れ始め、それが延々今日まで日本のクライミングシーンの問題として尾を引きずることになるからだ。

まあ、もともとナチュラルなライン（クラックなど）が少ない我が国の岩場では、自然のルートといえども、そのライン設定は開拓者の意志によるところが大きい。で、いきおいその心づもりがルートにも反映されることになるのだが、ここでも我々日本人というのは、実に勤勉な国民なのだろう。ちょっとした岩場でも一本代表作を作って終わり、ということができず、登れる所は端から全部埋めていかなければ気がすまない。

で、最初は「ここはぜひ登りたい」というようなラインを求めてルートを作っていたものが、「ここも登れるかもしれない」でもう一本ラインを追加することになり、ここも登れるそこも登れる、からやがては「ここも登らなきゃ気がすまない」になっていくのは、これはもう我が日本人のサガというほかない。

で、揚げ句、幅10ｍにも満たないようなフェースに5本も6本もルートが作られ、おまけにつぎはぎのアミダクジやら「限定」やらまで設定されて、どこをどう登れば何何ルートなのかさっぱりわからない。ちなみにこの「限定」というのは、例えばこのラインを、途中のバンドから脇のテラスにエスケープして休んだりしないで登れば5・10。あるいは左のコーナーを使わないでフェースのみで登れば5・11などというもので、ルート密度の高いエリアには必ずと言ってよいほどあるものだ。まあ、我々もかつて鷹取などで「あの大きなホールド使わずに登るのが次の課題」などとやっていたクチだから、こうした気持ちもわからないではないのだが、しかし内輪だけでやっているならともかく、それが公にルートといえるものなのかどうかとなると話は別だ。

しかし、それでもそうやって作られたルートの数々を見て、不思議と我が国の国民は安心するようだ。さすが狭い国土でこれだけの米を作ってきただけのことはある。その勤勉さは、どこに行っても変わらないものであるのだろう。

そしてさらに、そうした高密度のルートが複雑に交差し合うと、今度は必然的に「あみだくじ」が生まれる。このルートから始めて途中でこのルートに移り、最後はこっちのルートに抜ける、などというもので、こうなると初めてその岩場に行ったような人には何が何だかさっぱりわからない。

もっともこれらは、一歩引いてみれば高度成長を至上の課題とした時代の産物ということではまだ笑ってすますことができる。しかしそれができないさらに深刻な問題が、「チッピング」だ。

これは、言うまでもなく自分がそこを登れないから岩にホールドを刻んでしまおうというもので、昔からフリークライミングのみならずすべてのロッククライミングで明確に反則とされてきた。まあ、再び個人的なことを申せば筆者などある意味ハナからチッピングだけで成り立った鷹取育ちだから何ともいえないのだが、一般の岩場で、最低のルールとしてこれを崩してしまったらフリークライミングはまったく形を成さなくなってしまうことはシロウトでも容易に想像がつく。

だが実は、これはあちこちでひそかに行なわれてきたし、それ以上に複雑な問題として、ヨーロッパではこの行為によって5・13、5・14といった高難度のルートを作り上げてきた、という経緯があったのである。そしてこれをもって「時代はそのようになっている」と論ずる急進派も一時期出て予想以上にすったもんだしたものの、最終的にはその後、当のユーロパワーの一角であるJ・モファット、**ベン・ムーン**があるインタビューで「あんなものはなくても我々のレベルは充分上げられたし、今そんなことをする奴はいない。ヨーロッパでもそれは明確な反則だ」と発言したとともに、いつの間にかどこかに消えてしまったようだ。

ということで、このように日本のクライミングは80年代中葉、驚くべき発展とともにますます混迷を深めていくわけだが、こうしたことはしかし第三者がそうそう一方的に責められるものではない。それが、明文化されたルールのないスポーツの難しいところであるし、また「和をもって尊しとなす」我が国民の良いところでもあり悪いところでもある。しかしこれを逆手にとって見事にチャカしたのが、**中根穂高**の『かかってきなさい』だ。

これは『岩と雪』140号（1990年6月）から始まった連載で、内容は「岩場の一生フローチャート」「馬鹿力クライマー列伝」「誰でも登れる5・12お買い得リスト」など、まったく次から次へとすさまじい。

ちなみにこの中根というのは、自身やたらルートを量産する割にはそのことどとくがた

ベン・ムーン　89年、南仏ビュークスにアジンコートを拓いて世界で初めて8c（5・14b）の扉を開けたイギリスのクライマー。トレードマークのドレッドヘアはハードコアの象徴でもあった。

中根穂高　自分で自分のことを「日本3大嫌われ者クライマー」などと名乗るアッパレな奴。もう一人の藤○雅○というのはわかるが、ガ○ラというのは誰のことかわからない。

ちどころにグレードダウンさせられるという、まあ箸にも棒にも引っ掛からないクライマーで、おまけに鷹取出身ときているからその力量は推して知るべしである。だが、こと人のことをボロクソに言わせたらまさに天才と呼ぶにふさわしく、またそのこき下ろし方も実に見事にアッパレで、読めば一日幸せな気分になれることは請け合いだから、機会があればバックナンバーをぜひ探されてみることをお薦めする。なお氏は現在「カラファテ」というクライミングショップに勤めており、行けば取り敢えず見ることはできる。しかし、ヘタに誉めると際限なくつけあがる男だから、会っても滅多なことは言わない方がよい。間違っても筆者の名前など絶対に出さないことである。

▼資料

全国的なフリークライミングの膨張をよく示すものとして、ルート図集、いわゆるトポの変遷がある。

そもそもフリークライミングの対象となるような岩場というのは、昔は〝ゲレンデ〟として扱われていたからその頃のルートというものはさすがに掴めない。しかし81年に編纂された白水社刊『日本登山大系』は、編者に柏瀬裕之、岩崎元郎らがいたこともあって、日和田、小川山、幕岩、城山などにかなり詳しい記述が見られる。

本格的なフリークライミングのためのルート図集としては85年4月、白山書房刊『関東の岩場』がその最初だろう。これには三ツ峠、越沢などのアルパイン系のゲレンデも多少含まれているものの、奥多摩、城ヶ崎、幕岩などを中心に組まれ、18エリアからルート数

800本が紹介されている。

また、同年『岩と雪』の別冊付録として、10月に「小川山ルート図集」が、翌年4月に「城ヶ崎ルート図集」がまとめられたのも、この頃の活気を示すものとして象徴的だ。

しかしこれらは「各地の新ルート開拓、エリア開拓のまさに過渡期にあったため」（『新版関東の岩場』冒頭文より）、すぐに資料は古くなり、時を待たず改訂版が出されることになる。

小川山は早くも87年に「小川山・瑞牆山ルート図集」として、『関東の岩場』は89年に『新版』として出され、その中のルート数もそれぞれほぼ倍近くに増えている。

が、これらも既に現在では使いものにならないくらいに古く、白山書房版は小川山周辺を加えた『関東周辺の岩場』として99年に再生、さらに『岩と雪』では『フリークライミング日本100岩場』として全国を5冊に分け、日本のフリークライミングのほぼすべてを網羅している。

▼補足

その後のフリークライミングガイドブックとしては、山と溪谷社からは95年に『日本フリークライミングルート図集』（いわゆる赤本。今はプレミア付き）が出た他、右記『フリークライミング100岩場』もバイブルとして定着。2012年からはそのうちの『③伊豆・甲信』が増補改訂版として版を重ねている。白山書房刊の『関東周辺の岩場』に関しては、2017年に『新版』として再登場。またクライミングジム・パンプを経営する有限会社フロンティアスピリッツでも私家版ながら豪華なガイドブックを、2015年に瑞牆山、2022年に小川山とそれぞれ出している。

chapter 4

How we have
clung to the “STONE”

時代は変わる

フリークライミングからスポーツクライミングへ

「ブリティッシュ・インベイジョン」という言葉をご存じだろうか。知っている、と答えた人は結構な音楽通だ。「インベイジョン」とは、直訳すると「侵略」で、ポピュラー音楽の世界では60年代中葉、ビートルズやローリング・ストーンズなどといったイギリスのロックグループがアメリカに伝わってそこのチャートを独占し、世界を席巻した、という動きを指すものだ。

これを登山の世界に置き換えると、80年の戸田ショックなどはまさに「ヨセミテ・インベイジョン」ともいえるのだが、これはしかし「侵略」どころかそもそもの「始まり」であって、ちょっとピンとこない。むしろこの言葉を冠するにふさわしいのは、その次の大きな転機、80年代半ばのユーロパワーの台頭だろう。これを、「ヨーロピアン・インベイジョン」と、今のところ誰も呼ばないが、まあ、そのように表現しても悪くはないような気はする。

さて、そのようなフリークライミング界におけるユーロパワーの席巻は、我々は既にW・ギュリッヒやJ・モファットらの活躍で知っている。日本に馴染みが深いのはモファットだが、当時やはり圧倒的だったのはギュリッヒだ。氏は以前にも触れた通り、それま

「X級への歩みはもう始まっている」　この中でギュリッヒは、ボルダリングのムーブをルートに取り入れることの重要性、立ち止まることなく流れるようなクライミングの重要性など非常に先見的なことを説いているが、その一方で多大なリハーサルの後のレッドポイントは意味がないと厳しい（そしてやや古い）意見も述べている。

で第2登を許さなかったアメリカの難ルート、グランド・イリュージョン、コズミック・デブリ、ヴァンダルズなどを、82年の一回の渡米でことごとく手中にしたという猛烈なクライマーで、まさに直後からその名は当地に鳴り響いていた。また、83年、ドイツの『アルピーン』誌に載った氏のインタビュー記事**「X級への歩みはもう始まっている」**（84年、『岩と雪』104号に邦訳）は、加速度的に進歩しつつある高難度フリーの現状を捉えたものとして、その10年近く前にJ・ブリッドウェルがものした「ヨセミテの新しい波」に匹敵するセンセーションだったといえるだろう。

と、なんだか突然教科書調になってしまったが、なんにせよ、世界のフリークライミング界はこの時代、アメリカから完全にヨーロッパにシフトしていたことは間違いない。

そのようなフリークライミングにおけるヨーロッパ化の最大の特徴はというと、それはまぎれもなくボルトプロテクションによるフェースクライミングの追求に尽きる。

こうした傾向は前章「タイム・イズ～」でも触れた通りだが、特に地殻そのものがほとんど石灰岩からなる（アルプスの一部を除く）ヨーロッパでは花崗岩系のクラックなどハナから求めようがなく、そうなるといきおい、ルートはフェース、プロテクションはボルト、内容はスポーツ的、ということにならざるを得ない。で、もともと勝った負けたの競争意識が強いこの地ではレベルも飛躍的にアップし、やがてはアメリカを追い抜いて世界の主流になっていった、というわけなのである。

「ええ～?·せっかくヨセミテに慣れたと思ったら、もう?·」と、思わず声を上げたくなるが、そこはそれ、我々日本人はなんと時代に敏感というか、変わり身が早いというか……。

しかしまあ、それまでのフリークライミングが、いくらアメリカ仕立てといっても恐ろしいやらしんどいやらのクラックばかりで、わからないジャミングばかりやらされ、ちっともグレードが伸びない、ということになれば、それも無理もない。その点ヨーロッパのこうしたクライミングは、まず取り組みやすく、力さえ鍛えれば誰でもなんとかねじ伏せることができる。おまけにハングドッグも公然と許され、堅苦しいモラルに締め付けられることもない。

などと、なにやら嫌味たらしいことばかり述べ立てているようだが、それはそうだろう。かつてあれだけクラック、クラックと大騒ぎして煽られ、ようやくそれがなんとかものになるか、という時期になったら誰ももう見向きもしないというのであれば、恨み言の一つも言いたくなるものだ。それに、せっかく揃えたフレンズを、いったいどうしてくれる？

というわけで、この頃、既に筆者のような古い（っつっても、ほんの数年の違いだよ）世代のクライマーはそこそこの疎外感を抱くハメになっていたのだが、かつてのこうした旧世代、つまりヨセミテ系のクライミングが廃れるのは、もはや時間の問題ではあった。

そして実際、次の時代は突然やってきた。

とはいささか大袈裟かもしれないが、それでもこの頃、「あれ？いつの間に？」という感じで誰も彼もがユーロスタイルになびきつつあったのには、まったく驚くばかりであった。例えばある時、出発前のザックの整理をしていると、誰もが「え？フレンズなんか持つの？」という顔をする。それは、学生時代、今まで毎日喫茶店などにたむろっては馬鹿話をしていた友人が、急に受験勉強があるからと帰ってしまうような、そんな違和感を覚えるものだった、と言ったらいいだろうか。かつて筆者はそういう奴らに「おまえといると大学落ちる」とまで言われたことがあって、それも含め、こうしたことにどこかトラウマを感じずにはいられないのかもしれない。

さて、そうした時代の流れを示すものといえば、それはここでも小川山だろう。ここはクラックの岩場であると同時にスラブの岩場でもあり、昔からボルトプロテクションのルートはそれなりに多く拓かれてはきた。が、85～86年にかけてその様相は一変した。それまでの**ヨセミテ系のスラブ**とは明らかに違った急峻なフェースにラインが求められ、高難度ルートが量産され始めたのである。

その中心となったのはもちろん大岩純一氏。前にも紹介した通り氏のそういう時の仕事のスピードとエネルギーというのはそれはまったくすさまじく、極めつきは国内初の5・13、エクセレントパワーで頂点に達する。これは氏自身がマラ岩正面の垂壁に細かいホールドを辿って拓いた新ルート、シルクロード（5・12ｃ）とロッキーロード（5・12ａ）をつなげたもので、全長50ｍ、小川山のみならず日本最高のフェースルートの一つとして今もって名を轟かせている。

ヨセミテの衝撃によって幕を開けた日本のフリークライミングも、こうしてヨーロッパの風に後押しされて、ついに5・13というレベルにまで達したのである。

ちなみにこのようなボルトプロテクション系の高難度フリークライミングを、のちに「**スポーツクライミング**」と呼ぶようになるが、この頃はまだこうした言葉はないし、内容もまだまだクラックに頼る部分があったりと、完全に今の様相というわけではない。ち

ヨセミテ系のスラブ　ヨセミテはクラック以外にもスラブルートも数多い。特にグレイシャーポイントエプロンと呼ばれるエリアにはマニアックなものが揃い、妙な雰囲気を醸し出している。

スポーツクライミング　もともとこの言葉が最初に発せられたアメリカでは、ラッペルボルトによるルートをそう呼んだ。が、後にはボルトルート全般を、さらに近年は主にコンペティションを指して使われるようになっている。

トラディショナル・フリークライミング　従来の、極力ボルトを排してクラックなどをつなげて登ってゆくフリークライミングスタイル。

タイツ

シャワンガンクス　ニューヨーク郊外にある有名な岩場。ハングが多いことで有名だが、トラディショナル系のモラルが厳しいことでも知られる。

なみに純然たるクラックの方はのち「**トラディショナル・フリークライミング**」と呼ばれ、いささか変わり者の代名詞にもなってゆくのだが、それについてはここではあまり深く触れない。

いずれにせよ、この頃からフリークライミングはよりスポーツ的になり、ますますその規模を拡大していくことになる。

そしてそれがさらに顕著になったのが、その冬の城ヶ崎、シーサイドエリアの一大リニューアルだろう。もとから城ヶ崎最大のクラックエリアだったここは、この頃からさらに特徴的な巨大ハング帯にクライマーたちの目が向かい、やはり大岩氏らを中心に攻撃的なボルトルートが拓かれて、国内最大のスポーツクライミングエリアへと発展していったのである。

そういえば**タイツ**が流行りだしたのもこの頃だ。これはまたもや大岩氏がニューヨークの**シャワンガンクス**という岩場に行った時に現地の連中がはいているのを見て取り入れたものだが、最初見た時ははっきり言って驚いてしまった。

なにせ下半身のラインをモロに浮かび上がらせたタイトカッティングに色もピンクとか紫とか、どっかおかしいんじゃないかとしか言いようがないものばかりで、それをこともあろうに日本人が履くと、見事にもっこりむっちり。いやあ、これは誰も見向きもしないだろうと思っていたら、これも、ヨーロピアン・クライミング同様、ある朝起きたらみんなはいていた、というふうに広まりだし、当時城ヶ崎ではかない者はいないというくらいにまで広まってしまった。

まあ、一時の流行とはいえ、ちょっとなあ……。なんかコッパズカシイ80年代が、いよいよ本領を発揮してきたのである。

▼資料

86年の小川山、「エクセレントパワー」の初登で頂点に達した高難度フェースクライミングがさらに一般に浸透する最大のきっかけとなったのが、同年冬から翌春にかけての城ヶ崎シーサイドロックの新ルート開拓だろう。

この城ヶ崎最大の岩場は、82年、初期の開拓期の最後の大物として既に主立ったクラッククラインがすべて登られていた。そこにフェースルート開拓の先鞭をつけたのが85年、大岩純一の「ドラゴンフライ」(5・11c)であることは前にも触れた。そしてさらにこのシーズンは、杉野保、保科雅則、平山裕示らを交え、サーカス、アイロンヘッド、パンピングアイアンⅡ、同Ⅰ、キャデラック・ランチ、ダイナマイトボンボン、ダダ、サンダーロード、コロッサス、などエキサイティングなフェースルートが量産され、国内最大のスポーツエリアへと発展した。いずれも5・12~13クラスのものばかりで、しかも1ヶ所にまとまっていることもあって、この後延々、冬場のクライマーの代表エリアとなるのである。

なお、このシーズンの最後は大岩夫婦主催の「シーサイドカップ」とシュテファン・グロヴァッツ、マルク・ル・メネストレルらの来日で幕を閉じることになったのは後述する通り。

平山裕示登場

「フリークライミング」が、「スポーツクライミング」に変貌を遂げようとするこの頃はまた、実に世代交代が目に付いた時期でもあった。

いや、単純に「世代交代」という言い方をするのは正しくないかもしれない。さっさと交代すべき連中は相変わらず頑固に岩場に居続けていたし、逆に新世代とされる側にも彼らをはるかに凌駕するほどの真のオヤジが新たに登場したりしていたからだ。

が、それでもこの頃、確かに新しい世代のクライマーたちが続々と登場していたことも事実だろう。その多くはハタチそこそこ、もしくは10代、あるいはまだ高校生などといった本当の若造、いや若者たちで、それだけでもフリークライミングが「登山」から完全に分離し、スポーツとして独自に発展してきたことをうかがわせるに充分なものがある。

そうした若手クライマーの代表といえば、もちろん平山裕示氏だ（ユージという表記は氏がプロになってからするようになったもので、本名は裕示）。

氏については、まさかこの本を読んでいて知らない人はいないと思うが、10代から日本のトップに踊り出て、その後ヨーロッパでの活躍、ワールドカップでの度重なる優勝、近年はヨセミテ、エル・キャピタンへのフリーでの挑戦など、長年にわたって世界の頂点に君臨してきたフリークライミング界のスーパースターである。

しかし、ここで念のため注釈を入れておくと、実はこの平山裕示というクライマーは、必ずしもこの時代の「新世代」に属する人間というわけではない。最初にクライミングを教わったのが檜谷清氏からというだけあって、かなり古典的な世代に属する、しかしその最後のクライマーといえるかもしれない。だからこそ、いまだにクラックなどを登ってアメリカ人が呆れるような成果をあげているわけだが、これを、いまどきのスポーツクライマーがやろうとしても(しないか?)あまりの泥臭さに唖然とするのがオチだろう。つまり、いくら氏がピアスやらストリートファッションやらで決めたところで、本人が思っているほど実は若くないというわけなのである。

と、まあこれ以上氏の悪口、ではない、論評をするのはやめておこう。なんといっても日本、のみならず世界のフリークライミング界で彼の人気はものすごく、下手なことを言おうものならさっそくあちこちからブーイングが起こるに決まっているからだ。

それにしても、平山裕示というのは、昔から人気のあるクライマーだった。それはほとんど登場した瞬間から、と言ってもいいほどなのだが、今から思えばそれがいったいなぜなのか、ちょっとわからない。

檜谷さんの秘蔵っ子というお墨付きでデビューしたからかもしれないし、その真面目さが好感を持たせたからかもしれない。まあ、いくら真面目とはいっても所詮はクライマーだからそれもタカがしれているのだが、それでもそれまで若い才能といえば堀地、寺島みたいなのしかいなかったことを思えば、かなりにポイントは高かったのかもしれない。

さてそのような、その後スーパースターになる要素を秘めた「けっこう上手い子」に、筆者は鷹取山で初めて会った。確か84年の春、やはり檜谷さんに連れられて来ており、その時はどうせ檜谷さんがまた例の調子でおだててんだろう、くらいにしか思わなかったが、その後すぐの時期からその名前を何度も耳にするようになり、徐々にクライマーたちの間で本格的な噂になっていったことは覚えている。

ちなみにこういう時に重要な役割を果たしたのが神田にあった「**アトム**」という喫茶店で、ここは昔から窓拭き連中や常盤橋帰りのクライマーのたまり場となっており、その中でこの若いクライマーの名がちょくちょく出、話題になっていた。のが先か、直接本人が訪れていつの間にか常連のような顔で居座っていたのが先かは覚えていない。が、なにしろそのようにいつの間にか話の中にいるクライマーだったことは間違いないように思う。

そして、そういう裕示氏の名が日本のクライミング界に決定付けられることになったのが、言うまでもなく86年のアメリカツアーである。

時の若手代表、**山野井泰史**と組んで半年がかりでヨセミテやコロラドを回り、その中でヨセミテの最難クラック、コズミック・デブリとフェニックス（ともに5・13a）、それにジョシュアツリーにあるジョン・バーカーの課題、アシッド・クラック（5・13a）を登ったというのである。

これらはグレードこそ今では珍しくない5・13だが、なにしろ「クラック」だし、時代的にもようやく前年、鈴木英貴氏が何年もの滞在期間を経て日本人として初めて登ったというもの。それを訪米1回目の、それも17の小僧が軒並み片付けたというのだから大騒ぎであった。

アトム　神田駅至近の喫茶店で、そこの大島彰・三枝夫婦がかつて広瀬憲文氏のガイドの顧客だったことからクライマーが集まるようになった。三枝氏は一時『岩と雪』に素晴らしい連載を持っていて、みんな目を丸くして見ていた。

山野井泰史　言わずと知れた日本アルパインクライミング界の星。この頃まだ氏はフリークライマーで、このツアーの後、アメリカに働きながら滞在し、おかしくなった。詳しくは丸山直樹著『ソロ』（山と溪谷社刊）を。

そしてその大騒ぎは、その年（86年）の冬、城ヶ崎に雪崩れ込むことになる。

巨大なハングに囲まれたシーサイドロックに、大岩、杉野、その他が入り乱れてルートを引きまくり、スポーツクライミング新時代を爆発させた、というのは前章にも書いたが、そこに「フェニックスとデブリを登った」例の若造が、わけのわからない同年代の連中を伴って押し寄せてきたのである。

それはまさに戦いと言ってよく、それまでおとなしく秩序が保たれていた（？）大岩ハウスは寝るスペースと食い物の奪い合いでごったがえした。さらにそうした騒ぎは岩場にも持ち込まれ、シーサイドは、ルートを完成させようと焦る者、そうしてできたルートを傍から攻め始める者、スキあらば初登すらいただこうと画策する者など入り乱れての大騒ぎになった。

そうした中、パンピングアイアンII、キャデラック・ランチ、サンダーロードなど5・12クラスのルートが量産されていたのだが、そのあまりのめまぐるしさ、混迷ぶりは、当時最難のコロッサス（5・13a～b）が、初登者杉野保によって5・12cなどとグレーディングされていることを見てもよくわかる。

そして件の平山裕示はここで次から次へとできたばかりのルートを手中にしてその圧倒的な実力を示していたのだが、むしろすごかったのは上手さよりもなによりも、その疲れを知らないエネルギーだ。なにしろ例のスーパールート、コロッサスを、初登された直後に取り付き、一日中かけて4回のロワーダウンで登るという、呆れるような頑張りを披露していたのである。

しかしそんなのはまだいい方で――というのは、例の86年、裕示氏と山野井泰史を連れ

佐藤和義　たびたび冬眠することで有名だったが、ついに永眠したかつての5・13クライマー。永眠後はテニスに凝っているというが、どうせ力でねじ伏せているに決まっている。

てアメリカを回ったという不運なクライマー、**佐藤和義**氏にあれこれ聞かされたのだが――コロラドのシンチクラック（5・12b）など、実に一日に8ロワーダウンだという。

というように、なにしろこの頃の裕示氏はエネルギッシュというか、しつこかった。ちょうどこの頃はまた自宅に懸垂ボードやトレーニングウォールを作ることが流行った時期で、城ヶ崎の大岩ハウスにもその走りとされる8畳の部屋1面すべてを使った壁が作られていたのだが、裕示氏がそのトラバース課題をやりだすと、そのしつこさはもう尋常ではなかった。普通なら1往復もすれば充分なところを、時に10往復とかして、まわりにいる我々をウンザリさせた。筆者もそこに一度居合わせたことがあるが、氏は他のクライマーが帰った後、一人で「やった！10周」とか「う〜、ヤバイ！」とか大騒ぎしながら続けていて、ハタで見ていてこの子は実は暗い少年時代を送ったんじゃないかとさえ思ったことを覚えている。

しかし、本人は、そうしたことをものともしない性格であったようだ。

おまけに氏は目上の者に対する不敬の念も相当なもので、『岩と雪』に載っていた鈴木英貴氏のアストロマンの記事を指して「誰このオジサン？」と言い、横にいた者が驚いて説明すると「ふーん、でも5・11じゃん」と片付けたという。

またアメリカでの例のたまげるような成果についても『岩と雪』のインタビューの中で「アメリカでの成果はたいしたことない。今はヨーロッパに最先端があるので、そちらに行きたい」という旨の発言をしている。

まあ、このような天真爛漫さというか、壁を作らない性格が、平山裕示をしてあのように世界のトップに成らしめた最大の要因なのかもしれない。が、これでたいしたことなかったら、きっとロワーダウン中に手を離されていたことだろう。

おっと、またまた氏の悪口になってしまった。これ以上続けるとますます余計なことを言いそうなので、詳しくは羽根田治著『ユージ・ザ・クライマー』(山と溪谷社)をぜひ買って読んでいただきたい。

▼資料

この頃、クライミング界に現れだした若い才能として、平山と最初のアメリカ行を共にした山野井泰史の名も忘れられない。氏はその後アルパインクライミングの分野であまりにも知れ渡ってしまったため過去の評価が曇りがちだが、高校生で既に5・11を登るその実力は早くから注目されていた。後年、杉野保が「10代の頃は彼を意識していた」と語るくらい、同世代の人間に与える影響は強かったのである(その杉野を今度は若き平山が意識していたという)。

山野井はのち、城ヶ崎でのスコーピオンやマリオネットなどの5・12クラックの開拓を経てアメリカに渡り、コズミック・デブリ、スフィンクスクラックという大物を手中にする。これは今なお、相当のフリークライマーでもおいそれとは登れない代物である。

もちろんこの後、フリークライミングのよりいっそうのスポーツ化でこうしたいわゆる若い才能は多く出たが、結局そうした彼らが後でものをいうのは、一時的な才能より長く続ける情熱であることには変わらない。そしてそれを裏付けているのも、また彼らなのである。

再びアメリカへ

ここで再び個人的な話に戻ると、87年、筆者は『クライミング・ジャーナル』を一時退社し、2度目の、そして久々のアメリカに赴くことになった。期間は半年か、長ければ1年、目的はもちろんヨセミテである。

時は既にフェースを中心としたヨーロピアン・クライミングの時代。そんな時候になぜ?と、思うかもしれないが、この頃、まだまだアメリカの人気は高く、外国にクライミングに行く、といえばまずアメリカ、と、相場が決まっていた。そしてこの時のツアーも、途中の合流帰国などを合わせると、なんだかんだのべ10人近くが向こうで入り乱れる大所帯になってしまった。

まあ、筆者の場合はいろいろな事情でヨセミテに特別の思い入れがあったから時代がどうあれアメリカに行きたかったのだが、その他の連中にとっても依然、この国がフリークライミングのルーツであることに変わりはなかったのだろう。実際、いかにフェースの時代などと言っても小川山、城ヶ崎などではまだまだクラック系のクラシックルートがこのスポーツの登竜門とされていたし、この頃のクロニクルも意外とまだまだクラックの記録で占められている。

スミスロック　アメリカ・オレゴン州中部にある凝灰岩（?）の岩場。ポケットの多い垂壁〜前傾壁が主体で、件の「To Bolt〜」は50m目いっぱいのド垂壁。

それらを思えば、雑誌が、やれヨーロッパだ何だと騒いでいたのと、現場のクライマーたちの意識とは、どこかずれていた気がする。

などと実際に雑誌の側にいた人間がこんなこと言うのもなんだが、そもそも日本ではヨーロピアン・スタイルもクソも、ハナから何でもありが普通だったし、今さらここでスポーツだトラディショナルだと言われても、その違いなどさっぱりわからない。なにせ我々は、かつて「神仏習合」などという、ハタから見ればとんでもない大反則を平然とやってのけた民族である。これは決して自らを非難しているわけではなく、だからこそ、あのように10年遅れたと言われた（実際はもっとだったと思うが）フリークライミングのレベルを、あっという間に世界に引き上げてこられたのだろう。

さて、話が逸れたが、逆にそのような外部のものを取り入れる取り入れないで大いに揉めたのが、かつて世界のフリー先進国、アメリカだ。

昔からヨセミテではやれ誰それがハングドッグしただなんだと矢面に立たされ、厳しいモラルが貫かれてきたのだが、それらをまったく無視してそのさらに高みに立ったユーロパワーを見せつけられたここにきてそれが崩れ、侃侃諤諤の議論があちこちで巻き上がっていた（らしい）。

揚げ句、ラッペルボルト（登山の原則である下から登りながら、というスタイルではなく、上からの懸垂下降によってあらかじめ岩にボルトを設置し、ルートとすること）を許す許さないでヨセミテのローカルたちが殴り合いの喧嘩をしたとか、フランス人が**スミスロック**にアメリカ初の5・14を拓いたとか、またそのルート名が「To Bolt or Not To Be」とかいう、これ見よがしの嫌味たらしい名前だとか、まるでワイドショーのように我が国にもいろいろ伝わってきては我々を楽しませてくれていた。

などという言い方をすると不遜かもしれないが、実際、日本の反応なんてそんなものだったろう。フリークライミングが進歩と伝統の狭間で揺れに揺れている時、我々はまったく対岸の火事の面持ちでこれらを眺め、さて自分は今年どこの有名ルートを登ろうか、などと誰も彼ものんびり構えていたのである。

そういう意味でアメリカというところは、まだまだ我々にとって魅力的な所だった。

というわけで、87年春だったか初夏だったか、筆者は5年ぶりでロスアンジェルス空港に降り立ち、例によって破格の中古車を入手してヨセミテへと向かった。筆者にとっては先にも触れたように怪我からの復帰後初めてのヨセミテということで充分感慨深かったのだが、この時買った中古車の値段が1500ドルという、前来た時の3倍というのも実に感慨深かった。おまけに前は訪米日本人組の中で最年少だったのが、今回はたった5年で最年長に変わっていた、というのも、もう例えようもなく感慨深かった。月日というものは、かくも残酷に世を変えていくものなのである。

で、筆者はこの春のシーズン、前にいたく苦労したバターボールや、新たに**セパレット・リアリティ**、アストロマンなどを登ってそこそこ満ち足りた気持ちになっていたのだが、もちろんこれは筆者一人が進歩したわけではなく、日本人全体がそういうレベルに上がっていたということでもある。実際、この頃の日本人というのはクラックがやたら上手く、昔は口にするだけでもおこがましかったこれらのルートも、特に珍しいものではなく

セパレット・リアリティ　ヨセミテの有名な水平ルーフクラック。ルーフの長さは6〜7mと長く、最後にテクニカルな核心が待っている。ルーフ自体の岩の厚みがないため、すぐ上からクラック越しにクライマーのあがきが覗ける。

吉田和正　元祖日本のフルタイムクライマー。クラック全盛時代以後は北海道での開拓に精魂を注ぎ、5・13+、5・14というルートを多数初登。一時「ビレイヤー募集」の記事を雑誌に載せていたこともあり、唯我独尊もここまでいくとアッパレ。

なっていたのである。

ちなみに、そうした中でも一頭地を抜いていたのは**吉田和正**だろう。氏は我々にちょっと遅れて合流した後、いきなりセパレット・リアリティをフラッシュしたり、5・12クラスの難ルートを軒並み登って実力を発揮していた。

もともと彼は国内でも城ヶ崎なら城ヶ崎、小川山なら小川山のそばに住み込んでそこのルートを徹底的に登る、ということをしていた変わり種で、特にクラックの上手さでは右に出るものがいないほどだったのだが、同時に高グレードを陥すことにかけたらその執念はものすごく、そのラディカルなハングドッグはその後熱烈な信奉者まで生み出したほど世に鳴り響いていた。

もっとも個人的なことを申せば筆者はそういう氏のスタイルが気に食わず、性格も不一致で、結局その後喧嘩別れなどしたからあまり誉めたくはないのだけれど、それでも氏の飽くなきエネルギーと実績は、もっと評価されてよいようには思う。ただ、それが好きか嫌いかというのはこれは個人の問題ではあるかもしれないが……。

しかしこのような問題に関しては、実はアメリカではそうとう揺れていたようだ。もともと他人への批判と自己主張の激しさでは人後に落ちぬ国である。その中でもヨセミテはいうまでもなくトラディショナル派の牙城だったが、この後に行ったコロラドでは様相が違った。

かつてヨセミテ、ニューヨークのシャワンガンクスと並んでアメリカでも特にモラルにうるさいとされたここにも、もちろんヨーロッパの波は押し寄せており、それまでのクラ

ナチュラルプロテクション　ボルト、ハーケン以外のもの、つまりクラックなどに使うナッツ、フレンズ類などのこと。中には1㎜ほどの大きさの極小ナッツなど、マニアックなものも多い。

ヘンリー・バーバー　若い頃は〝ホット・ヘンリー〟と呼ばれ、大胆なスタイルでアメリカの水準を大きく推し進めたクライマーだった。筆者がコロラドで見た時は本文中にもある通りだったが、後年、日本にも来てクレイジージャムをへキセントリックだけで登ったという。

シックルートの空白部にラッペルボルトが打たれ、5・13bとかcとかといった高難度ルートが出現していたのである。しかもそうしたルートの多くは「パリス・ガール」とか「セ・ラ・ヴィ」とか、これまたわざとらしい名前で、お互い、やる気まんまんなことをうかがわせていた。

そういう一方で、ここには悪名高きXグレード、Rグレードというものもあり、これまたトラディショナル派の強硬な〝やる気〟を見せつけている。これは、**ナチュラルプロテクション**のみで登られるルートの中でも特にそれらのセッティング状況が悪く、落ちたら怪我をしたり(R)死ぬ(X)というようなものに対して付けられている(ちなみにこのX、Rというのは、映画の成人指定から来ているらしい。コドモには無理、というわけだ)。

話には聞いていたこうしたクライミングを、筆者は一度だけ、目の当たりにしたことがある。ある日あるクラックに登ったり下りたりのトライを繰り返していると、下からハラボテのオヤジが若手を従えて現れ、隣のボルトも何もないフェースを猛烈なランナウトで登りだしてしまったのである。ええ?と思ってトポを見ると5・9Rと書かれている。ありゃ〜、やばいところに居合わせちゃったな、と思っていると、一緒にいた小林茂氏が、あれは**ヘンリー・バーバー**だという。ヘンリー・バーバーといえば70年代、ヨセミテのバターボールやフィッシュクラックを初登した伝説のクライマーである。

まさか、などと話しているうちに結局オヤジはそのルートを無事登りきり、ほっとするのもつかの間、下りてくるのを見計らって名前を聞くと、そうだという。おお、と感動しつつ「お、お会いできて光栄です」などとしどろもどろに言ってその時は終わりになったのだが、氏は実はトラッド派の教祖ともいえる人物で、のち、こうしたナチュラルプロテクション・ルートについて、そのセッティング状況の良し悪しでも違った尺度のグレードをつけようという運動を推進し、再び話題の人になった。ちなみにそのグレードをHグレードというのだが、もちろんこれはヘンリーの頭文字から採っている。

しかしまあ、こうしたことはまず稀で、多くのクライマーは普通のルートでごく常識的なトライを重ね、それぞれに納得しながらルートを登っていたように思う。歴史を残しつつ、新しいものが混在している、というのが、当時の（おそらく今もだろうが）コロラドだったのかもしれない。

そうした中、我々もそれぞれ、そこそこのルートを登っては小さな満足に浸っていたのだが、ある日、スーパーマーケットに買い出しに行った仲間が、驚くべき情報をもたらした。「野球部」が、「ジェネシス」を登ったというのである。

「野球部」というのは、我々と前後してここの岩場に現れていた10代そこそこの日本人で、坊主頭に黒縁メガネ、いかにも昨日田舎から出てきてフリークライミングなるものを始めましたという感じがありありの垢抜けない若手クライマーのことである。

一方「ジェネシス」というのは70年代、5・12＋という当時世界最高レベルのグレードでコロラドの力を全米に響かせた名ルートで、要するにこの二つは我々の頭の中ではどうしても結びつかなかったのだ。

「なんか勘違いしてんじゃねえの?」「出だしの11aだけ登ってその気になってんだろ」などと最初はまるっきり相手にしていなかったのだが、徐々にわかってきたことでは、どうも間違いないという。

草野俊達　奥多摩「低脂肪」や「踊る蒟蒻」「蟹」などの初登で知られるいかにもアスリート系のクライマー。Tウォールの人気スタッフだったが、最近辞めてしまった。

「え〜！本当!?」と皆、唖然としてしまったのだが、これが後年、ジムナスティックなスポーツクライミングの、そしてさらにボルダリングのカリスマとなる**草野俊達**氏の衝撃的デビューだったのである。

それにしても我々がこうした5・11、5・12という数字にどれだけ多くの下積みを費やしてきたかを考えればまったく驚くほかないできごとだったが、クライミングがここまでスポーツ化した今、若い才能にとってはこうした数字はもはや特別のものではない。そういう時代が来ていたのかもしれない。もっとも考えてみれば前年、平山裕示は17歳にしてあれだけの成果を上げてもいたのだからそれも不思議ではないかもしれないが……。

さて一方、「若い才能」というカテゴリーから大きく外れてしまった我々は、夏が終わるとコロラドを離れ、再び西へと向かった。

目的地はもちろんヨセミテだが、その途中にあるスミスロックという所も、今回のツアーの一つの目玉である。というのも、このオレゴンの片田舎にある岩峰は、先にも述べたようにアメリカで初の5・14ができるなど、まさに現在進行形のスポーツクライミングの一つの象徴ともなっていたからだ。

だが、いざ行ってみると、確かに5・12クラスのフェースルートはたくさんあるものの、それから想像するような高レベルのクライマーたちはほとんどいない。それどころか、いかにもそれ系のアメリカ映画にあるようなガンコ親爺と世間の狭い若造という感じの親子が出てきて、「オレたちはハングドッグはしないんだ」などと言う。

おいおい、ここはスミスロックじゃなかったのかよ、と、筆者などは思ってしまったが、

ホセ　後年サラテのスピード記録やセンチネルロック・アンサータンリープリンシパル初登などの記録を打ち立てたホセ・ペレイラのこと。昨年メキシコで落石のため亡くなったという。

まあ、考えてみれば広大なアメリカのこと、いかにスミスといえども所詮はローカルな一岩場にすぎなかったのかもしれない。そして実際、そうした連中がやっているのは、せいぜい5・10クラスのクラシックルートを登る程度で、いかにも覇気がない。唯一まともに登っているのは、やはりコロラドから回ってきたというドイツ人で、こちらはラディカルな（というより、今にすればごく普通の）ハングドッグスタイルで5・12ルートをバリバリ登る。まあ、世の中いろいろな幸せがあるわけだし、これはこれでいいか、とは思ったが、それでもこうしたことを見れば、いずれクライミングがどう変わっていくかは、まあ歴然ではあっただろう。

しかし、そうした思いも、ヨセミテに戻ると再び覆されることになる。

というのも、この頃から筆者はようやく5・12などというグレードに手を伸ばし始めていたのだが、昔トラディショナルなスタイルで登られていたはずのこれらのルートが、なんとしても思うように登れない。まあ、そうは言ってもものがクラックだから、とは思うのだが、それでもここの連中が依然、昔ながらのスタイルでこうしたルートを普通に登っているところを目の当たりにすると、改めてビックリ、ガッカリせざるを得ない。

ちょうどその頃、キャンプ4にベネズエラ（！）から**ホセ**という、古きよきアメリカとラテンを掛け合わせたようなクライマーが来ていて、そこそこ上手く、一緒に登ったり飲んだりしたのだが、この彼が、いまだにハングドッグをしないどころか、12、13のルートでさえ、3～4回も落ちると、「自分にはまだ早い」とかなんとか言って、やめてしまう。しかも、それで筆者がまったく手も足も出なかったルート、例えば「テイルズ・オブ・パワー」や「コズミック・デブリ」を平気に登る。
しかしそのような驚きは一人ホセだけでなく、**ピーター・クロフト**のアストロマンの**フリーソロ**、**ナビスコウォール**のフリーソロなどでも聞こえてきていたし、岩場に行けば無名のクライマーが普通にエル・キャピタンを**ワンデイアッセント**したりしている。
というように、ヨセミテという所はまわりから完全に隔離されてしまっているのではないかと思うほど、トラディショナル派のパフォーマンスが急進派を凌ぐほどにエキサイトしていたことも事実だった。
スタイルを守るという意味では、確かにハングドッグしない、というだけならある意味やさしい。しかし、ここの連中はそれを5・12、5・13というルートやエル・キャピタンをはじめとする数百メートルクラスの岩壁でやり、しかもそのレベルをいまだに押し上げているのだからすさまじい。そういうわけで、こちらとしては5年前に感じた劣等感を、再び改めて、そしてそれ以上のギャップで思い知らされることになったのである。

そしてそんなシーズンもいよいよ終わり、秋、寒くなったヨセミテを離れ、南カリフォルニアのジョシュアツリーに移動することになった。この時筆者は関西から来た人たちに拾われ、一緒に連れていってもらうことになったのだが、いざ向こうに着くと待ち合わせたホセがなかなか来ない。心配していたところ、数日遅れで現れ、話によると途中の町で万引きしたのが見つかり、しばらく拘束されていたのだという。
う〜む、確かに古き良きアメリカは生きている、などといったらこの国に失礼かもしれないが、ああいう連中は今ごろどうしているんだろう？ホセは相変わらずキャンプ4でテ

ピーター・クロフト　アメリカを代表するトラディショナル・フリークライマー。ビッグウォールのスピードアッセントや、フェニックス、コズミック・デブリなど5・13クラックのオンサイトなどでも知られる。見るとビックリするような体型（つまりデブ）。

フリーソロ　ロープもつけずに行なうフリークライミングのこと。落ちたらもちろん死ぬが、このセルフコントロールの微妙さが、また一つの魅力としてアメリカでは意外と行なう者が多い。

ナビスコウォール　ヨセミテ・クッキークリフの、ウェバリーウェハー（5・11a）、バターボール（5・11c）、バターフィンガー（5・11a）をつなげたルート名。どれも非常に露出度が高く、ヨセミテの真骨頂と評価される。70年代、J・バーカーによる初めてのフリーソロは世界中に衝撃をもって伝えられた。

ワンデイアッセント　通常なら4〜5日かかるノーズ、サラテなどのビッグルートを1日で駆け登ること。75年、J・ブリッドウェル、J・ロング、B・ウェストベイがノーズで初めてこれを達成（15時間）した時、「キング・オブ・スポーツ」と称えられた。

ントを回りながらタコスを頬張ったり飲み歩いたりしているだろうか？スミスの親子は新しい連中を横目で見ながら仲良くやっているだろうか？

▼資料

アメリカでのスタイルの論議は、各地各様、草の根レベルで相次いだが、その総括は86年12月、アメリカン・アルパイン・クラブ年次総会における「ザ・グレード・ディベート」に見ることができる。ジョン・バーカー、ロン・コーク、ヘンリー・バーバーらの伝統派と、トッド・スキナー、アラン・ワッツ、クリスチャン・グリフィスらの急進派、それに中間派のリン・ヒルが集まって、今後のスタイル容認についての大討論会が開かれたのである。もちろんここで結果や規約がもたらされたわけではないが、おおまかに確認されたことは、＊ハングドッグは各自の勝手だが、それによって成し遂げられる高水準のクライミングも認めるべきである。＊ラッペルボルトは場所（クラックなどがない所）によっては認められるべきである。＊競技のそれとしてではないクライミングも確かに存在する。そして〝優れた経験〟という意味では、伝統的なスタイルは一つの重要な要素である。などというものであった。そしてこの時提案されたのが、本文中にもある「Hファクター」つまりナチュラルプロテクションの良し悪しでもう一つのグレード大系を作る、というものである。

しかしこの直後、伝統派のR・コークが急進派に一八〇度転向し、ヨセミテにラッペルボルトを打ったりしてかつての朋友J・バーカーと対立したり、各地でなし崩し的にラッペルボルト・スタイルが広まりだしたのは周知のところ。「フリークライミング」に対する「スポーツクライミング」という言葉が使われだしたのも、この頃である。

石灰岩壁のアスリートたち

さて、そのように我々が、あっちに行ってはビックリ、こっちに来てはガッカリ、のアメリカツアーを行なっている間、日本ではスポーツクライミングがいよいよ形勢を固めつつあった。

ここで個人的な体験を離れ再び歴史的記述に戻れば、その変化はまず、87年4月から5月にかけての2組のユーロパワーの上陸から始まった。

来日したのは、最初に西ドイツのシュテファン・グロヴァッツ、続いてフランスから**マルク・ル・メネストレル**、**デビッド・シャンブル**の一行である。

外国のスタークライマーの来日は84年のモファットら（おっと、エドランジェもだ！）以来のことだったが、彼らがほんの数年前に示してくれたオーソドックスなすごさとはまた違った実力と登り方を、この新手のクライマーたちは日本人に見せつけてくれたようだ。

それは、いうまでもなく「レッドポイント」。つまり、事前のトライは許容するが、最終的には一度、必ずノーフォールでそのルートを登って、初めて「フリーで完登した」ことになる、というものである。これは日本でもかつて「マスタースタイル」の名で呼ばれたものとほぼ同じだが、なにしろ大きく違うのは、そのための下準備はハングドッグ、ト

マルク・ル・メネストレル　17歳でレーブ・ド・パピヨン（8a）を初登し、スポーツクライミングの第一線に躍り出たフランスのスタークライマー。兄のアントワーヌはラ・ローズ・エ・ル・バンピールを初登したクライマーで、この兄弟の父親も49歳で8aを登るという記録を打ち立てている。

デビッド・シャンブル　やはりマルクと同年代、フランスのコンペなどで活躍したクライマー。日本に来る前はさほど有名ではなかったが、こういう実力の者がたくさんいるということで逆にヨーロッパの層の厚さを感じさせた。

ップロープ、人工登攀を含め、なんでもありという開き直り加減で、そのラディカルさがとりもなおさず世界の現在形ともなっている。

もっとも、その形だけを見ればまさに今我々が普通にやっているスポーツクライミングそのもので、何も改めて主張するまでもない。しかし、それでも当時まだまだこの考え方は新しく、彼らのインタビューなどを見ても、この「レッドポイント」について、ずいぶんとしつこく触れているのがやたら興味深い。

その理由は、これまで何度も述べてきたように、それまでのフリークライミングが、そうしたあまりにも人工的ともとれる**ワーキング**（アメリカではこれを「ユーロドッグ」などとも呼んでいたらしい）を否定する変わりにロワーダウンというスタイルを許してきたからで、それが完璧さという意味で彼らにとっては不充分であったのだろう。実際、登る側にしても、ヨーロッパなどに（そして今の日本に）あるようなボルトプロテクションのフェースでこの部分を抜きにしてしまうと、確かに「フリーで完登した」という気はしない。だからこそ、こうした「レッドポイント」スタイルはその後の世界のフリークライミングのスタンダードとなっていくのだが、この頃はまだそれが誰しもに理解されていたわけではなかった、というわけなのだ。

そして結果的に彼らはこの時の来日によって、日本に「レッドポイント」というスタイルを定着させるいわば伝道師ともなったわけだが、それでも彼らが自らの実力をまず証明したのは、もちろん既成ルートの**オンサイト**、またはそれに次ぐスタイルでのクライミングであった。その中でも特にグロヴァッツは、スーパー・イムジン、エクセレントパワーともにオンサイトを果たし、さすが**バルド**優勝者の実力を見せつけた。

ワーキング　レッドポイントに向かってさまざまなトライを行なうこと。ムーブの解決、タクティクスなど、効率良くこれを行なうためにはさまざまなコツがある。

オンサイト　事前のトライなしで初見で一撃すること。かつてフラッシュと呼ばれていたが、こちらは事前に人の登りを見たりしても良いのに比べ、オンサイトはそれもダメとされる。

バルド　イタリアのバルドネキア。ここで85年、世界初のスポーツクライミングコンペが開かれ、グロヴァッツが優勝した。

日原　奥多摩にある石灰岩の岩場。御前岩と白妙フェースの2ヶ所に分かれ、それぞれ当時のスポーツクライミングの中心的存在だったが、前者はその後、使用禁止になった。

しかし、やはりなんといっても彼らの最大の成果は、同氏によるニンジャ（5・14a、小川山）と、マルクによるパチンコゲーム（5・13d、**日原**）の初登だろう。それまでの日本のレベルを大きく超越したこの難ルートを、彼らはまさに世界の現在型である例のワーキングスタイルでバタバタと片付け、日本への最高の置き土産にしたのである。

この2つのルートはともに日本フリークライミング史に残る大事件だったが、特に日原のそれは、ちょうどその岩場自体がその年のトレンドとして注目されていただけに話題はいっそう大きかった。
という日原とは、この正月あたりから開拓され始めた奥多摩の石灰岩壁のことである。石灰岩壁というと今なら誰もが「おっ！」と思うだろうが、当時日本人にとってこの岩というのは実はあまり馴染みがない。なんでも話によるとヨーロッパの岩場というのはほとんど（アルプスを除く）石灰岩で、そこではこの岩の特徴を生かした新しいタイプのジムナスティック・フリークライミングが行なわれているらしい。それがとりもなおさずユーロクライミングそのもので、だからこれからは我々もこの岩を登らなければダメだ。
などと騒がれてはいたのだが、しかしなにしろ我々日本人にはこの岩は例のエドランジェをして「腐っている」と言わしめた明星山くらいしか経験がなくて、いかにフランスだドイツだといっても、そこでのクライミングが実際どんなものなのか今ひとつピンと来ない。

ちなみにそれまでのクラック中心の岩場というのは、ヨセミテ、小川山などおしなべて花崗岩で、80年に日本にフリークライミングが入ってきた時はクライマーたちは目の色変えてこの岩を探したものなのだが、基本的にこの岩というのはツルッとしていて、クラック以外にはあまり登れる所はない。だからいきおいクライミング自体も、ぎくしゃく、じわじわ、としたもので、芋虫のように、と言ってはあんまりだが、ともかく、そのように這いつくばりぜいぜいはあはあ、汗にまみれた体を引き上げる、というのが、この手のクライミングの身上になっている（それがイイ、という人も中にはいるんですけれどもね）。

それに反して、石灰岩というのは、基本的に傾斜の強い壁に穴だの取っ手のような出っ張りだのがたくさんついていて、実に自由な、また躍動感に富んだクライミングができる。まさに体操競技に近く、スポーツクライミングと言えば何をおいてもこれ、というくらい、重要な岩質なのである。

それが東京至近の奥多摩にあるらしい。ということで浮き足立ったのが、平山裕示を筆頭とした例のこっぱずかしいタイツ軍団、いや失礼した、新しいものに敏感な若者たちである。

東京のド田舎の谷沿いにあり、それまで誰も目もくれなかったようなこの岩場は、最初のほんの1シーズンでアスリーツ・ボディやらボディマシーンやらといった〝いかにも〟な名前とともに5・12、12＋といったルートが量産されて、瞬く間に日本の岩場のスターダムへとのし上がり、その狭い谷底で、やれワンフィンガーだ**デッドポイント**だと、それはかしましいクライミングが繰り広げられることになった。

そしてそこに、ヨーロッパのスタークライマーがやってきて、8b（5・13d）などというまさにユーロパワーそのもののルートを拓いたわけだから、若手に与えた衝撃はそれはすごいものがあったことだろう。

デッドポイント　空中に飛び上がった際、その最上点で一瞬体が止まる状態のこと。これを利用してクライミングでも不安定な姿勢から次のホールドに手を伸ばすことがある。W・ギュリッヒが確立した技術。

たちまち、ボルト→ワーキング→レッドポイントというスタイルがスタンダードになり、「スポーツクライミング」は完全に形を整えたというわけなのである。

もちろんこうした動向は、その夏の小川山での新たなルート開拓ラッシュにも受け継がれる。

「じっくりジワジワ」が身上だった花崗岩に、大岩純一氏がアスレティックな「エクセレントパワー」を拓いたのは既に前年のこと。その前例を受け、この年もさまざまなフェースに花崗岩のマイナスイメージを払拭するかのような攻撃的なラインが多く引かれたが、この頃の特徴としては単に高難度というだけでなく、一般的なレベルのルートにまでこうしたスタイルが浸透したことがまず挙げられる。クライマーは、ひとたびボルトを手にするや瞬く間に未開の岩場に繰り出し、父岩、兄岩、屋根岩前衛の各スラブ群、金峰渓谷周辺、八幡沢周辺などに縦横無尽にルートを引きまくったのである。もちろんそれらは自由な想像力によって思わぬ所に新たなオリジナルルートを出現させたことも確かだが、一方、クラックの呪縛（?）から解き放たれたあまり、いささか?・?・なものもあったことは否めないだろう。

しかしまあ、なにしろこのようにして、小川山にはルートが量産され、またも日本のフリークライミングの中心地として注目を浴びることになったことは間違いない。

そしてもちろん、次に来るのは、城ヶ崎。ここでももはやワーキング&レッドポイントはごく普通のものとなり、多くのクライマーが前年拓かれたばかりでその頃は特別な世界のものだった高難度フェースルートに、果敢なトライを開始し始めたのである。

ここに筆者はアメリカから帰って合流し、本格的なスポーツクライミングの洗礼を受けたわけだが、これがやりだすとドツボにはまる。というのは、例のクラック系の恐ろしさが無いだけに取り付きやすくもあるのだが、それが逆に、登れないからといって途中でやめる理由を吹き飛ばしている。しかもそういう脇でそのルートを無遠慮にも完登する者がいたりすると、こちらもいきおいムキになる。実はこの時、筆者はまだハングドッグを受け入れられずに昔のスタイルでこれらのルートに取り組んでいたのだが、それでもなかなか登れないルートをしつこく攻めていると、自分がすっかりこの手のクライミングにのめり込んでしまっていることを自覚せずにはいられない。

しかし、こうしたエキサイティングなクライミングも、一歩引いて見ると、ちょっと恐ろしい。というのは、一回でもいいからその日一日クライミングをせず、シーサイド対岸の港の防波堤からこの有様を見てみるといい。祠でも祀ってあるかのような洞窟状の岩場の下に赤青黄色のド派手な人間がいっぱいひしめいていて、まるで新興宗教の団体のようである。まあ、こうしたクライミングの〝抜けられない〟〝麻薬的〟な性格を考えれば、それもある意味あたっているような気がするが……。

▼**資料**
日本で初めて、本格的なスポーツクライミングエリアとして石灰岩の壁が拓かれたのは、本文中にもあるように、奥多摩・日原だろう。ここは御前岩と白妙フェースの2つのエリ

アからなり、開拓は87年1月から鈴木昇巳、平山裕示らによって行なわれた。そしてM・メネストレルの「パチンコ・ゲーム」をあわせ、その年だけでも作られたルート数は5・11が12本、5・12が8本、5・13が2本。その翌シーズンには駐車場問題などから早くも御前岩は登攀禁止になってしまったが、白妙フェースの方はルートが増え続け、ここだけでも現在5・11台19本、5・12台16本、5・13台5本という高難度エリアとなっている。

それ以外の石灰岩壁開拓もやはり87年1月くらいから草の根的に進められ、まず障子岩、続いて河又、90年には神戸岩がそれぞれチーム多摩自慢により登られている。さらに現在では聖人岩、川乗、岳嶺岩、なども付け加えられ、奥多摩・奥武蔵周辺は東京近郊の一大石灰岩エリアとなっている。

もっとも、このエリアはかつてはチャート系の岩場が主流だったことも確かで、このような石灰岩ブームの前には氷川屏風岩、北川、などで5・12クラスのスポーツルートが多数生まれていたことも忘れられない。

一方、さらに巨大な石灰岩エリア、二子山も88年頃から開拓が始められるが、これは後の章に記す。

コンペティションの趨勢

80年代後半、フリークライミングがよりスポーツ化の傾向を強めてきた過程で忘れてならないのが、やはり「コンペティション」だ。

フリークライミングのコンペティション、いわゆるコンペは、欧米ではワールドカップや**Xゲーム**などで一般にも知られ、日本でも年間10戦近くの規模をもつジャパンツアー（日本フリークライミング協会主催）にのべ500人以上のクライマーが参加するなど、このスポーツの中で重要な地位を築いている。また、こうしたコンペがフリークライミングの、そして個々のクライマーの宣伝に果たす役割も大きく、これがメーカーなどのクライマー支援の大きな基準の一つになっているし、雑誌などでの露出も大きい。さらに、最近ではコンペを見てフリーを始めたという若者もいるくらい、今やフリークライミングの中でもなくてはならないものになっている。

しかし、昔（の話ばかりしてすみませんね）、このコンペというのは、案外扱いがゾンザイだった。

まあ、クライミングがいかにスポーツといっても、基本的には「登山」である。山の世界に競争を持ち込むなんてけしからん、というわけで、ほんの20年前までコンペが置かれ

Xゲーム　スケボー、インラインスケート、MTBなど派手め系のスポーツばかりを行なうスポーツの祭典。一時クライミングも種目に加えられたことがあって、ボルダリングやスピードなどで観客を沸かせた。

メスナー　ラインホルト・メスナー。アルパインスタイルや無酸素などという過激なスタイルを築き上げたヒマラヤ・クライミングの大御所。後年8000m峰14座全登頂などというタイトルに走り、登山界での評価は一気に落ちた。

てきた立場というものは、決して今のようなものではなかったのだ。

メスナーがシナリオを書いたということで話題になった『彼方へ』（92年）という山岳映画でも、S・グロヴァッツ（本人）が「コンペなんかで優勝し、いい気になっている薄っぺらな男」という役柄で登場し、それらしい雰囲気を結構上手く演じている（おまけにここで彼は一応〝濡れ場〟も演じている。機会があればぜひ）。多くの山岳関係者、および山に一般的なロマンを求める人たちにとって、クライミングコンペとはつまりそのようなものだったのだろう。

という状況の中で、コンペなるものがなぜ始まったのか、これはいまひとつよくわからない。

世界的には1976年に旧ソ連で国際大会が開かれ、それを受けて日本でも1977年に日山協（日本山岳協会）が第1回岩登り競技会を中央アルプスの宝剣岳で開いたというのが最初だろう。

そこで優勝したのが既にお馴染みの檜谷清氏というわけだが、この頃のコンペというのはその名も「登攀技術研究会」。内容的にもかなりやさしいルート（Ⅳ～Ⅴ級程度）をひたすら駆け登るもので、今とは相当かけ離れたものだったようだ。また主旨である「登攀技術研究」にしても、これで何を研究できるのかいまひとつはっきりしない。実際、その頃の『岩と雪』にも、「岩登り競技は、その背景がよくわからぬまま、突然わが国に紹介され（中略）岩登り競技の意味づけを模索しようとする方向をもちつつ実施されているようだ」などと書かれており、早い話、皆、何がなんだかわからないまま気がついたらスタートラインに立たされていた、というのが実情だったように思われる。

そのように何が何だか釈然としなかった時代に一つの風穴を開けたのが、80年、例の戸田クラックでの第4回大会だ。

これは既に触れたように、日本で初めて、登れるか登れないかという技術的差異が問われた競技会であり、フリークライミング技術の重要性をなによりも雄弁に主張したものとして歴史に残るものだった。そしてこの時も檜谷氏が優勝し、スピード競技で速い者は難しいルートにも強い、という、まさに主催者側がのどから手が出るほど求めていた結論を、はからずも証明することになったのである。

この大会を追い風に、日山協ではさらに翌年、翌々年と「登攀技術研究」を重ねていくのだが、そのように一時は日本のクライミング史を動かしたようなシリーズ競技会も、内容を見ればまだまだ前近代的なものだったことは否めない。

競技はその時代のそれなりの難度を示しはするものの、最終的にいつもスピード競争になり、おまけにルートもなぜか必ず事前に誰かしらに漏れている、というのが、いつもながらの名物になっていたからだ。そして結局、この「登攀技術研究会」は小川山での第6回大会を最後にパタッと影をひそめてしまう。まあ、その頃は例の富国強兵時代でクライマーたちはルートの開拓に忙しく、コンペどころではなかったという実情もあるだろうが……。

それからフリークライミングの世界には激動の時が流れ、新しい時代がやってくる。

カトリーヌ・デスティベル フランスを代表する女性プロクライマー。一時リン・ヒルと実力を二分して大いに話題になったが、後年、L・ヒルが自著の中でコンペでの不公平さに文句を述べている。

ユーロパワーがまさに世界を席巻しようとする85年、イタリアのバルドネキアで時の世界的フリークライマーたちばかりを集めたコンペが開催され、S・グロヴァッツが優勝。翌86年にはさらにアルコ大会と合わせたグランプリが開かれ、既にスターダムの座にあったP・エドランジェと女子の**カトリーヌ・デスティベル**が優勝して、大いに話題をさらったのである。

そしてこれらは、かつてソビエトで行なわれたような意味のはっきりしないスピード競争ではなく、難度を競うものだったというのが、なにより重要だった。しかも形式は「オンサイト」。今でこそあたりまえのこのルールも、このようなスタークライマーたちの実力があって初めて形になったといえるかもしれない。実際、この時の決勝ルートは13b。それをエドランジェは、既にこの時オンサイトしたというのだから、驚く(これが日本でやっと彼の実力が認められた瞬間でもあった。ああ……)。さらに、この時の賞金は400万円、に、副賞としてフィアット・パンダが贈られるという、それはたまげるものであった。

こうなると、放ってはおけないのが、我が日本である。

金のため、というわけではなく、日本のフリークライマーたちも競争という世界に晒されなきゃダメだ、というわけで、既に日本フリークライミング界のゴッドファーザーとなっていた大岩純一・あき子夫妻主催による(純さんはその時まだ30歳そこそこだったんだから、まさに生まれながらのオトナだよね)「シーサイドカップ」が、87年5月、城ケ崎のシーサイドロックで開催されたのである。

シーサイドロックといえば、その年から新しいフェース系のルート開拓が進められて、クライマーの話題を博したところである。そこでその開拓の立役者である大岩氏が、日本初の高難度オンサイトリード方式のコンペを開くというのだから、フリークライマーとしては捨ててはおけない。

という噂を聞きつけてこの時集まったのは、男女合わせて約50人。来日中のM・メネストレル、D・シャンブルも加え、おそらくそれまでのコンペとしては最大規模のものとなった。

で、結果は決勝の「パンピング・アイアンI」5・11＋を8人が完登して、結局スピードによる判定で杉野保が優勝となったが、それでもルートの質やルール、参加メンバーなどの面で、ようやくまともな、と言ったら前大会関係者の方々に失礼ですね、スタンダードなコンペが日本でも開催され、再びクライマーたちの意識にこの競技が浮上してきたというわけなのである。

そして、さらにその追い風となったのが、その年の7月に小川山で開催された「夢舞（ムーブ）フリークライミング競技会」。これも、**田部直敏**氏という一個人がボランティアで開いたもので、今から思うと実に感心するが、とにかくこの時は、正確にはオンサイトではないものの（1回目に全員が敗退し、2回目の試技で）5・12－というグレードを平山裕示1人が完登するという完璧な結果を残し、ますますコンペブームに拍車をかけた。

そして最後が、日山協主催の岩登り競技会である。その名も「ジャパンカップ」と名を変え、やはりオンサイトリード方式で臨んだが、天候の悪さや順位決定の不明瞭さが目に付き、前2つほどの評価とはならなかったようだ。おまけに優勝したのが堀地清次というジャージ姿の半オヤジだったことも、いまひとつの派手さに欠けたのかもしれない（まあ、それを言えば女子はなあ……）。

田部直敏　ひと頃ガイドとして南アルプスなどで活躍した。小川山にも多くのルートを設定してボルトなどを打ったが、初登はだいたい違う人が行なうという不思議な人。

大倉カップ　かつての大倉スポーツがイベントとして行なった日本最大規模のコンペ。6回大会まで行なわれ、それぞれに非常に話題を博した。ああ、バブルは遠い。

日本フリークライミング協会　従来の登山とは完全に分離した形でフリークライミングの振興を図ろうと作られた団体。主にコンペの運営を行なってきたが、近年ではルートの整備事業なども進めている。

しかし、これによって日山協カップが復活したのも事実で、これは翌年、静岡ツインコアビルでの初の人工壁コンペへとつながってゆく。

などなどと、このようにしてコンペは再びクライミングの歴史に登場してきたわけだが、やはりその中でも最も重要なのは、89年8月に行なわれた「**大倉カップ**」だろう。

これは当時、橋本覚氏のスポンサーをしていた大倉スポーツが企画したもので、立川にある昭和記念公園の一角を借り切り、総工費2千万円、高さ17mの巨大な人工壁タワーを組み立てて行なうという、それは画期的なものであった。

ちょうどその頃は堀地清次が日本初の人工ホールドの製造販売を画策していた時期で、時代もまさに順風満帆。ついでに、と言ってはなんだが、これを機に「**日本フリークライミング協会**」も作ってしまおうということになり、それが結局、その後のジャパンツアーなどのコンペにつながっていくわけである。

そしてこの時の優勝は、これまた絵にかいたごとくの平山裕示。氏はその頃、既にヨーロッパのコンペで入賞するなど日本のレベルを大きく超越していたからそれもあたりまえだったのだが、それでもイベントとしての盛り上がりに最高の決定打を与えたことは間違いない。

ちなみにこの時、筆者も選手として出たのだが、出だしの数手でポロ落ちし、同じく予選敗退した杉野、大岩氏らと、逆に軒並み決勝に残った女性陣の応援をしに翌日もわざわざ立川まで雁首揃えて出かけた覚えがある。ああ情けない……。

と、コンペはこのように日進月歩で進歩していったわけだが、それでもまだ混乱がないわけではなかった。それは多くの場合はルールの統一がなされていないが故の悲劇で、それは89年9月、福島の二ツ箭山で行なわれた第3回ジャパンカップで露呈した。

そこでは自然の岩場に人工ホールドを取り付け、5・12bのルートが設定された。までは良かったのだが、ルールが、「3秒保持したホールドの最高地点を到達高度とする。クライムダウンした場合はその後に落ちた地点が最高高度」という、聞いてもやってもさっぱりわけがわからないもので、当然ながら競技は混乱をきたした。そして、それに対して後から文句を言った筆者は日山協をクビになるというオチまでついたのだが、それはまあいいや。


ともあれ、このような紆余曲折を経てコンペというものは徐々に完成されていったわけだが、こうした歴史を見ると、コンペというのはなかなか難しいものだと思う。個人的に、あまり良い思い出がないからそう思うのかもしれないが（要するに出ても勝てなかったということだ）、いかにコンペが公式のものとはいえ、それが一方的に与えられ、しかもその結果が本人にもまわりにも意外と大きな影響を残すことを考えると、そのあり方はもう少し慎重に考えてもいいような気がする。

先年出版されたリン・ヒルの自伝にも86年のバルドとアルコのコンペのことが出ていて、その中で彼女はフランス人の不公平さに相当な不満を述べているが、このような意見もあることは確かだろう。

そういった話でまた個人的なことを述べれば、筆者が大昔出たCS－K（クライミング・

ソサエティ・オブ神奈川）のコンペも、すごかった。これは日本で初めて**リード方式**（オンサイトではない）を採用したコンペとして少しばかり話題になったのだが、その時のルートというのがなんとクラック。決勝進出者はナッツと**ヘキセントリック**（！）を、取付で「ほれ！」と言って手渡され、まわりに無言で助けを求めつつ、信じられない面持ちでリードに臨むというすさまじいものだった。で、筆者の前に試技した大沢君という選手が核心部で落ちてすぐ下のテラスに激突し、膝をバクッと切って血がだらだら出、それを見た筆者がリタイヤを懇願したのに無理やり登らされるという、それはもう、今にすればよく警察沙汰にならなかったと思えるようなシロモノだったのである。

そういえばエドランジェも来日した時、例の『クライミングジャーナル』のインタビューに気分を害して、

「世界最強のクライマーを決めるならフリーソロでコンペをやればいい。落ちたら死ぬ。もちろんオレは生き残るがね」などと吹かしている。それをヨーロッパのスターの言ったことだから、と、まともに取る日本人がいなくて、本当に良かったが……。

▼資料

かつての「岩登り競技会」から姿を変えた「ジャパンカップ」（日本山岳協会主催）は、第1回が87年10月瑞牆山（予選）・小川山（決勝）で行なわれ、男子堀地清次・女子大島三枝が優勝。2回目は88年11月、静岡ツインコアビル（寺島由彦・パスカル＝ノエル）。3回目89年9月福島県二ツ箭山大会（北山真・檜谷錦子）。4回目90年10月奥多摩小袖鍾乳洞（柘植求・茂木恵

リード方式　いうまでもなく普通にリードして、最高到達点を競う方式。ということは、実はそれまでのコンペはすべてトップロープ方式だった、ということだ。

ヘキセントリック　フレンズがまだない時代に広めのクラックに使われた変形六角形の大型ナッツ。岩の形状がよほど適した所以外には使えず、決まったように見えても登っている最中にころげ落ちるなど、ほとんど頼りにならなかった。

利子）と続き、5回92年神戸人工壁（箕輪田一洋・古田里佳）からは後述「ジャパンツアー」の一環として組み込まれてゆく。

一方「大倉カップ」は89年から94年まで6回行なわれ、男子は平山裕示、寺島由彦ら。女子は室井由美子、大岩あき子、川辺桂子、木村理恵らがそれぞれ優勝を飾っている。

また、92年からは日本フリークライミング協会主催の「ジャパンツアー」がスタート。これは年間5〜10戦を全国サーキットで行なうもので、個別の成績の他に年間チャンピオンも決められている。

ちなみに第1回（92年）の年間チャンピオンは男子大村康則・女子杉野千晶。以下、93年佐藤豊・大岩あき子、94年山崎岳彦・大岩あき子、95年立木孝明・加藤保恵、96年宇佐美友樹・木村理恵、97年宇佐美友樹・木村理恵、98年黒住樹人・木村理恵、99年立木孝明・木村理恵、2000年茂垣敬太・加藤保恵、01年立木孝明・小林由佳。主催者の日フリ協によると、この10年で男子410名人、女子155人がこのツアーに参加しているという。

▼補足

競技としてのフリークライミングについて、その初期のものは、この章の「コンペティションの趨勢」に詳しいが、その最後で触れた日本フリークライミング協会主催ジャパンツアーが、日本でのこの分野確立の最大の功労者だろう。このツアーは1992年から2001年まで10年間続き、全国各地で全68試合をこなした。10年間総合チャンピオンは柴田朋広と加藤保恵。

その後国内では日山協主催ジャパンカップが毎年行なわれる他、国体でも2002年からクライミングが正式種目に。当初はリードのみだったが、2008年からはボルダリングも加わっている。またジャパンツアーも主催を日山協に替えて復活し、これもリードとボルダリングの2本立てで行なわれている。

海外ではワールドカップが1989年からまずリードのみで開催され、98年〜99年にスピードとボルダリングも追加された。日本人の成績は、98年と2000年に平山ユージが、2012年と13年に安間佐千が、ともに年間総合優勝。以後、ボルダリングでは16年と19年に楢﨑智亜、09年、10年、14年、15年に野口啓代、18年に野中生萌がそれぞれ年間チャンピオンに。コンバインド（3種目総合）でも17年に楢﨑智亜、08年、09年、14年に野口啓代がそれぞれ年間チャンピオンに輝いている。

また、オリンピックに関しては「スポーツクライミング」が2020年東京オリンピックで正式種目となり、ボルダリング、リード、スピードの3種目複合で行なわれた。成績は、男子はA・ロペス（スペイン）が優勝、N・コールマン（アメリカ）が2位、J・シューベルト（オーストリア）が3位。女子はY・ガンブレット（スロベニア）が優勝、野中生萌が2位、野口啓代が3位であった。

それを喜ばない人もいるってことだ

このようにフリークライミングは、コンペという新しい形も加え、かつて登山の片隅、というよりほとんど外枠にあったささやかな自己満足から、完全に独立した一スポーツへといよいよ発展していくことになる。

それは、その創生期からこの文化に関わってきた身にすれば、感無量、というところまではいかないにしても、まさに隔世の感、というところではあるだろう。

しかし、急激な発展の陰にはもちろん弊害もある。本来あやふやであるはずのものが、突然胸を張って人前に出てしまったが故の軋轢が、フリークライミングが社会的に認知されようという矢先にさまざま噴出することになる。その際たるものが、岩場の使用禁止問題というものだ。


話は変わるが、よく我々、に限らずいわゆるアウトドア族が、川下りをしたり、山の中でなにかしらをしようとしたりすると、案外この手の活動に疎いメンバーの中から、「許可は取らなくていいんですか?」などという問いが発せられることがある。

これについて我々は、それを実に驚きの目とともに捉えるわけだが、それというのも、こちらの側には、基本的に川だの海だのといった「自然」は、誰のものでもなく「自然」にそこにあるものであり、それを使うのに誰の許可も要りはしない、という不文律が無意識のうちにできあがっているからだ。

だから我々は、いつだって勝手に川にボートを浮かべるし、山だって勝手に登る。これに不都合を唱える者はなく、なにより長年、我々はそうしてきたのである。


というような、まことにもって素朴、あるいはイノセントなこの世界に、突然「岩登り禁止」などという言葉を持ち出したところで、まるで降って湧いたものを見るようにキョトンとしてしまうのは、それは無理からぬことだろう。

しかしそうした状況に、実は筆者は四半世紀近く前の鷹取山で早くも立ち会ったことがある。

前にも話した通り、筆者は10代終わり近くの頃、あるとても高い岩を〝ボルダリング〟していて落ち、両足の骨を折って入院したことがある。で、退院してようやく1人で歩けるようになり久々に鷹取に赴くと、突然そこは「岩登り禁止」になっていたのである。

これは、その少し前に、遠足に来ていた小学生（幼稚園児だったかな？）が岩場の上端にきれいなシュリンゲを見つけ、それを取ろうとして落っこちて死んだというものだったが、こともあろうにその時、悪いのはそんな所にシュリンゲを残したクライマーのせい、ということになり、それで禁止になってしまったという。

そんなの誰が考えたって本人か、それが嫌なら引率者の責任に決まってんだろう、と筆者などは（おそらく関係者全員が）思ったのだが、なにしろ一般ピープルに逆らうのは恐ろしいし、自分もその寸前に地元に迷惑をかけていた経緯もあったし、それに「禁止」といったってその意味するところはほぼ目に見えていたから、どうとも取り合わないでおいた。

結果、この岩場には市の(粋な)取り決めにより「この公園での岩登りは禁止する」という看板が立てられたまま、既に20年以上、ずっとクライミングが行なわれてきたのである。そういった経緯を知る身にしてみれば(まさかこれを読んでチクる奴はいないだろうな)、その後あちこちで起こった「岩場使用禁止問題」も、最初はさしたるものとは思わなかった。


だが、88年2月に起こった奥多摩・日原の問題は、そのようなクライマーズ・ウェイが通用しない、いささか深刻なものだった。

M・ル・メネストレルも訪れた日本を代表する石灰岩壁が使えなくなる、という事実もさることながら、そこが私有地で、はっきりとした立場の地主が断固として立ち入りを拒否している、ということが、その問題を抜き差しならないものにしていたのである。

というのも、もともとクライマーという人種は、裏山だろうと観光地だろうと、そこが〝人のうち〟であるなどと考えたことはこれっぽっちもない。だから、突然「岩登り禁止」だなどと言われても、空き地で野球をやっていた小僧がどこから湧いたかわからないオヤジにいきなり怒鳴られたように「え〜、なんでぇ?」くらいにしか考えない。

だが、この事件ではいきなり「地主」という絶対者が現れたのであり、しかも敵はその絶対的な立場をもってして、クライマーを真剣に叩き出そうとしているという。

確かこの時のクレーム内容は、ゴミだの駐車場だの確かにクライマー側に問題があることばかり。で、それについてクライマー側の有志と地主側とでその後数回の折衝を持ったものの具体的な解決策は見つけられず、結局、時の日本三大岩場の一つ、というより日本のスポーツクライミングの最先端とすらいえた日原は失われてしまったのである。

だが、このようなことは日原だけにとどまらず、フリークライミングの大衆化が抱える当然の問題として、まだまだ多数起こり得ることでもあった。

なにしろ、人里から遠く離れた高嶺で行なうアルパインクライミングならともかく、フリークライミングとなるといきおい人家の近くの岩場を対象とすることになる。おまけにこのスポーツがポピュラーになればなるほど人口も増え、小さなエリアにド派手な連中が大勢押し寄せたり、より多くのルートを求めて新しい岩場を拓きまくる、などといったことがごく日常になるからである。

その一方で、お目当ての岩場は私有地だったり村の神様だったり……、ということになれば、ハタから見てそれはすなわち盗っ人が増えたに他ならないだろう。

そしてそれが再び露呈したのが、89年に起こった名栗、**河又の岩場**の登攀禁止問題だ。

これについて実は筆者は重要参考人として出頭しなければならない。というのも、この岩場はもともと鍾乳洞として観光地化されていた（とはとても思えなかったが）所を87年くらいからクライミングエリアとして開拓が進められ、その2年後には東京でも知らない者がいないほど公然たる「秘密の岩場」になっていた。それを『クライミング・ジャーナル』で紹介した途端、禁止になってしまったのである。

これについてその当時、開拓者から「雑誌が載せたせいだ」という声が上がり、その雑誌サイドにいた筆者は、それはちょっと違うだろう、と憤然としたのだが、それについての判断は当事者としては何とも下せない。ただ筆者はこの時地元の村役場の人に「あんた

河又の岩場　埼玉県飯能市（旧名栗村）にある石灰岩の岩場。尾須沢鍾乳洞と呼ばれるものの側壁にルートが拓かれているが、どれがその鍾乳洞だか正確に知るクライマーは少ない。

オリンピック　フリークライミングがオリンピック種目になるという話は随分前から囁かれてきたが、今にすればそれはほとんど無かっただろうという話。しかし北京大会ではひょっとすると、という声も……。（2004年当時）

たち何を考えてるんだ？」的にかなり厳しく怒られ、「なんでオレが？」と思いつつ平謝りに謝ったりしたことだけはここで申し立てておきたい気がする（それなのに、その後ここは何事もなかったかのように登られてるというじゃないの！）。

というわけでこのようなことはこの後もあちこちで繰り返されてきたのだが、しかしこうしたことを見るたび、我々クライマーはその都度その都度、外交下手の日本人の性格そのままに、どうも妙な対応に四苦八苦しているように思えてならない。

そしてそれは、「そんなとこ、登っちゃいかん！」「すみませ〜ん（うるせえジジイだ）」的な素朴なものから、「だってクライミングに必要なんですよ」「**オリンピック**になるかもしれない種目なんですよ」と、妙に自信を持った言い分を唱え始めるに至って、ますますおかしくなってきたような気がする。

とは、クライマーの中でも最も社会性のない者——筆者です——の戯言として聞いていただきたいのだが、こうした問題の多くは、それが単純に「土地」の問題であるということを忘れ、クライミングを内輪でことさら過大評価しているが故の食い違いに思えてしょうがないからだ。

早い話、人の家の裏庭にでやることとは、その家の住人にとっては良いも悪いもない。健全なスポーツだろうが、社会に貢献する立派な事業だろうが、盗掘だろうが、どれも「不法侵入者」のすること以外のなにものでもない、ということなのだ。

そのところを吹っ飛ばしてフリークライミングは社会に認められたスポーツだのなんだのと主張しても、これはまったく見当違いと言わざるを得ない。また、最近この手の話に

アラプリーズ　オーストラリアで最も有名な岩場。平原の中に聳える赤い岩が、異国情緒たっぷりで、日本人も多く訪れている。ボルトが遠かったり、なかったりと、恐ろしいルートが多いことでも有名。

なるとすぐ始まるゴミ拾い運動なども、事の本質を捉えているとは思えない。だいたいそこでそんなことをしたって、その脇でまたぞろ黙って畑を踏み荒らしていたのでは、地主はよけい騙されたと思うだけだろう。

と、これ以上エラソウに言うと、じゃあおまえ、何とかしろよ、と言われそうだからやめるが、いずれにしてもこのような問題は、クライミングというものを色眼鏡なしに見るところから始めなければ解決は望めまい。

ところで、こうしたことについて海外の話を一つ。ちょうど時期的には日原禁止の直前、オーストラリアの**アラプリーズ**という古くからの岩場が州当局によって規制されるということがあった。が、これに対するクライマーの意見というのがすごい。こうした規制はいずれ許可制、自由なクライミングの抹殺、ペナルティなど、国民の自由を阻害するものへと必ず発展するとして、断固として阻止しようというのである。自由や人権というものに対する意識や国民性の違いもあるのだろうが、「オリンピックになりそうだから」などという責任転嫁ではなく、〝遊び〟という、たかが、しかし人間としての立派な権利をまっこうから主張するという意味で、一聴の価値はあるものだろう。

それにしても、このような問題でのやりとりを見ていると、昔授業をサボって鷹取に行っていたような、あの開き直った犯罪意識が、筆者にはむしろ自然に思えてきたりする。だからサボってもいい、と言いたいわけではありませんけれどね。

▼資料

先にも挙げた日原・御前岩の立ち入り禁止問題については、『岩と雪』１２４号（87年10月）に岩場の紹介が出たほんの4号あと（88年6月１２８号）にもう既に載せられている。それによると、当初地主が出してきたクレームは、・焚き火の不始末、・木を無断で切っている、・飲料水源の沢筋で用便がされている、・落石の危険がある、というものだった。が、実質はそれにマス釣り場用の駐車場がクライマーに占領されているという事情もあったようだ。結局、この問題は解決されないまま御前岩は禁止として、今に至っている。

この他のケースとしては、河又が、観光客に対して落石などの危険がある、勝手に木を切っているなどの理由で岩登り禁止。小川山屋根岩北面が、入会地にもかかわらず勝手に人が入り込み、しかも木を切っている、などの理由で、やはり立ち入り禁止。古くは本文でも触れた鷹取山と、日和田も実は岩登り禁止とされている。

さらに最近では、現在の日本三大岩場の一つ、鳳来峡が、この問題で揺れている。このエリアの一部である「岡崎市私有地」が、やはり水源を汚染しているなどの理由で立ち入り禁止になったというもの。これについては「鳳来を守る会」が作られさまざまなアピールを行なっているが、進展はいまひとつのようだ。

▼補足

その後現在（２０２３年）までのフリークライミング界での最も大きな懸案事項といえるのが、このアクセス問題であろう。日本各地で多くの岩場（ボルダーエリア含む）が、禁止、または禁止の恐れありとアナウンスされ、クライマーは以前とは桁違いにこの問題に対して敏感になっていると思われる。いずれも問題は多くの、というよりほとんどの岩場が私有地内にあるためで、こればかりは仕方がないことではあるだろう。

これについては日本フリークライミング協会や地元の有志たちが何がしかの協議会を作って対処しており、いくつか成果も上げられている。

直近では2013年、大岩夫妻その他による湯河原幕岩正面壁の禁止指定解除、2017年、奥多摩クライミング委員会（徳永信資代表）による御前岩の解禁などがある。また、新規エリア開拓の際も今はまず地主とのアクセス問題を解決してから開拓・発表というのが常道になっているようだ。その方法で岐阜・恵那山や九州各地のボルダー（小山田大ら）、小豆島・赤嶽（小豆島クライミング協会・北原豪ら、2022年）などが世に登場している。

大航海時代

今、フリークライミングをしに外国に行く、といったら、どこを思い浮かべるだろうか。フランス?ドイツ?イタリア、スペイン……まで行くのはなかなか通だが、それでもたいていの人が、こうしたヨーロッパの国々をまず挙げるに違いない。

もちろん我々の世代にとっては、フリーといえばまずアメリカ。それもヨセミテ。ということは、この本をずっと読んでこられた方々には、おそらくわかっていただけるであろう。

しかし今そんな話をしたら、絶対馬鹿にされる。か、少なくとも相手にされなくなる。いやはや……などという話ばかりをしててもしょうがないのだが、それにしても日本人にとってのクライミングの本場がヨセミテからヨーロッパにこうも変わってしまったのは、いったいいつ頃のことだったのだろうか。

確かに方向性そのものは、これまで触れてきたように、案外早くから、つまり日本にフリークライミングが定着してほんの4~5年で、クラックからフェースへ、ナッツ・フレンズからハンガーボルトへ、ロワーダウンからレッドポイントへ、と矢継ぎ早にヨーロッパ化してはきた。しかし、それで日本人が実際に「フリークライミングをしに」ヨーロッパに行った話となると、これは案外知られていない。

などと言っては実際に行った本人たちに失礼かもしれないが、実は86年夏、寺島由彦、**金子幸男**、**芥川尚司**の3人が日本人としておそらく初めて彼の地に本格的なフリークライミングツアーを行ない、ドイツ、フランス、イギリスの各岩場を回っている。そしてそれぞれ**IX－、7b、E5・6C**を何本か登ったのだが、しかしヨセミテ・デシマル・システム（例の5・いくつというあれ）に慣れ親しんだ身にしてみればこんな数字言われてもチンプンカンプンだし、ドイツ語やフランス語でルート名を挙げられてもこれまたさっぱりわからない。

となれば、いかにかつてグランド・イリュージョン（70年代の最難ルートとして伝説的に伝えられていたクラック）を登った寺島由彦であっても、我々にとっては「ああ、そう？あいつら相変わらずブラブラしているなあ」くらいのものでしかなかったろう。

というように、その頃ヨーロッパというところは、雑誌などで話題になっている割にはまだまだ遠い存在だったと言ってよい。そしてややイジワルな見方をすれば、そうした中で、やれアルコで誰それが優勝したとか、どこそこにこれこれのグレードのルートが作られたとか、かしましい情報に我々は一喜一憂していたのである（とはいえ、その騒いでいる側に筆者はいたんですけれどね）。

しかしそうした状況も、平山裕示の登場ですべてが変わることになる。

氏は、既に若冠17歳にして本場アメリカでフェニックスとコズミック・デブリ（ともに

金子幸男　寺島由彦らと高校生の頃よりフリークライミングを行なっているクライマー。永遠の青年と呼ぶにはもうさすがに無理がある。しかし本人はそれをわかっているのかどうか？

芥川尚司　やはりフリー黎明期からアメリカ、オーストラリア、ヨーロッパなどに出かけ、活躍したクライマー。平山ユージをもたまげさせるその突っ込みと人生に対する超越した感覚は、もはや伝説ともなっている。

IX－、7b、E5・6C　それぞれドイツ、フランス、イギリスの独自のグレード体系。これをスライドさせて把握するのは本当にたいへんだったが、最近は皆そこそこ慣れてきたようだ。ただしイギリス方式はいまだにわからない。詳しくは巻末参照。

5・13）を登るという記録を打ち立てていて注目の的だったのだが、このままアメリカでもっとすごい所を登るのかと思いきや、「もうアメリカには興味はない。ヨーロッパに行きたい」とコロッと態度を変え、たちまちそちらに熱中してしまった、という話は前にも触れた。

この時多くのクライマーは、まあ確かに時代はそうだしな、とは思ったものの、しかしヨーロッパ、っつってもなあ……と、その後のことはまるで予想がつかなかったのではないかと思う。だがそういう時にあれこれ考えないのが、平山裕示の平山裕示たる所以でもあるのかもしれない。おまけに、そうと決めたらサルのようにとことん、というのも同じくこのクライマーの特技である。ちなみに、その頃筆者は『クライミング・ジャーナル』の仕事でちょくちょく裕示氏宅に電話をかけることがあり、そのたびにハアハアゼイゼイ、変な息遣いで電話口に出てくるもので、こっちとしては「？？？」（もちろんトレーニングだよね？）になってしまったことを思い出す。

という話はさておき、いよいよ氏の出撃となったのが、88年春。**堀洋紀**、**大工英明**など数人を含めて約1年間の大々的なツアーになり、その様子が『岩と雪』129号（88年8月号）から「平山裕示8ｅの前線をゆく」という題で1年間にわたって連載されることとなった。そして、それがまたすごかった。

4月頭に日本を出発して2週間ほどで早くも8ａをレッドポイント、さらにひと月もたたないうちに8ｂまでバタバタと登り、それ以外にも7ｂ、7ｂ＋でオンサイトの山を築き上げたのである。

もっとも、それだけ聞くと、また、この時の氏の「やり〜」とか「う〜ん、最高」など

堀洋紀　ヨーロッパかぶれ丸出しの若手クライマー。登り方もやたらそれっぽく、ギャラリーがいるとムーブが派手になるという話も。筆者が渡欧した時は圧倒的な実力を示していたが、実は山学同志会出身という暗い過去を持つ。

大工英晃　一見してクライミングというより任侠の世界に生きてきたかのような全身筋肉男。アニキ！と呼ぶと何でも奢ってくれるが、稚児にされるという噂も。一時この人もタイツをはいていたのだから恐ろしい。

といった、とても20歳近い者が書いたとは思われない文章を読んでいると、こうしたこともなんだかたいしたことのようには思われない。が、冷静に見れば、8aといったらデシマルでは5・13bだし、8bとなると5・13dである。今ではこのグレードも若いクライマーたちにとっては比較的ポピュラーになったとはいえ、その頃、またはその後の10年間にこのグレードを日本人の何人が手にしたかということを考えれば、この時の平山裕示がいかに突出したものであったか、というものだ。ちなみに氏が「うひょひょ〜」調で立て続けにオンサイトした7b、7b+なども、デシマルでは5・12b、12c。まだ多くの日本人にとっては国内での経験すらままならないものだったのである（例えばスーパーイムジンが7b+だ）。

しかしそうした認識のギャップをものともせず、氏の快進撃は続き、やがて初出場のコンペで入賞、揚げ句は当時世界最難だったグレード8b+、「**スペシャリスト**」の成功と続いていく。

と、この時の記録を改めて読んでもつくづく驚くほかないのだが、しかしこうした成果を当時我々がどこまで理解できていたかというと、これも少々怪しい。我が白山書房（『クライミング・ジャーナル』の出版元）の社長、**蓑浦登美雄**氏などこうしたニュースを自ら文章にしながら「こんなのありぃ?世の中ってそういうもんなの?」とほとんどお手上げ状態で、しかしそれが多くのクライマーの本音でもあった気がする。わかったふうな、という謗りを恐れず言えば、こうした〝あまりにも簡単に〟という部分が、その後の氏の成果——ワールドカップ優勝やエル・キャピタンなどでの記録——なども含め、我々をして平山裕示をいまひとつ過小評価してしまう要因になっているようにも思うのである。

スペシャリスト　南仏ベルドンにある巨大なルーフ。J・トリブが初登した時、世界初の8cとグレードされたが、2登したエドランジェによって8b+に落とされた。この2人は他でもチクチクやっている。

簑浦登美雄　日本にフリークライミングが始まった時、既に沢ヤ&釣り師に変わってしまっていたが、昔はそこそこすごいクライマーだったという話。昔、松島晃氏がこの人の家に下宿していたという因縁もすごい。

実際、ここで裕示氏があまりにも簡単に溶け込んでしまったヨーロッパのクライミングに、その後、日本人は長らく悩まされることになる。

それは、実際に現地に行って体験してみないとなかなかわからないものではあるのだが、なにしろそれまで我々が体験した日本やアメリカのクライミングとは質があまりにも違いすぎるのだ。

それは、石灰岩クライミングの項でも説明した通り、指に対する負担からして次元が違う。

なんだかんだそれまでのクラックを中心としたクライミングは、手のかかり具合がかなり深かったり、あるいはジャミングを中心としたさまざまな技術で指の力をセーブできたりしたため、ハタで考えるほど指の力が必要というわけではなかった。しかしヨーロッパのそれはいきなり垂直以上にかぶった壁に、指先だけがかろうじてかかる小さいホールドや、ワンフィンガー、ツーフィンガーのポケット、あるいは極小ノブなどでえんえん体を引き上げていかなければならず、往々にして途中で指が開いてしまうか、あるいはハナから指が耐えられない。つまりムーブができない。または、無理にやろうとすると、「パキる」といって、指のスジが音を立てて切れてしまう。

というわけで、なにしろ当時はヨーロッパという所は、話に聞いていた以上に行ってビックリの、情け容赦ない場所であったように思う。

そしてそれを筆者が個人的につくづく実感したのは、89年に行った南仏**シマイ**でのこと。この時は大岩純一・あき子夫妻、杉野保・千晶、まだ駆け出しだった**宇佐美友樹**らと、ひ

シマイ　南仏コート・ジュールの一角にある岩場。すべてが一様に前傾したツライチフェースからなり、細かいエッジでのテクニカルクライミングが主体になる。今では名前を聞いただけで指の皮が痛い。

宇佐美友樹　小山田大、山崎岳彦らとともに日本人として初めて8cの領域に踏み込んだクライマー。かつてこの3人でヨーロッパを回ったことがあるというが、その時どういう会話が交わされたのか、それ以上に会話などがあったのか、実にナゾである。

と月ほど出かけたのだが、そこにごく平均的にある7b、7b+という、例のうひょひょ〜系のグレードがたまげるくらいに難しく、ムーブを作る以前に指がまったく持たない。大袈裟な話、ビクとも動かない重たいバーベルを胸の上にいきなり持たされたような、そんな限界を覚えたものだった。そして実際、これだけのメンバーで成果は皆驚くほど上げられず、かろうじて大岩氏が7c+（それでも5・13だ）を登ったにとどまったのである（その後、杉野保はもう数ヶ月フランスに残って、そこそこの成果を上げたようだが）。

それにしてもその時思い出すのは、テーブルに雁首揃え、真顔で、いったい自分達は今まで何をしてきたのか?ということを囁き合った暗〜いアパートの一室。今までもクライミングというものは確かにたいへんなものではあったが、ここに来てそれが再び違う次元で重くのしかかってきたことを、皆改めて思い知ったのだった。

ちなみにその時、そうした真剣な会話にまったく加わらず、わかるはずのないフランスのテレビにかじりついて、わかるはずのないフランスのジョークにケタケタ笑いを立てていたのが宇佐美友樹で、結局この男がその後、ヨーロッパ当時最難クラスの8cを登ることになったのだから、世の中わからないものである。

▼資料

この年（88年）の平山裕示ヨーロッパツアーについては当時のクライマーで知らぬ者はいない。

4月2日フランス入国後、クライミング2日目に7b+（5・12c）を、4日目に7c

+（5・13a）をレッドポイント。10日ほどで有名なレーブ・ド・パピヨン（8a）を登り、さらに数日で8a+（5・13c）達成。5月1日にはシュカ（8a+〜b）、そして5月14日にはレ・マン・サル（8b、5・13d）を早くも手中に収めてしまった。

続く快挙は6月下旬のマルセイユ・コンペ。J・モファット、J・P・トリブ、D・ラブトゥらのスター選手を交えてのこの大会でいきなり8位入賞を果たし、その存在を大きく知られることとなった。

そしてワールドカップへの参戦。最初のバルド大会では予選落ちしたが、次のニーム大会でなんと5位に入り、続く9月、〝世界最高峰〟の招待コンペ、アルコでオンサイト部門6位、総合13位という成績を収めた。

そして、やはりこの年の決定打は10月、当時世界最難のレ・スペシャリストのレッドポイントだろう。この昨年J・P・トリブが初登したばかりの8b+（5・14a）のルートはP・エドランジェ、G・ヘールハーガーに続く第4登。若冠19歳にして文字通り世界の頂点に立ったのである。

なお、この他氏が1年間で登ったハードルートは、8aが24本、8a+が7本、8bが6本。この中にはシマイのオランジュ・メカニク（8a）のオンサイトも含まれている。

クライミング・ジャーナル休刊

さて、そのように噂に聞いたヨーロッパクライミングはその噂以上の厳しさで我々の上にのしかかってきたわけだが、それでいったいどうしたらいい?ということになると、これまたまったくお手上げであった。なにしろ当時はジムもないし、小川山、城ヶ崎などもこの手のクライミングとはちょっと中身が違う。

かつてこうした思いは例のクラッククライミングが日本に入ってきた時にも我々は経験しているのだが、それを10年以上経ってまたぞろ味わわなければならないのかと思うと、いささかうんざりでもあった。

というような時に、まさに天から授かったように登場した岩場。それが西上州に聳える石灰岩峰、**二子山**である。

もともとここは西岳中央稜とか正面壁○○会ルートなどといったセミアルパイン系のルートがあって地元には人気が高く、フリー畑でも82～83年に志賀光則、堀越隆正、寺島由彦らチーム・イカロスによって結構難しいフリールートが作られてはいた。が、いかんせんアプローチが急登1時間ではポピュラーになるのは難しく、やはりその後もアルパイン

二子山　埼玉県小鹿野町と群馬県神流町（旧万場町）にまたがる石灰岩の岩峰。西岳、東岳の2峰からなり、それぞれに大規模なフリークライミングエリアが拓かれている。ここに現在世界最難の一本、平山ユージ氏によるフラットマウンテンがある。

系のローカルゲレンデを出るものではなかったと見てよいだろう。

しかし折からの石灰岩ブームと、それに続く日原の登攀禁止の影響で地元のクライマーが再び目をつけ、東岳の大前傾壁にラインが引かれ始めたのが87年暮れ。しかも翌年にはクライマーのためとしか思えない林道が頂上直下まで通じたことで耳の早い連中が早々押しかけ、瞬く間に日本最大の、かつヨーロッパに準ずるようなスポーツクライミングエリアができあがったのである。

その様子は89年春には既にたいていのクライマーの耳に入っていて、筆者もその頃一度訪れた。が、その時は適当な写真を撮って『クライミング・ジャーナル』にトピックスとして紹介したにとどまった。いかに公然と知れ渡っていたにせよ、ここはまだ基本的に「秘密の岩場」で、「ジャーナルの人」としてはなかなかに神経も使わなければならなかったのだ。

そしてそれが解禁になったのが、89年秋。『岩と雪』10月号に大々的に記録が特集され、翌春からクライマーたちが大挙して押しかけることになったのである。

筆者もちょうどシマイから帰国した折で、晴れて通うようになったわけだが、そのクオリティーの高さには実のところ驚いた。

なにせそこはまるまる1ピッチが前傾した壁で、しかもホールドといえばヨーロッパにあるようなノブやポケットしかなく、それで大胆に体を引き上げていかなければならない。またそのストレニュアス性（正確にはレジスタンス性）もかつて日本にはない種類のもので、まさにヨーロッパの雰囲気そのままの厳しさがある。

ああ、せめてシマイに行く前にここを体験していれば……と、つくづく歯を噛みしめながら結局それから数年にわたって二子山通いが始まるわけだが、前にも述べたように、こうしたクライミングはやればやるほど、麻薬のように抜けられなくなっていってしまう。

確かにそれまでのヨセミテをベースとしたトラディショナルなクライミングも、技術的な奥深さや精神面でのやりとりなど非常に興味深いものがあるにはある。が、ここでのスポーツクライミングはそれ以上に本当に肉体的な臨界点でそれを行なうという意味で、また違った面白さがある。

早い話、ダートやワインディングロードをさまざまな技術を使い分けながら走って楽しむのが今までのクライミングなら、ここにあるのは東関道あたりをリミッターギリギリで顔を引きつらせ、わき目も振らず吹っ飛ばすようなものなのである。

例えがとんでもないものになったが、そのようなことをかつてのトラディショナルクライミング派の立場からはっきりと明言したのが、他ならぬ寺島由彦だ。

氏は前にも触れたようにクラック全盛時代を代表する〝前世代〟クライマーで、そのクライミング態度もこの時代にありがちな、決して真面目とは言い難いものでもあった。それが、86年にヨーロッパに初見参して叩きのめされてからは心機一転、89年春から1年ほど再びヨーロッパに出直して、まるで人が変わったようにハードルートを登りまくった。そしてその様子は『クライミング・ジャーナル』89年11月号～90年7月号にかけて連載され、絞り込まれた体とともにそのストイックな態度（あくまでクライミングの、だが）が多くの者を驚かせたのである。

といって、実際それで本人の人格がどれだけ変わったかは知らないが、少なくとも誰もが「これが寺島？」と目を丸くしたことは間違いないだろう。

ここでまた個人的な話をすれば、実は筆者もそれを見て、連載を担当した者ながら、内心驚いてしまった。そして自分もなんだか突然その気になってしまい、ちょうど自身30になる寸前で、20代を体を治すことだけに費やしてしまったという思いも手伝って、再びクライミングに走りたくなってしまった。

しかし、問題は『ジャーナル』である。まさかクライミング誌の責任者が自分もクライミングしたくなったからといってこれをおっぽって辞めてしまうわけにもいかず、ひそかに後釜を探したものの、なかなかその条件に沿って後を引き継いでくれる者はいない（何のこと言ってるのか、わかりますよね?:）。またそれ以上にこの雑誌の意義という点で、後を任せられる理解者もなかなか見つからない。

などと言うと『ジャーナル』にそんなたいした主張があったのかと笑われるかもしれないが、前にも書いた通り、こちらは『岩と雪』に比べ、あくまで野党であり、こういう言い方を許してもらえれば、オピニオン誌になるより、むしろ異論反論を加えつつ、実際のクライマーたちの心情をあれこれ取り上げることを旨としている。しかし長らく『イワユキ』で育ってきた（意外と保守的な）クライマーたちにとっては、なにしろ欲しいのは〝もう1冊のイワユキ〟であり、記録やクロニクルといった既成事実であることが、多くの者の言葉の端々からうかがえたのである。

というわけで、どうにも対策が決まらぬまま、53号ができあがるというギリギリのタイミングで社長の蓑浦氏に相談すると、んじゃあ、やめちまおうか、ということになった。

あまりにあっさり決まってしまったので驚いたが、この時、実は社長もこっちがヨーロッパ特集を組んだ時点でそのタクラミに気がついていたことは間違いないし、だからといってここでコンサバティブな雑誌を作ってもしょうがないと、やはり同じように思ってもいたのだろう。

なんだか内輪の話ばかりになってしまったが、なにしろそういうわけで82年以来、10年にわたって続いてきた『クライミング・ジャーナル』は、筆者の代、91年5月の53号をもって休刊することになった。

それを聞いて多くのクライマーは
「ジャーナル廃刊するんだって?」と面白そうに聞いたが、あくまで休刊である。そのところを間違えないように。

しかし、考えてみれば、『ジャーナル』というのは、まさにフリークライミングが始まり、紆余曲折を経て完成されていくまでの、まったくタイムリーな雑誌だったのかもしれない。

同時にそれが完成した時点で、雑誌が果たした役割というものも終わったのだろう。とはこじつけかもしれないが、確かに、今読んでも面白いのは、そうした時代時代のあでもないこうでもないの記事、時に勘違い、時に開き直った、まさにそれだ。

このように一つの雑誌を勝手に終わらせてしまった者が言うのもなんだが、願わくばいつかそうした人気(?)記事のオムニバス版を作ってもらえないかとも思う。なにしろこの本は作りがちゃちく、すぐバラバラになってしまう。我が家にだって、自分の作ったものがぜんぜん揃ってもいないというのはちょっと情けない。誰かいらないという人がいたら寄付してもらえませんでしょうか。

▼資料

『クライミング・ジャーナル』は82年4月の創刊以来、91年5月の休刊まで隔月刊で約10年間続いた。最終号は53号。

既に何度も触れているように、クライマーの、クライマーによる、クライマーのための雑誌、を目指した本誌は、途中で特集主義も取り入れながらタイムリーで役に立つ情報を提供し続けてきた（つもりである）。

過去の主な特集としては、初期のそれは第1号の「ハード・フリー・クライミング」以下、フリークライミング、アイスクライミング、アメリカンエイド、ボルダリングなど、さまざまなクライミングスタイルをいち早く取り上げ、地域特集でも、ヨセミテ、小川山、ヨーロッパなどを『るるぶ』調で懇切丁寧に（?）紹介してきた。

特に編集長ご推薦は、50号「冒険的クライミング」で、80年代の冒険なクライミングをヒマラヤ、アルパイン、ビッグウォール、フリー、国内、に分けてそれぞれ紹介する他、英ゴガースのクライミングや現代の冒険、トモ・チェセンなどを網羅している。

インタビューでも同誌は独創的な分野を築いてきており、2号の西田康二、14号P・エドランジェ、15号堀地清次、29号大岩純一、34号・53号平山裕示など、一部賛否両論を含め、大いに話題を提供してきたことを明記しておきたい。

chapter 5

私は「クライマー」です

How we have
clung to the "STONE"

哀愁のヨーロッパ

ところで、30すぎて仕事を辞め、外国に長らく遊びに行く、などということを、世間一般ではどう捉えるだろうか。

もちろん実際にそんなことになったら、たとえクライマーとはいえ、まったく意に介さず、というわけにはいかないだろう。

だが、基本的にクライマーという人種は、こうした時に気持ちの切り替え、というか開き直りに関して、タフにできている（はずだ）。それは長年のクライミング生活でこのような局面に多く立たされてきたからかもしれないし、逆にそのような資質があったからこそこれまでクライミングを続けてこられたのかもしれない。しかしいずれにせよ、結果的にたいていのクライマーにそうした処世術が備わっていることは確かだろう。

加えてこの年齢というのは（特に日本人など）誰しもが少なからず「失われた世代」的感覚を胸に抱きつつある頃合なわけで、揚げ句、一般社会でも40すぎて出家したり50すぎて女と駆け落ちしたりということが起こり得るものでもある。それらを思えば、もともといいかげんに生きてきたクライマーが30を越えたと同時に仕事をおっぽり出すなど、さしたる事件ではないのかもしれない。

白幡孝夫　単に背が高いというだけでなく、動きがのろいことでも知られる。ランジも、墜落も、スローモーションを見ているようである。世界で最も「アローン」に慣れ親しんだ男。

フランケンユーラ　ドイツ中部、フランクフルトとニュールンベルグに挟まれた丘陵地帯。この森の中に高さ20〜50mほどの石灰岩壁が無数に点在している。クライミングルートはおおよそ左のごとくのもの。

というわけで、91年の春も終わる頃、筆者はそれまで勤めていた白山書房を辞め——同時に『クライミング・ジャーナル』もたたんで——、ヨーロッパへと出発した。

同行者は、「ガリバー」こと**白幡孝夫**。あだ名通りヌボ〜ッと背の高い男で、実は86年のアメリカツアーも共にしているクライマーだ。

しかし普段特に一緒に登っているというわけでもないのにこうした時にまたぞろつるんでしまうというのは、レベルがどうこうという以上に、歳が同じくらいということが、なにより共犯者的な意識をくすぐるのだろう。また、この頃ヨーロッパにもしゃしゃり出てきた無遠慮な若造たちから身を守る意味でも、こうした人選は案外重要なものなのだ。

さて、それで、いよいよ7月、我々はそれぞれにさまざまな思惑を秘めつつ、日本を後にして（という表現がこの時はピッタリだった）ドイツへと向かった。

ここにはフランクフルトの南東に「**フランケンユーラ**」と呼ばれる丘陵地帯が広がり、そこに無数に点在する岩塔群が、ヨーロッパの夏場の代表エリアになっていたのである。

といっても、そのクライミング内容は「夏に最適」というイメージほど甘くはない。この岩はスケールがない変わりに傾斜が滅法きつく、ホールドも変な形のポケットばかりで無茶苦茶指に来るのが特徴だったからだ。

「指に来る」とは、もちろん例の「パキリ」。日本人には馴染みの薄いポケットホールドで指を酷使した結果、前腕のスジが「パシッ」という音とともに切れ、数週間からひどい時は数ヶ月にわたって使い物にならなくなってしまうというものだ。そうなるとせっかく大枚はたいてやってきたクライミングツアーももちろんオジャンで、それがため、ヨーロッパに行ったらともかく指をパキらないように注意する、というのがこの頃日本人の最重要課題とされていたのである。

ところが、そんな彼の地のクライミングも、現地の連中を見ているとビックリする。同じヨーロッパ系でも彼らドイツ人というのは基本的に筋骨隆々、というより有体に言ってデブに近い者が多く、パワーウエイトレシオがものをいうフリークライミングにはあまり向いているとは言い難い。にもかかわらず、平気で一本指ポケットにランジしたりして、しかも指が半分しかかかっていないのに、「フンッ！」とか言って顔を真っ赤にしてこらえちゃったりする。

それはハタで見ていても「ああっ、やめて！」と言いたくなるような光景で、いったいこいつらには明日のことを考えるという発想はないのか？と、知性をすら疑いたくなってしまうほどのものなのだ。

それにしても、こういうクライミングを見ていると、国民性というものをつくづく大きなものとして感じざるを得ない。昔ヨセミテでドイツ人とバレーボールをやった時も、彼らはまるで大人げない猛烈な迫力を示したものだが、何にしろこちらの連中というのは、なにかにつけてがそうなのだろう。遊びだろうが戦いだろうが、なんでもムキにならずにはいられない。そしてまた、温厚にして理性的な我々日本人としては、こんなのが必死になってやるくらいなんだからきっとオレたちじゃあとても太刀打ちなんかできないだろうなあ、などと、ついつい卑屈になってしまったりもするのである。

だがそんな時にも、我々と違って若い連中というのは、恐れを知らないというかなんというか、なにしろ順応が早い。ちょうどその年はそこに、堀洋紀、**柘植求**、鈴木〝サンチ

柘植求　草野俊達らと同時期にデビューし、いきなり5・13などを登って当時の我々を驚かせた。生まれながらのご隠居のあだ名通り、我々よりはるかに物事を達観している。現在前橋でウォールストリート（ジム）を経営。

大村康則 静岡出身のクライマー。クライミングを始めて1年ほどで5・13を登り、このヨーロッパツアーでは我々を一瞬で追い抜いて、翌年国内コンペの優勝者になった。後、行方不明。

ェ〃朗、**大村康則**といった若手たちも来ていたのだが、そういう連中はここでクライミングをするうちに力も頭もみるみるドイツ人並みになっていき、次々難ルートを落とすようになっていった。

一方たいへんなのは、彼らに徐々に、そして確実に水をあけられつつある我々ロートル組である。

同じ岩場に行ってもまずたいていは我々だけが目標のルートを完登できず、時に一人だけ残されてしまったりする。

それをこの頃「アローン」と呼んで恐れおののいていたのだが、これが実に恐ろしい。ここでは仮にそういう者が出た場合でも「頑張れ!」とか「明日があるよ」とかといった通常のスポーツでありがちな温かい言葉はまず送られず、「またアローンかよ!ドヒャヒャヒャ」などと、後々まで笑いのタネにされてしまうというのだから、クライミングとはかくも厳しいものなのである。

というような過酷な夏も終わり、9月、すっかり馴染んだフランケンユーラを出てフランスへ向かう時がついにやってきた。

「ついに」というのは、ドイツの居心地が予想外に良すぎたからで、それもひとえに治安の良さに負っている。なにしろここは、車のボンネットの上に財布を置き忘れたまま1日クライミングをし、帰ってきたらまだあった、というくらい、諸外国の中では奇跡的にドロボーの少ない国なのである。

一方、そのまったく逆なのがフランスだ。前のシマイでも、ルート上に残したヌンチャ

ベルドン渓谷　南仏にある世界最大規模の石灰岩の峡谷。高差300〜500mほどの側壁にルートが多数拓かれている。上に道があるので懸垂で上部1ピッチのみ取り付くことになるが、すさまじい高度感で全身が硬直してしまって最初は話にならない。

クを夕方まで見張っていて翌朝日の出とともに出向くと既に取られていた、というほどで、特にこれから赴く**ベルドン渓谷**は、テントのすぐ横に停めてある車から夜中に窓ガラスを取り外して盗みを働く輩さえいるという。

しかも腹が立つのは、こうした悪事を、彼らは実に軽い気持ちでやる（らしい）ということだ。

というのは後で知ったのだが、その例として、フランス人というのはやたら万引きをする。しかもどうやら、それをさしたる犯罪意識も罪悪感もなく、相当気軽に行なう（まあ、近頃の日本のガキもそうだが）。そして捕まると、ああ、なんだ、ダメなの？くらいのことを言って、初めて、それなら金を払う、ということになり、それでまわりも収まる、というのである。

実際、筆者もそういう場面を一度ならず目撃した。これはハタから見ていると（しかもかつてそれを相当な覚悟でやった身にすると）何とも呆れるばかりだが、しかしよくよく考えれば、これはいかにもフランス的である。というのも、歴史的にフランス人が築いてきた文化というものは、芸術やスポーツなどのすべての分野において、案外こうした気質が下地になってるんじゃないかというフシもなくはないからだ。

有名な印象派なんかだって、それまでの感覚で見れば「なにこれ？これインチキじゃないの？」となるのが普通だろうに、それがあのように市民権を得られたのは、なにしろ結果良ければすべて良し、というこの国の国民性によるところが大きいような気がする。音楽然り文学然り。たぶんそれは多くの芸術や文化にも同じように見られることだろう。

と、話がえらく飛んだが、それはクライミングに関しても思い当たる。例のハングドッ

ビュークス　かつてユーロパワーを世界中に発信した南仏プロヴァンス地方の石灰岩壁。独特のポケット・クライミングが主体で有名どころが多いが、最近日本人はあまりここには行かないようだ。

レーブ・ド・パピヨン

グを基盤としたラディカルなフレンチスタイルだって、最初は「う～ん、これやったらセコイけど、文句言われる前にやってみるか」だったのが、結果的に世界を前進させた、というようにも、思えてならないのだ。

などと、どのみち話は飛んだ。

天下のフランス文化をいちげんのクライマーふぜいがどうのこうの言うのもおこがましい話だが、それでもここにクライミングをしに来た以上、そういう何でもありな代わりにレベルも相当高い文化に、ケツの穴を引き締めて取りかからなければならない。

で、それからまた数ヶ月、ここでもパキリとそれ以上にドロボーに神経を尖らせながら、ベルドン、**ビュークス**、など取りあえず当時の有名どころを回り、再び皆それなりに成果を上げていく。筆者もこの頃には有名な**レーブ・ド・パピヨン**とか、なんたら・ド・なんたら、といった念願の8aを登り、そこそこ満足していたのだが、それでも若手の勢いにはまったくかなわない。

ここでも例によって「アローン」の文字をひたすら怖れながら頑張ってはみるものの、スポーツの成果というものは、残せる人、残せない人、というのが明確かつ残酷に分かれていくものだから、モチベーションを維持していくのもなかなかに難しい。

ただ、それでも我々日本人というのは基本的におっとりしているし、こうしたヨーロッパツアーも半分は旅行気分でいるから（それがいけないんだな）そうそうムキになることはない。が、向こうのクライマーのスポーツ意識というか、競争意識は、それはすごいものがある。

例えばどこかのルートをレッドポイント寸前に落ちてしまった時など、猛烈に悔しがる。

時には怒鳴る、どころか、これはシマイのある有名な7aのルートでのことだったが、トライしていたある若年、というよりほとんど子供のクライマーが、核心を抜けた最後の最後で力尽きて落ちてしまった時、なんと泣きだしてしまったのである。それも下に降りてきてから泣くのではなく、ホールドから手が離れた瞬間に「ビエ〜!!」という感じで泣き声を上げたものだから、見ている我々はそのあまりなアッパレさにたまげるというか、思わず噴き出しそうにすらなってしまった。

一本のルートが登れなかったからって何も泣くこたないだろうに、とその時は思ったが、こういうことを見るにつけ、おおよそ〝根性〟などという言葉は『巨人の星』や『明日のジョー』を見て育った我々ではなく、むしろナヨッとしたヨーロッパ人の方にあるような気すら抱かずにいられない。

そして、そうしたことを誰よりも意識していたのは、やはり平山裕示であり、寺島由彦だったのだろう。

筆者はその秋ビュークスなどで何回か彼らと登った（というよりご一緒させていただいた）のだが、なにしろ裕示氏はハタで見ているこちらがへたばるほど露わに闘志をむきだしにするし、〝あの〟寺島由彦までもが、時に歯を食いしばったりして、なんだか人が違ったようである。

ある時など――それは寺島氏にとっては既に完登ずみの8aのルートだったのだが――ムーブがなかなかできず、ああでもないこうでもないとホールドの位置や体の組み立てを研究していた揚げ句「ああ、わかった!」というから何だと思ったら、「気合いが足んねえんだ」などと言う。

寺島と言えばその頃既にヨーロッパ生活も長く、ムーブの組み立てのセンスは抜群と現地でも言われていただけに、その結論にはいささか呆れてしまったが、しかしそれも今思えば一つの真理だったのかもしれない。いずれにせよヨーロッパのクライミングというのは、確かにそれだけ厳しいものだったことは確かだろう。

実際、気合いの入れ方も人それぞれで、岩を蹴る人、怒鳴る人、ロープを投げつける人、と実にさまざまあるのだが、どちらかというと我々日本人はそういう陽性の方法は似合わない。そのかわり、登れなかったら八つ当たりをして過ごす。

それは、もうビレイに付き合ってやらないというイジワルだったり、ヤケ酒だったり、引きこもりだったりとこれまた人それぞれなのだが、なんといっても話題が豊富なのが、〝食い〟である。

なにしろフリークライミングというスポーツは体重を増やしては致命的になるだけに、特にヨーロッパなどでは食に関して皆それぞれにたいへんな苦労をしている。その多くは言わずもがな節制、減量だが、しかしそこまでやって狙ったルートが登れなかったとなると、ある日これが爆発する。それは、ケーキ屋で一箱大のミルフィーユを丸ごと買って一人で平らげた話やら、スーパーの中で隠れてチョコパンを盗み食いしていたら業務用の一袋をカラにしてしまった話やら、デコレーション用のチューブクリームをくわえたまま一気に口の中に噴出させてしまった話やら、まったく枚挙にいとまがない。

中でもクライマーの悲哀を物語るのが、シーズン最後に日本人が集まって最後の晩餐を開いた時のことだ。その時は長らくヨーロッパでの苦楽を共にした総勢20人くらいが集まり、もうクライミングも終わりなのでここを先途と食いまくろう、という趣向だったのだが、その中に大野君という、それは食い物が好きなクライマーがいて、ここぞとばかりに腕を凝らし、ウサギの丸焼きだの何とか風ケーキだの、フレンチなんたらだのを一日がかりで大騒ぎして作ったことがあった。

で、いよいよ開宴という段になり、それまでヨダレを垂らさんばかりに待っていたクライマーたちはいっせいに食い物に飛びついた。までは良かったのだが、情けないことにほんの10分ほどで皆腹いっぱいになって何も食えなくなってしまった。「ええ?なんで?」と自分でも驚いたものの、実はこの半年間ひたすら節制してきたせいで、胃袋が完全に縮んでしまっていたのである。

いやいや、それにしてもあの時の、それぞれ既にキャパシティのなくなった情けない腹を抱えながら、それでも皆うらめしそうにテーブルの上を見つめていたあの顔は、今でも忘れない。もちろん大野君の渾身の料理のほとんどは手付かずで残ったままである。

ちなみに大野君はその後、帰国前のパリで爆発し、3日で7キロ太ったという話だが、彼には以後会っていないから真偽のほどはわからない。

▼資料

「ミッドナイト・ライトニングを7個重ねてみたまえ。それがラ・ローズ・エ・ル・ヴァンピールだよ」という言葉に代表されるヨーロッパ・スポーツクライミングエリアの代表エリアといえば、西ドイツのフランケンユーラ地方と、南フランスであろう。

このうち南フランスではプロヴァンス地方にあるビュークス、ボルクス、そしてベルドン渓谷、地中海沿いマルセイユ近郊のカランク、シマイなどに70年代後半から高難度ルートが拓かれ、90年代初頭にかけてそのパワーを世界に発信してきた。

岩場はすべて石灰岩で極小のエッジやポケット、あるいはハングに発達したコルネを使うものが多く、日本、アメリカに比べると非常に異質で、そのジムナスティックな内容は世界中に驚きをもって迎えられた。

一方、ドイツは比較的小さな岩場でのボルダリング的なクライミングが特色で、やはりポケットホールド主体。しかしムーブの難しさはフランス以上で、クライマーもフランスに比べ、肉体派が多い。

現在はこの他にもイタリア、スペインなどに注目されるエリアがいくつか拓かれているようだ。

人工壁時代の幕開け

世の中には、人がこれだけ情熱をかけてやっているにもかかわらず、それがまわりにまったく理解されていない、ということがしばしばある。
例えば、フリークライミング。この、我々が長年四苦八苦しながらやってきたものについての、いわゆる用語年鑑での説明がちょっとすごい。朝日新聞社刊、2000年度版の『知恵蔵』のそれは
「ハーケンやザイル（綱）などの用具を使わないで山を登ること。近年、岩登りのことを言うようになり……」と、いうのだから、新聞などというものは、いかにシロウトが作っているか、というものだ（我々は早くそれに気づいた方がいいですよ。話は逸れますが……）。
またこれよりややマシな『イミダス』（集英社刊、2000年度版）にしても
「人工的に作られた岩壁を、安全確保のための命綱と滑り止めの粉以外の道具を使わずに素手で登って行くという、競技として純化されたロッククライミング」というのだから、なんともガッカリしてしまう。
しかしまあ、今、こうしたいかにもありがちなシロウト知識でフリークライミングがこのように見られてしまうというのも、人工壁全盛の現状を見ればわからないでもない。テ

レビなどで紹介されるコンペはすべて人工壁だし、都内や近郊の都市、あるいは結構な田舎の町に行っても、クライミングジムはもはや珍しいものではないからだ。
また当の我々自身、自らのクライミングのかなり多くを、現在これら人工壁でのそれに費やしていることも疑いのない事実ではあるだろう。

このように、フリークライミングと人工壁とを同一視させる要素を数え上げたらキリがないのだが、しかしこのように今まさにポピュラーになった人工壁が、我々フリークライマーの前に出現したのは、実はそう古いことではない。
自身つい先日まで八王子でボルダリングジムを開いていた**小日向徹**氏の「日本・人工壁史」(『岩と雪』169号)をひもとくと、日本での営業ジムの歴史は89年、大阪のOCS、都内では御成門の**アルピンクライミングジム**が最初とある。
う〜ん、そうだったかな?と思いつつ、忘れていた記憶を辿ってゆくと、あの狭いワンフロアーの中に暑苦しいクライマーがわらわらと集まって、ああだこうだとつまらない課題をやっていた光景がよみがえる。
その課題がどれくらいつまらなかったかというと、高さ3m弱、幅5mほどの垂壁(って、普通の家の壁だよ、これ)に素朴な**人工ホールド**がまばらについていて、それをただ順番にトラバースするだけ、というものだったのだから、およそ想像はつくだろう。しかもスペースが狭いため進む方向も右から左と一様に決められており、そこに筋肉密度の高い連中が身体検査でも受ける学生のように順序よく並んで次から次へと流れ作業で課題に臨んでいたのである。

小日向徹　元7aボルダリングジム・オーナー。タカトリ出身を地で行くムラのある性格で、ポケット系にはやたら強いがカチホールドが出てくるとすぐ飽きてしまう。今は保険屋さんとして皆さんお世話になっております。

アルピンクライミングジム　東商がホールドの展示などの意味も含めて作ったクライミングジム。高さ3mほどのワンフロアーのしかも半分という狭さだったが、意外に人気があった。

人工ホールド　大小さまざまな手がかり足がかりをFRPなどで人工的に作ったもの。ボードにネジ留めしてさまざまなバリエーションを作り出す。昔は単にエポキシや木などで作った。

いやはや、なんとも思い出したくない光景だが、それでも皆、連日嬉しそうに通っていたのだから、いかに日本にクライミングの場が不足していたかというものだ。

ところで、ここは営業ジムとしては日本初ということだが、その割には、こうした人工ホールドを珍しいと感じた記憶がない。それは、人工壁自体、それまでもコンペなどで比較的ポピュラーになっていたし、プライベートでもこれらを使ったものが既に結構あったからだろう（実はアルピンも、こうした目的のための人工ホールドのショールームでもあった）。

そうしたプライベートウォールで、やはり思い出すのは、前にも少し触れた城ヶ崎の大岩ハウスのそれである。

これはアルピンに先立つこと2年前の87年正月、クライマーで毎週賑わうアパートの一角に、太い梁と足場用のコンパネを合わせて作られたもので、おそらく当時、日本最大クラス（高さ2ｍ、幅3・5ｍ）のものだったのではないかと思う。

それに堀地清次が突然思いついたように作り出した自作ホールドをつけ、それ以外はシーサイドあたりから拾ってきた石を貼り付けて間に合わせるという、いたって素朴なものだったのだが、それでもそれしかないとなれば案外突き詰めて使うものでもある。

実際ここには、大岩、杉野、平山といった当代きってのクライマーによっていくつか難しいトラバース課題が設定されており、岩場から帰ってきた夕方や雨の日など前にも触れたようになかなか盛況を博したものだった。

もっとも、こうしたものはこの頃必ずしも特別なものではなかっただろう。特に地方などではトレーニング施設どころか本物の岩場すらままならないことが多く、プライベートウォールまでいかなくとも懸垂ボード、**石垣**、塀などでこのようなことを行なっていたことは想像に難くないし、実際その様子はさまざまな雑誌などにも残されている。

さて、そうした素朴な時代を一気に過去のものへと押しやったのが、92年、寺島由彦によるTウォールの開業である。

氏はそれまでの数回のヨーロッパ滞在でそれまでの日本にはなかったクライミングジムというものの存在を聞き、本格的な営業ジムとしての可能性をひらめかせたという（もっともその2年前に既に橋本覚が自宅を改造して「**ドラゴンウォール**」というジムを作っていた。しかしこれはどちらかというとプライベートウォール的な性格のものだった）。

そしてある春、氏は二子とか城ヶ崎とかに出没してはどこも登らず、名前は何にしようとか、入場料が幾らなら来るかとか、場所がどこがよいかとかやたらブツブツ人に聞いてまわっており、揚げ句ついた名前がTウォールという、なんとも安易なものだったのだが、やはり日本ではまだ前例がない商売のこと、それを現実のものにするには相当なプレッシャーがあったに違いない。

しかしそのようにしてできあがったジムに、冷やかし半分で実際に出かけてみると、これがなかなかにすごい。

ちょっとした体育館ほどの広さ（は大袈裟か？）に、高さ10m弱の壁が4〜5面あり、その一つなど天井を5〜6mも這うように作られている。ボルダーも結構充実しており、そしてなにより雨に濡れない！

などと言うと、いかにもあたりまえの、ジムの内容以前のことのように思われるかもし

石垣　東京駅至近の常盤橋公園の江戸城の石垣が登られていたことは有名だが、それ以外にも金沢、熊本、大阪など全国的にこれらはトレーニングに使われた。大阪城のそれにはルート図すらあったという噂も。

ドラゴンウォール　山梨県上野原にあるボルダージム。というより道場に近い。高さ5mほどでプライベートウォールと呼ぶには巨大すぎるが、雰囲気がオーナーの人柄そのままに田舎の公民館的なので、いつまでたっても営業には結びつかない。

れないが、なにしろそれまで我々が国内の岩場で置かれた状況といったら（それはもちろん今も同じだが）、雨で登れなかったり、ホールドが染み出しでビチョビチョに濡れていたり、寒くて手がかじかんだり、ということをひたすら我慢しなければならない。特に春秋のベストシーズンなど、３週連続週末が雨などということも珍しくなく、そうなると一ヶ月近くも岩登りができないということになる。そしてかつてそうした苛立たしさが重なってクライミングをやめた、という者すらいたくらいだから、このようにいつでも登れる人工壁というのは、それはまったく夢のような存在と言ってもよかったろう。

そして結局、Ｔウォールは開店するなり盛況となり、寺島氏はすっかり社長になってしまったというわけなのである。が、しかしその後、こうしたジムでのクライミングがこのような形のものとなるとは、その後あちこちに新店舗をオープンさせた多くのオーナーたち――パンプの内藤直也氏、ロッキーの田村幸雄氏、ビッグロックの大岩純一氏などなど――も、おそらく予測はしていなかったのではないだろうか。

というのは、今やこうしたジムは、クライマーが平日あるいは雨の日に岩場の代理として使うというよりも、一つのクライミングの完結形として、独自の姿へと変わりつつある。それがクライミングの様相をも、完全に変えてしまっているからだ。

それは、冒頭にも述べた一般人のクライミング観や、それ以上に多くの人がこうした人工壁でクライミングを知ったり、またここをもっぱらの目標にする人たちが増えたということを見てもわかる。クライミングの目的を自然の岩を登ることではなく、コンペに置く、などというのもこれに近いものだ。今やそういう人たちにとっては、普通の自然の岩場を「外岩」と呼んで特別視する習慣すらあるらしい。

まあ、これはこれで価値観の相違と言ってしまえばそれまでなのだが、しかしこれにももちろん問題がないわけではない。

ジムにあるようなものが普通のクライミングで、自然の岩場（本物の岩場、とあえて言いたいが）でのルートもすべてそのように作られている、と考えるクライマーを作り出してしまうことなどがその最も典型的なものだし、逆に自然の岩場をそのように形作ってしまうこともそれに近い。ジムでのグレードをそのまま自然の岩場にスライドさせるのもよくある問題だろう。が、これはこれ以上言うとお説教臭くなるのでここではやめておこう。

もっとも、そういうグチをこぼす我々オヤジ連だって実は誉められたものではない。なにしろ、この連中にとって、今やジムはトレーニング場というよりは近所の診療所の待合室のようなものである。40、50をすぎたオジンオバンが仕事もそこそこに毎日集まってはクライミングにかこつけた世間話にいそしみ、やれ誰それが膝を壊しただの、やれ今週はどこそこでキャンプだのと、そんな話ばかりしている。

だがそれ以上に終わっているのは、言うまでもなくオーナー連だろう。だいたい大きなジムの経営者というのは昔そこそこのクライマーだった人が多く、もともとは自分でもクライミングをしたくてこうしたジムを作ったと思うのだが、さて経営者に納まった途端、絵にかいたように老け込んでしまう。それはジムの走りの「ド○ゴ○」を見れば明瞭だし、大○氏、寺○氏などもいずれアヤメかきつばたというところだろう。おっと、これ以上言うと出入り禁止を食らうかもしれないので、これもこのへんでやめておくが……。

▼資料

クライミングジムの先駆としては、89年、大阪に「OCSクライミングジム」が、東京に「アルピン」が開店し、90年には山梨県上野原に橋本覚による「ドラゴンウォール」が完成している。

しかし前述『日本・人工壁史』で小日向が触れているように、営業ベースに乗ったものとして「時代を変えた」のは、やはり92年埼玉県入間市の「Tウォール」と見ていいだろう。寺島由彦経営の同ジムはその後に文京区江戸川橋、江東区錦糸町と店舗を増やし、のちには本店を東村山に移すなど発展している。

さらに大型ジムとしては93年、内藤直也が埼玉県戸田市に「パンプ」をオープン。首都圏で駅から至近、高さも10m近い規模ということもあって人気を博し、その後川崎市多摩区に2号店を、大阪に3号店を、国分寺と横浜にボルダリング専門店を開設、こちらものちに本店を川口市に移し、業界最大手として今に至っている。

また93年はこの他、船橋ロッキー、ウィング（江東区）、だんだん（国分寺）、岳アートウォール（甲府）、ステップ（韮崎）、破天荒（名古屋）などが相次いでオープン。94年には大岩純一が横浜に「ビッグロック」を開き、これものち、静岡、名古屋と店舗を拡大している。

これらを含め、現在国内にある主要なジムは約80。これに公共施設（公営体育館など）のものを加えると、100以上の数になり、さらに個人所有のものを加えると数えきれない数の人工壁が作られていることになる。

▼補足

その後もクライミングジムの勢いはとどまるところを知らない。ルートクライミングでは首都圏では、Tウォール、パンプ、エナジーが2店舗ずつの他、平山ユージのベースキャンプ、大岩夫妻のビッグロックなど10店舗近くがあり、ボルダージムに至ってはBパンプ、ロッキーなど大手を含め、都内だけでも100店舗を超えていると思われる。全国レベルでも店舗数はそれぞれその倍に達するであろう。

また公共施設でも昭島と葛飾、丹沢大倉などにかなり大きな開放ジムがある他、一般フィットネスクラブにルートクライミング可能な人工壁がある所（セントラルスポーツクラブ、NASスポーツクラブなど）も珍しくない。

今や人工壁はフリークライミングの顔だ

『岩と雪』休刊

80年頭にヨセミテからの衝撃で始まった日本のフリークライミングは、その後スポーツクライミング、コンペ、人工壁、とさまざまに変化しながら、95年、また一つ大きな転機を迎えることになる。

雑誌『岩と雪』の休刊である。

などというと、ちょっと拍子抜けするかもしれない。

そんなものは所詮商売の話であって、クライミングそのものがどうこうというものではないからだ。が、それでもそれまでこの雑誌が果たしてきた役割の大きさを考えると、これはこれで確かになにがしかの事件ではあったという気がする（もちろん『クライミング・ジャーナル』も、ですけどね）。

フリークライミングの分野だけでも、そもそもの始まりにしてが例の72号の影響からだったし、それに続く、鈴木英貴のアメリカ体験、小川山、城ヶ崎、二子などの記録、ヨーロッパクライミングの紹介、平山裕示の活躍、などなど、それこそ我々が夢中になり、また突き動かされた記事は数知れない。まさに、日本のクライミングは『岩と雪』とともにあり、クライマーは『岩と雪』とともに、育ってきたのである（もちろん、『クライミング・ジャーナル』も、ですけどね)。

それが、いかにバブルが崩壊したとはいえ、逆にこれから人工壁時代到来でフリークライミング人口が爆発的に増える、と、多くのクライマーが信じて疑わなかった時期に突然休刊になってしまったのだから、これには皆、驚いたことだろう。確かに、休刊直前はなんだかわけわからない研究論文や、外国の絶対行きそうもない岩場紹介など「オレにはな〜んも関係ねえ」記事ばかりで、パワーダウンは否めなかった。とはいえ、それでも〝あの〟イワユキを、山と溪谷社が本当につぶす(という言葉はいけませんね。休む、だ)とは、誰もちょっと信じられなかったに違いない。

まあ、他人の台所事情はよく知らないのでこれ以上どうこう言うのはやめるが、いずれにせよこうしたオピニオン誌がなくなるということは、その文化の中にいる者にとってはたいへんなことだ。最終号に寄せられた便りにも「イワユキやめないで」コールが満載で、クライマー間の話題もそれで持ちきりだったのだが、しかし、そういうクライマーたちの反応を見るにつけ、筆者はやや複雑な心境だった。

というのは、そっちもつぶれてざまあみろ、などというのではなく(白○書房の簑○氏の心情に関しては私は知らない)、こうした雑誌に対する疑問というものも、内心少なからず感じていたからだ。

というのは、あくまでかつてその対抗誌、というよりほとんど相手にもならない野党側にいた者の言い分として聞いていただきたいのだが、こうしたオピニオン誌が、オピニオン誌として、あまりに絶対的なものとして捉えられすぎていた、と思えるフシもなくはなかったからだ。

確かにこうした雑誌が導く時代の流れというものはある。しかし、その中で自分なりのモラルや価値観を維持していく、という選択肢も残されるべき、と、『ジャーナル』をやっていた者としては常々思っていた。

とはいえ、だからといってこれは誰もが好きなようにやっていいというものではなく、クライミングという文化を、その歴史なども鑑みながら学んだ上で、でなければならないことは言うまでもない。そしその資料としての役割が、なにより雑誌の意義である。と思ったのだが、どうも筆者の見たところでは、クライマーたちはそこのところをふっ飛ばして、与えられた結果のみにしがみつく傾向が強かったように思えてならない。

その傾向は、諸方面からの反発を恐れずに言えば、例えば「**クロニクル**」のページに特に顕著にうかがい知ることができる。

ちょっと話が飛ぶが、以前、『クライミング・ジャーナル』が傾き始めた時、あるクライマーが、

「クライミング・ジャーナルもクロニクルばかりにしちまった方がいいんじゃない?」

と言ったのを聞いて、ビックリしてしまったことがある。

それくらいクライマーという人種は、クロニクルをクライミングの唯一の価値として信奉している。そしてひとたびクロニクルに載ったものは、それがどんなものであろうと絶対的なものとして認められ、それ以外のものは隅に押しやられてしまう。

などと言うといかにもイジワルな見方かもしれないが、しかし実際、そうしたクロニクルによって〝公認〟された新ルートが、過去のスタイルやオリジナルルートをつぶしてき

クロニクル　初登攀記録、その他の記録を投稿して載せるページ。日本では昔からごく普通のものだったが、外国の雑誌でこういうページというのは見たことがない。なぜだ?

たという例は数知れない。文化を創るはずのものが、逆に文化を抹殺してしまっているのである。

そして、こういうものを見るにつけ、昔、それこそ鷹取山あたりで内輪だけであれこれやり合い、まったくローカルな基準を勝手に作り上げていた頃が懐かしくすら感じられることもなくはない。

このようなローカルルールというか、ローカルモラルというものは、今の時代、とかく敬遠されがちなもので、それがあまりに強かった故に廃れてしまったものもあることは確かだろう。しかし時にはそうした文化を維持するために、不条理な基準やオキテが必要な場合もあることも、また確かだろう（もっとも「オレに挨拶しなきゃダメだ」などという悪いローカルルールもあるにはあり、こういうのがあるから良いローカルルールも駆逐されてしまうのだが）。

そうしたオキテは、無関心に見ればきわめて前時代的なものかもしれない。だが、本来、文化というものはそういうものだ。文化とは文明とは違い、あえて理不尽かつ不自由なものを選ぶというところにその存在意義がある、ということを何かで読んだことがあるが、確かにクライミングなどという狭い世界を見ていると、まさにそうだと思う。この世界に入るのならまずその文化をこそ学ぶべきなのであり、その本質をわかっていない者がここで必要以上に民主化などを振りかざす必要はまったくないのである。

と、またも一方的にまくしたててしまったが、しかし、こうしたことについては人それぞれに言い分はあるだろう。だがその後、雑誌をどうするとかいう話があった時、あるクライマーが言った「雑誌なんかない方が、かえってクライミングは健全な方向に進むんじゃないの?」という一見すてばちなセリフは、確かに一つの見識ではあると筆者などは思う（思っちゃだめだろ、本当は）。

　だがそうはいっても、自分たちがやっているものに関しての専門誌がない、というのも、また悲しいものである。

　『岩と雪』がかつて示してくれたような数々の刺激は、ついついしぼみそうになる我々のモチベーションのなによりの起爆剤だし、いろいろな意味でこの世界を活性化させる重要なソースであることは間違いないからだ。

　それが故、先に挙げた同誌最終号の「イワユキやめないでコール」はなかなか皆さん切実な思いを綴ったものだったのだが、その中にもう一つ、先の文化云々とはまた違った意味でちょっと気になるものがあった。

「価格が多少上がっても買うから、なんとかつぶさずにおけないものか」という意見がいくつか寄せられていたことである。

　まあ、確かにこの雑誌がなくなってしまうことを思えばそう言いたい気持ちもわからないではない。だけど思うに、それって本当だろうか？本当に彼ら、専門誌ならば値段に関係なく買ってくれるんだろうか？例えばその後の『ＲＯＣＫ＆ＳＮＯＷ』なんかあやまたず買っているんだろうか？

　ついでに言えばこのお便り集の中で「クライミングジャーナルはつぶれたけど、イワユキは大丈夫と思っていた」とか「過去、クライミングジャーナルとかいろいろ雑誌はつぶれてきたが……」とか、まるで『ジャーナル』はつぶれるのがあたりまえ、みたいな書き方されていたのには、ちょっと納得いきかねるものがあった。

池田編集長　本名池田常道。本人は実際にクライミングをしてきた人ではないが（しかし実は大学山岳部出身という噂も）、クライミング全般に対する見識は日本でも最高のものを持つ。おだやかな眼鏡面の奥から発する眼光は全てのクライマーをびびらせるものがある。

おまけに**池田編集長**の編集後記にしてからが「海の向こうでライバルとしてやってきた外国雑誌の編集長たちはすでに交代し……」などと書いていたが、おいおいおい、『ジャーナル』はライバルじゃなかったのかよ？

▼資料

その後、『岩と雪』は、周知のように『ＲＯＣＫ＆ＳＮＯＷ』として98年から復活している。

ただし、その10号くらいまでは初心者向けの情報誌に徹し、「専門誌」と呼ぶには賛否両論もあったようだ（ある意味『クライミング・ジャーナル』的だった、ということもできる。これで人気を得るのは難しいに違いない）。

しかし、２００１年12号からは誌面も一新し、まさにこのスポーツを代表するオピニオン誌として号数を重ねている。

この他の活字メディアとしては、一時期、枻出版社による『Free Climber』が出されたが、５号で廃刊。つい最近メディアハウスからも『ボルダリング・ヒーロー』というボルダリング専門誌が出たが、これも2号以降の噂を聞かない。

ミニコミ誌では長野の『ＲＵＮ　ＯＵＴ』が有名である。特に後者は編集サイドの的確な見識のもと、かなりに硬派な誌面作りを行なっていて、新生『ＲＯＣＫ＆ＳＮＯＷ』以前のファンは多かった。

また、ちょっと性格が違うが、日本フリークライミング協会の機関紙『フリーファン』

も、この分野の情報誌として重要である。『岩と雪』休刊以降、順調に部数を重ね、現在45号。もうすぐ『クライミング・ジャーナル』に追いつこうという勢いである。

▼**補足**

その後の雑誌としては、ボルダリングジムのロッキーが企画発行した『ＲＯＣＫＣＬＩＭＢＩＮＧ』が２０１７〜２０年に15号を発売。山と溪谷社『ＲＯＣＫ＆ＳＮＯＷ』はこのスポーツのオピニオンリーダーとして順調に部数を重ね、２０２３年にはついに１００号を迎える。

1995年4月の『岩と雪』休刊号。う〜む、なかなか……。

クライミングの光と影

フリークライミングが始まる前から、登山家、いわゆる「山ヤ」にとって、登山を全うする環境を作るということは、なかなか難しい問題だった。

なんといっても登山というのは一回のスパンが異常に長く、特に冬山や海外の山などに行こうとすると、普通の会社の休みではとてもじゃないがやっていけない。

そうした問題を解決するため、かつては学校の先生などというのが夏休みがあって登山家の憧れとされていたのだが、それはまずなるのに大変だし、なったとしても土日が休みじゃないなど、今となってはとてもニーズに応えられるものではない。

そうなると、一般庶民がそこそこ納得いくまでやるためには、どうしても出世を諦めるか、もしくはドロップアウトせざるを得ない。というわけで、いわゆるフリーターという職業（?）は古くからクライマーの専売特許だったのだが、そうした中でもよく行なわれていたのが、高所作業、わけても窓拭きである。

この、根本的に高い所が好きな人間にはうってつけともいえる仕事を、その昔、筆者もやっていたことは前にも述べた。そしてその会社というのがクライマーばかりで、筆者もクライミング中に拾われてそこに入ったことも、やはり述べたと思う。

有坂さん　正式名称有坂水工舎。ここで筆者は職安からの日雇い労働者の送り迎えもやっていたのだが、そこで「兄ちゃんも手帳もらえば毎日何もしなくても失業手当もらえるぞ」とアドバイスされたことがある。クライマーなどまだまだだ。

しかし、そうした幸運（？？）に恵まれるのはまず稀で、なんだかんだそのような境遇を得るのは難しい。

再び筆者の個人的な話では、87年、2度目のアメリカから帰った時のこと。この時は白山書房を休職、というより戻るアテもなく一時退職し（結局その後は戻ったのだが）、有り金を見事に使いきって成田に戻ったのだが、そこで知り合いのクライマーと出会ってそのまま城ヶ崎の大岩ハウスに転がり込み、だらだらとそこでクライミングを続けているうちに、ついに財布の中が残金74円になってしまった。

そしてそれを見たあるクライマーに「27歳にして全財産74円ですか……。借金1億あるよりみっともないですねえ」などと名言を吐かれ、しかしそうは言っても何するアテもなく、いよいよヤバい、という矢先、大岩純一氏の講習生で**有坂さん**という水道屋さんに拾われ、そのまま宿ごとお世話になったことがあった。

で、筆者はなんとかホームレスにならずにすんだわけだが、実はそこはその後、同じようなクライマーが次から次に代を変えて転がり込み、ひと頃クライマーの駆け込み寺として有名になってしまった。

ざっと数えただけでも芥川尚司、〝サンチェ〟鈴木、小日向徹、白幡孝夫など、いつもながらのお馴染みメンバーが、ここで穴を掘り、壁を埋め、床下を這いずり回ることになったわけである。

そして、このような仕事に付きものとしてそれぞれ皆なかなかの逸話を残してきたのだが、中でもある冬のさなか、コンクリートを打ったばかりの底冷えのする建築現場で鼻をすすり上げハンマードリルと格闘している時に、白幡孝夫がボソッと漏らした言葉は、長らくクライマーの間に語り継がれている。ちょうど向かいの日の当たった庭に主婦がのんびり洗濯物を干しに出てきたのを見て曰く、「ああ、主婦になりたい」。

まあそのくらい、その頃クライミングというのは悲哀に満ち、社会と相容れないものだったのだろう。


しかし、どうやらそうした状況もここ数年は様相が違ってきているようだ。

クライミングが、産業として社会の中に進出してきたのである。

その代表格は「プロクライマー」という職種だが、これはもちろん、平山裕示、いやユージを筆頭としている。

かつてフリークライミングといえば軽業師のノリで物珍しさのみが話題になったものだが、我らがユージ氏を映し出すそれは既にそのようなものではなく、このスポーツを、すべて、とは言わないまでも、かなりの部分で正統的に捉えている。そして、氏自身、そのスター性で、他のスポーツプレイヤーに比しても決して見劣りしない、マスメディアの顔になってしまっている。

もちろん、彼がそれまでになるには他人にはうかがい知れない努力があっただろうし、誰もがその道を歩めるものでもない。

しかし、気がつけば、まわりにこの業界で食べている人間が意外と多くなっていることもまた事実だろう。

ちょっと数えあげても、スポンサーがらみ、コンペでの賞金がらみ、インストラクター、ガイド、ジムのスタッフ、クライミングショップのスタッフ、メーカー関係、出版関係、と、かなりの数にのぼる。

時代は変わったものだなあ、と思わずにいられないが、思えばこのようなことになったのは、皮肉にも業界唯一の専門誌である『岩と雪』がなくなってからじゃないかと思う。それからフリークライミングは、にわかにメジャーへの道を歩みだしてきたような気がするのである。

その一番の功労者はもちろんクライミングジムの普及だが、それに加えてコンペティションの影響も抜きにできない。確かにコンペティションは、実際はそれに関心のあるクライマーはかなり限られるとはいえ、なによりクライマー以外の層――メディアやメーカー、観客など――にとって、結果が目に見えてわかりやすいものには違いないからだ。

もちろん、だからといってコンペがクライミングのすべてを表すものではないし、これ自体にもさまざま問題がないわけではない。しかし、やはり社会の中で成り立つというためにはこのようなことも大切だし、広い目で見て、こうした傾向は、やはり喜ばしいことだと思う。


なにしろこうしたことに比べると、昔は悲惨だった。

また昔の話で、加えて同じ人間のことばかりで申し訳ないのだが、筆者がヨーロッパに行った時など、帰国間際の1ヶ月は例の白幡孝夫と、「帰ったらどうする?」とか「年金かけてる?」とかいう話ばかりで、クライミングどころではなかった覚えがある。そして実際、二人ともその最後の1ヶ月は、無理して滞在を延ばしたにしては、ろくな成果はあ

ガイド、インストラクター 信じられないかもしれないが、今、日本にこの職業の国家レベルでの公式な免許制度はない。まあ、日本の免許制度がいかにザルかを考えれば、あってもしょうがない気もするが……。

げられなかったように思う。

その点、「プロになる」という目標と現実があれば、気合いの入り方が違う。まあ、厳しいことを言えば我々だってそのくらの気合いを持っていれば良かったのだろうし、逆に今このような環境だからといってそう簡単にプロになれるとは限らない。だが、やはりそれでも前例がある、というのは心の励みになる。そういった意味では平山ユージは、数々の記録だけでなく、この面でもクライミング界に与えた功績は計り知れないといってよいだろう。

しかし一方、こうした面にももちろん問題がないわけではない。

その一つは他の何の分野でもあるように、ちょっとしたことですぐ金に結びつけることができると考える向きが出てくることだが、それ以上に問題なのは、経済効果を優先するあまりクライミングそのものを歪めてしまうことだ。

というのは、かつて「クライミングは安全です」という言葉で後先考えずこのスポーツの底辺を拡大しようとしたように、今は〝客商売〟という名のもと、クライミング文化を理解しない者をもどんどんこの世界に引き入れてしまっている面がなくもないからだ。実際、今、岩場は危険や迷惑に無頓着なクライマー、というより新しい〝人種〟があふれかえってしまっているが、これはやはり**ガイド、インストラクター**、ジム、雑誌の影響によるところを無視できるものではないだろう。

と、またまたきつい口調になってしまい、かつ自分の首をも締めることになっているわけだからこの辺でやめておくが、いずれにせよこれからクライミングを本当に産業として成り立たせていくためには、目先の利益や利便性にとらわれず、ある程度の法的な束縛とともに、この文化を守っていくという意識をこそ、我々は持つべきなのだろう。そしてそれはもちろん、プロに求められるべきものであると同時に、それを利用する側の民度にも求められるべきものでもある。

ちょっと話が変わるが、最近読んだ『やっぱりバカが増えている』(小浜逸郎著、洋泉社新書)という、なかなかすごい題名の本に、「教育とは、教わる側のためにやるのではなく、教える側の文化を継続させるためにやるものだ」という文面があって、筆者などはまさに目からウロコ、いたく感動してしまった。筆者が教育などという言葉を口にするのはまったくおこがましい話ではあるのだけれど、クライミングにおいても、「プロ」というものは、金を得ることより、まず文化を伝える担い手であるということを強く認識すべきではあるように思う。

などと、結局またまた小うるさく論じてしまった。しかしそれにしても、こういう現状を見ると、いろいろな意味で隔世の感がある。

だいたいクライマーという人種は、かつては金に関しては疎いのが美徳であった。のみならず、いかに金を使わずにやっているかということが自慢だったことすらある。

そういった意味では、そうした貧乏生活のノウハウを教えるのも、立派な「クライミング文化」の伝承かもしれない。それに関してだったら、筆者は自信があるんですけどねえ……。

▼資料

純然たる〝フリークライミング〟を明確に仕事とした最初のクライマーは、81〜82年のヨセミテ帰還組、池田功、檜谷清、橋本覚であろう。もちろんそれまでにもいわゆる山岳ガイドは多々いたから、彼らが近郊のゲレンデでいわゆる岩登り講習会を行なっていた、という経緯はあった（ハードフリー講習会なるものも都岳連、無名山塾など主催で単発的に開かれてもいた）。しかしそういう山岳ガイドではない、専門職の「フリークライミング・インストラクター」として門戸を開いたのは、この3人が最初ではなかったかと思う。

その後、86年からは大岩純一・あき子夫妻、森正弘らも参加。同年この3人に、檜谷、橋本、両氏を加え、インストラクター協会「プロックス」が発足する。

一方、こうしたインストラクターではなく、スポンサーやコンペの賞金などから直接報酬を得る「プロ」のクライマーとして最初に登場したのは、本文にもある通り平山ユージである（この名前の正式なカタカナ表記は96年、氏がプロとして一般メディアに出始めた頃からである）。

最初のスポンサーは今やあまりにも有名なロストアロー。しかし最初はスポンサーというより、社長の坂下直枝氏の個人的な応援資金に近いものだったという。もちろん、その後の氏の活躍を幾多のメーカーが見逃すはずはなく、以後ザ・ノース・フェース、日産などが正式なスポンサーとして氏と契約を交わしている。

のち、「プロ」となったクライマーには小山田大、以下若手数人の名前が挙げられるが、専業というにはまだまだ難しいようである。

ヤキがまわるのはいつか？

自慢ではないが、筆者は40近くになってから「学生さん？」と言われたことがある。それが良いことなのか悪いことなのかは別にして、本人は内心喜んでいるし、また実際、若いつもりでもいる。

だって、今、筆者は43歳だが、一般的なその歳の人間が、どのようなものか考えてみてほしい。

まずたいていが、顔はよれよれで腹は出、半分ハゲた頭をなんとか誤魔化して、目はサバ目。そしてなにより臭い、と相場が決まっている。今はまず会うことはないが（会ってもおそらく相手にされないが）、例えば学生時代の同級生など、きっとどうしようもないド中年になってしまっていることだろう。

その点、筆者はいまだにジョギングなんかして腹もへこみ、肌のつやも充分で、髪型も今年はヒッピー&フラワームーブメント調のロン毛にしようかな、などと考えている。カーステレオから流れるものも、いまだにレッド・ツェッペリンとか、ジミ・ヘンドリックスとか、吉田拓郎とかで（それが問題だ）、まったく、若い！と言わざるを得ない。

と、大きな勘違いをしているのは、実は自分だけだろう。

現実は、前にも触れたように、ほんの2回目のアメリカツアーで既に日本人クライマー最年長だったし、ヨーロッパを回った時の仲間1人は、なんと一回りも下の小僧であった。しかもそれから10年以上が過ぎているというのだから、いやもう、まったく驚きである。母親が、なにかにつけ「まだそんなことやっているの？」と呆れるのも無理はない。

まあ、クライミングというものが基本的にそのようにゆっくりしたペースで楽しむことができるものであり、またこっちだってそれなりに努力しているが故の話ではあるのだが、それでもジムなどで40すぎた連中がいそいそと集まり、昨日のテレビがどうだったとか、今度出た何々というお菓子がおいしいとか、高校時代とほとんど変わらない会話を交わしているのは、ちょっとすごい。そしてその一方でもう子供がいるようないい歳のクライマーが「おい、太郎！」などと呼び捨てにされ、「アイス買ってこいよ」などと使われている様を見ると、これが日本の社会経済を背負って立つべき世代のやることか、と思うこともなくはない。

もっともそうはいっても、だいたいまわりにうろちょろしている顔が10年前、15年前からまったく同じなのだから、こちらが勘違いしてしまうのも無理はない。

というところで話がまたちょっとずれるが、最近ジムができてからというもの、クライミングをやめていた人間が何年かぶりでこの世界に現れ、皆の驚きを買う、ということが珍しくなくなった。が、そういう時でもクライマーという連中は、挨拶の仕方がすごい。十数年ぶりだというのに、「今何やってんの？」「ん？ああ、**赤矢印**」という、なんとも超越した会話を平気で成り立たせるのである。

赤矢印　ジムのクライミングルートはホールドに目印のテープを貼ることによってルートとして設定されているものが多い。赤矢印のマークがついたホールドだけ辿って登れば5・11ｃという具合だ。

山崎岳彦　かつて大胆なランジ(飛びつき)、下品なまでに素早い動きでまわりを沸かせた元祖ボルダラー系クライマー。平山ユージが相当目をかけていたようだが、期待を裏切り早々に老け込んだ。現ランナウト・オーナー。

室井登喜男　今やボルダリングのカリスマはこの人か?と目されてはいるが、実際に会った人は皆さりげなく自分のヒーローを変える。でもあの環境でここまで育ったんだから考えてみれば立派なものだ。

松島暁人　今まさに世界を目指す若手トップクライマー。その何も考えてないかのような素早い動きは、完全にヤマタケの遺伝子を受け継いでいる。もう少し知的だったら次世代の日本の代表といえるのだが……。

山崎順一　かつてコンペで優勝したり御岳のクライマー返しをリニューアル初登したりした名クライマー。筆者が現役時代、既に立派なオトナだったが、今でもその頃とちっとも変わっていない。不思議である。

松島晃　日本人で初めて5・10を登ったのがこの人だ、と聞いたら皆たまげるに違いない。今でもドイツなどに赴き、5・13ルートに取り組んでいる。実は一ノ倉沢滝

これが一般人なら即座に「今○×商事の○○課にいてさあ、たいへんだよ」などとなるのだろうが、クライマーでこんな間の抜けた答えをする者はいない。彼らにとって会話というものはすべてクライミングのためにあるものであり、これを仕事や生活に対するものとはお互いにこれっぽっちも思わない。というのだから、世間一般からするとそれはたいそう異なことには違いない。が、クライミングの世界にいる限り、これでいいもんだと安心し、どっぷり悠久の時の流れの中に身をまかせてしまうというわけなのである。

しかし一方で、そういう湯船に浸かったような安心感を根底から揺るがすショッキングなできごともある。

自分が30、40になった時などまさにそうだし、それ以上に、自分より相当若いと思っていた連中がそういう年齢になったと聞いた時など、しばし放心状態になってしまうことすらある。

またそれ以上に、かつてのクライミング仲間の子供がクライミング界にデビューして、我々と同じグラウンドに入ってくるなどということがあると、もはやほとんど地べたに崩れ落ちてしまう。しかも彼らはたいてい、瞬く間に我々を押しのけ、はるか高みにのし上がる。

そのような悪魔の使いとして有名だったのが、**山崎岳彦**、**室井登喜男**、最近では**松島暁人**といった面々だ。

それぞれ**山崎順一**氏、室井由美子氏、**松島晃**氏のご子息(うう、歯が浮く)で、山順氏はフリー揺籃期にコンペで優勝したり世界大会などにも行ったことのある往年の名クライマ

沢スラブの冬季第3登（パートナーはなんと簑浦氏）という暗い過去も持つ。

ー、室井氏は小川山の開拓者として知らぬ者はいないフリーの先駆者、松島氏はなんと75年に日本人としていち早くヨセミテに行き、おそらく邦人で初めて5・10を登ったというクライマーである。

その子供が、小さい時から岩場に連れていかれ、お守り代わりにクライミングをさせられていた、という光景は筆者も何度か目にしていたが、まさかそれが我々の目の黒いうちにあれよあれよとでかくなり、しかも日本のトップに駆け上がるとは（世界のトップにも匹敵する、と言った方がいいだろうか）、ちょっと信じられないというか、あってはならないことのようにすら思えたのだ。

しかもそういう連中の親たちが、いまだに現役で頑張っているというのだから、立派というかケナゲというか……。

それにしても近年、こうした新世代の連中の活躍は、まったくすさまじいものがある。多くはクライマーでもある親御さんに連れられて、というパターンではあるが、小学生などがジムでいっちょうまえにリードなどしているし、コンペの中学生の部でも決勝ルートが5・12で、それをまた平気でオンサイトする者がいるという。高校生クラスになるとかつて我々が苦心惨憺した5・11、5・12、などウォーミングアップにすぎず、5・13などもほぼ日常的なものらしい。

まったくこうなると、世代が違うという以上に、生物としての種類が違うとしか言いようがない。実に羨ましい限りだが、それでもそういう今と、我々のような昔とでどっちがいいか、ということになると、それはまたそれぞれだ。

今は高グレードが登りやすい代わりに、競争も激しく、5・13なども登れてあたりまえ、という世界では確かにキツイ面もあるだろう。

その点、我々の頃は、5・11が登れれば天下である。

確かにクライミングをする、という環境に関しては昔はもちろん悪かったが、今のように環境が整えられたからといって親がやたらムキになってしゃしゃり出たり教師に指図されたりというのも、考えてみれば冗談じゃないという気もする。

それを思えば、筆者などは良い時代に生きてきたな、と思うべきか思わざるべきか……。

しかしいずれにせよ、クライミングとはそのようにさまざまな世代が入り混じって楽しむことができる、数少ないスポーツの一つではあるのだろう。

柘植求が何かに書いていたように、「そのへんの主婦とイレズミ兄ちゃんが同居して楽しめるんだから、すごい遊び」なことには違いない。生涯スポーツ、というとやたらジジ臭くなるから、ライフスタイルくらいにしておくと格好良いかもしれない。

だが、そういう皆さん、これ以上しつこく続けるには少々ガタが来ていることもまた事実である。

腰痛、膝痛などはあたりまえ、なにしろジムに行ってどこそこが痛いという人に会わない時はないというくらい、そのガタさ加減はすごいものがある（もっともこの手の話で筆者とタメぐちをきける者は稀だけどね）。

以前、ジムを「近所の病院の待合室のノリ」と書いたが、最近ではここで交わされる会話も、高校生ばりの昨日のテレビがどうしたから、「膝どう?」とか、「肩の具合良いの?」

とかといったものに徐々に変わりつつある。またそれが、我々クラスのジジババだけでなく、いたって若い連中にも蔓延しているから嬉しい、じゃない、たいへんなことだ。

こうしたことは、一つにはクライミングが他のスポーツと比べて決して楽というわけではないのに、肉体的な知識やスポーツとしての対処法を知らないが故でもあるだろう。それがこのように急激に発達したもののまだ産業として成り立っていない新生スポーツの、ネックといえばネックのような気がする。

しかし、それでも腰が痛いだなんだといって登っているうちはまだ花で、そのうち「肝臓の具合どう?」とか「γ－GTPが上がっちゃってさ」などとなったら、ちょっと嫌だ(実はそういう会話も既に我々の間ではないことはないのだが……)。

だがさらに深刻なのは老人ボケで、これは多くのクライマーが既にその前兆を見せている。しかしこれに関しては冗談にして良いのか悪いのかわからないものもあるので、ここでは止めておこう。

▼資料

クライマーの高齢化(?)だけのせいではないが、クライマーたちの故障の問題は近年特に深刻化している。もともと重力に逆らって人間の体を引き上げる、という不自然な動きをするにもかかわらず、スポーツとして熟成していないが故の知識不足がその大きな原因ではあるだろう。

まず、クライマーなら誰でも痛めるものに「指」があることは前にも述べた。極小ホールドへの極端な加重による関節炎、腱鞘炎、そしてポケットホールドでの筋断裂（いわゆるパキリ）に、過去多くの者が泣かされてきた。

同様「肘」も、古くからあるクライマーの持病の一つである。体重をフルにかけた状態での無理な引き付けや懸垂トレーニングなどによって、テニス肘ならぬクライマー肘に悩まされた人はこれまた多い。

一方、最近急激に増えてきたのが「肩」。これは度重なる引き付け運動によって肩関節・肩甲関節が歪んでいるところへ急激で強い負荷がかかることが主な原因だが、これによって脱臼、亜脱臼、腱板損傷などの故障が相次いでいる。これは特にクライマーが人工壁を登るようになって増えたものの一つだ。人工壁はホールドが比較的持ちやすいため、指よりも肩にダイレクトに負担がかかる場合が多いからである。

この他、**キョン**による膝の故障、ボルダリングの着地失敗、グラウンドフォールなどによる捻挫・骨折、など、おおよそ故障に縁のないクライマーはいないと言ってもよい。

これらに対処するためには、まずクライマー自身が〝スポーツとしての知識〟を充分つけること、クライミングの動きを理解した医療的アドバイスが受けられる環境を作ることが急務と思われ、これに対しては日本フリークライミング協会安全委員会が昨年あたりから取り組み始めている。

キョン　内股に膝を絞り込んで足をロックすること。この名の謂れについては昭和の人に聞いてください。ちなみに正式名称はドロップニー。

ボルダリングマット　ボルダリングの着地の衝撃を和らげるために開発された携帯式極厚マット。チョークバッグはストリートファッションになったけど、これはまさかならないだろうな。

ブーマーたちの荒野

今まさに、ボルダリングブームがまっさかりである
巨大な**ボルダリングマット**を背負った連中が小川山にあふれ、林の中からは「ウオー！」とか「イエイ！」とか、かつての日本ではあまり聞かれることのなかった嬌声がのべつ轟いている。

それらを聞くと、う〜む、なんかなぁ……、などと、〝シラケ世代〟に属する筆者などはついつい思ってしまうのだが、しかし確かにああやって目の前の課題を次々にこなしていくのは、実に楽しいことには違いない。

一般的なクライミングのように余分な道具もいらず、登りたいと思った所にすぐさま取り付け、しかも短いサイクルで何度でもトライできる。そしてなにより、身も心も充実させる複雑なムーブの数々。

よく言われるように、人工的なものを一切排した最も根源的なクライミングとして、ボルダリングは非常に優れたスポーツといえるだろう。

それは、自分も昔、鷹取山でさんざん経験したから充分わかる。

などと言ったら、筆者はすぐさまその場に穴を掘って体を埋めなくてはならない。

なにせこちらときたら今のボルダリングはまったくダメで、ジムでも最も初心者向きとされる課題ですら、見事に落ちまくるからだ。

そういった意味では我々のそれをもってボルダリングの先駆とするのは、きょうびいささか気が引ける。


というようなこんにちのボルダリングの成り立ちについてだが、そもそも日本のフリークライミングの歴史がジョン・バーカーのボルダリング「ミッドナイト・ライトニング」の衝撃から始まったことは既に再三述べた。そしてそれ以外にも関西の北山公園とか岡山の王子ヶ岳とかが日本の先駆としてあることも紹介したが、もっと今日的なボルダリングの最初といえば、池田功、中山芳郎らによる**御岳**や小川山のボルダーの開拓、そしてそれを完成させたのは、やはり草野俊達に尽きるだろう。

草野氏といえば、前にも述べたコロラドの「ジェネシス」や奥多摩**氷川屏風岩**の「低脂肪」などで知られるジムナスティック・クライマーの代表格だったのだが、92年にはアメリカの伝説のボルダラー、**ジョン・ギル**の足跡を辿るツアーを柘植求と共に行ない、ボルダリングに傾倒。それ以後日本国内で行なったボルダリング三昧についてを「石の人」として『岩と雪』169号（95年4月号）に発表し、その立場を決定的なものにした。

そしてこうした氏の求道者的なスタイルとナゾに包まれたキャラクター（あのミョーな笑顔を理解できるという人は稀だ）は若いクライマーたちの熱狂的な支持を得、氏をしてボルダリングのカリスマへと押し上げたのである。

ただ、周知のように氏はそういうもてはやされようをあまり喜ばず、それ以後あまり人

御岳　奥多摩御岳渓谷に点在するボルダー群。異様につるっとした岩質で、やってて全然面白くない。が、休日はここに百人単位のボルダラーが詰めかけるそうだ。時代というものは恐ろしい。

氷川屏風岩　奥多摩駅の裏手上方にある小さな岩場。岩質はつるっとしたチャートで、ホールドも細かく、登りづらいづらいことこの上ない。今でも行く人いるんだろうか？

ジョン・ギル　60年代にコロラド周辺でボルダリングばかりを行なったという伝説のクライマー。当時はほとんど知られていなかったが、その後、残された課題をトライした者などによって評価が高められ、カリスマと化した。詳しくはパット・アメント著『ジョン・ギルのスーパー・ボルダリング』（山と溪谷社刊）を。

前に出ようとはしなかった。そういうところがまたカッコイイのだが、氏の信奉者に変なのが多いのも、それとは無関係ではないのかもしれない。

　そしてその後、さらにボルダリングを今様のブームとして決定付けたのは、いうまでもなく室井登喜男氏。小川山、御岳などでのマニアックなパフォーマンスの数々と、なにより**ボルダリングルート図集**出版だろう。

　室井登喜男というのは前章でも触れたように日本のフリークライミングの始祖、室井由美子氏のご子息（うへぇ！）で、これまた周知のようにいつも寝てんだか起きてんだかわからないような顔をして、しばらく由美子氏の悪友、**加藤泰平**氏が経営する「ウィング」なるボルダリングジムで働いていた。それが、いつの間にかボルダリングマスターとして小川山などに入れ込むようになり、ルート図集を作ると言い出したので、筆者などは「ボルダリングなんてものはイムジン河とか登った夕方に、ボルダリングでもすべぇか、って感じでやるもんで、そんなボルダーボルダーなんて大騒ぎするもんじゃあねえよ」などと悪たれをついたのだが、結果はまさに周知のごとく、それとはまったく逆の方向に進んでしまったというわけである。

　それにしても、本当にボルダリングがここまで流行るとは、ちょっと意外だった。なにしろかつて『クライミング・ジャーナル』でボルダリング特集を組んだ時などほとんど売れず、「今回はあまり読むところがありませんでした」「作る側の自己満足の記事はどうかと思います」などという手紙をいただいたくらいだからその驚きもわかっていただけるだろう。さらに昔、鷹取山で「あんなことやったって何も役に立たない」などと蔑ま

ボルダリングルート図集　小川山、御岳、秩父三峰のボルダー課題ばかりを紹介した私家版ルート図集。通称黒本。ジムに行けばどこにも必ず置いてある。

加藤泰平　かつて戸田直樹とコップ状岩壁フリー化などを行なったクライマー。面倒見は結構いいのだが、その品性から人格に関しては賛否両論である。特に若い女性で「賛」に手を上げる人は稀。

れていたことを思えば、今のこうした状況は、まさに隔世の感がある。

冒頭にも述べたように小川山はじめ各地のボルダリングエリアはボルダラーで満杯だし、ジムのそれもすごい。またそれ以上に、今はボルダリングのみを目的とした、いわゆるボルダラーが大勢いるようで、一般的なロープを使うクライミングの方が特殊という見方さえされることがあるらしい（彼らは後者のことを「ローパー」というそうだ）。

ということまでになるとなんかちょっと違う気がするが、確かにこうしたボルダリングブームは、世界的な傾向であることは間違いない。

日本からヨセミテに行くクライマーも一時期ボルダラーばかりということがあり、キャンプ場で聞かれるルート名もかつてのバターボールとかアストロマンとかではなく、ミッドナイト・ライトニングとか**スリラー**とかといったものばかりだったのに驚いてしまったことがある。


いやいや、それにしてもこうしたボルダリングブームもいつまで続くのやら……。

などと言ったらボルダラーたちに大いに反発を食らうかもしれない。が、しかし、そのようなブームというものは、決して短くはないがさして長くもないフリークライミングの歴史の中でも意外とたくさん思い当たる。

だいたいフリークライミングの最初のムーブメントだったクラッククライミングがそもそもそうだし、ヨセミテ詣で、ヨーロッパ詣でなども、ブームといえばブームには違いない。

コンペもおそらくそうで、一時期はヨーロッパでもテレビ放映などしていたらしいが、

スリラー　ヨセミテ、キャンプ4の裏にあるボルダリングの課題。ロン・コークが初登したもので、ミッドナイト・ライトニングより難しいといわれるが、筆者はどこにあるのか知らない。

クライミングファッション 今、渋谷に行けば半数近くの小僧がチョークバッグを下げている。昔、EBシューズを履いて原宿を歩いていた者もいたという。違う生き物のやることはさっぱりわからない。

筆者らが渡欧した時は既にメディアの部分ではその勢いは終わっていた。賞金なども前は優勝400万円にプラス車、などということがあったようだが、今は驚くほど少ないと聞く。それにだいたい開催回数が激減している。

こうしたことを見れば、わずか20年強の時間の中に押し込められたクライミングの移り変わりも、なかなか非情と思わざるを得ない。

が、一方でそうして浮かんでは消えるブームが、大衆化をどんどんうながし、クライミングを一つの産業として今につなげていることも事実だろう。

トラディショナル・フリークライミングがフリークライマーという人種を生んだように、スポーツクライミングがプロクライマーを生み、今またボルダリングが**クライミングファッション**を生んでいる。

このように大衆化というものは産業を活性化させる。半面、文化を崩れさせることもある。

またその話?とウンザリされるかもしれないが、多かれ少なかれ、大衆化というものは常に安易を求める方向に向かっていくものでもあるからだ。

かつての例でいえば、ボルトプロテクション然り、ハングドッグ然り、人工壁然り。これらは確かにこのスポーツを発展させてきたという事実もあるが、見方を変えればある意味安易さへの歴史、という面もなくはない。そういった意味では近頃のちょっとナルが入ったボルダラーたちの行状も、どこか最近のインターネット系お手軽自己主張の時代を反映するものに思えるのはオヤジの嫌味というものか?

でもまあ、オヤジなんだから、この際いいや。オヤジついでにもう一つ。

以前**ローリング・ストーンズ**の**キース・リチャーズ**（もう60ですってよ）が、近年のロックミュージック界を評して「〝ロック〟は確かに上手くなった。でも〝ロール〟はどこに行っちまったんだい？」と言っていたことがある。相変わらず悪魔のような顔をしたキースがやたらカッコ良かったので、筆者もこの際これに見習って、「〝クライミング〟は確かに上手くなった。でも〝フリー〟はどこに行っちまったんだい？」と言いたい。もちろんこの場合の「フリー」は「フリーの理念」としてのそれ、である。

かつてクライマーはこれを追求するために極小ホールドにしがみつき、ランナウトに耐え、クラックを登り、そしてボルダリングをしてきた。そういった意味ではクライミングのコアは特定の形に閉じ込められるものではなく、すべての登る行為の中に宿るものなのだろう。実際、ヨセミテでは600mの壁を〝ボルダリング〟する者だっているのである。

それを思えば、クライマーたる者、そんなにクジラ岩ばかりにしがみつかずに、あちこち出かけてあれこれやってみるべきだろう。たまにはマルチピッチやクラックなどやってみるのもとても面白いかもしれない。

と、遠回しに言っているけど、その意味はわかりますよね。早い話、ちょっとそこをどいて、オレにも**エイハブ船長**やらせてくれ（それと、ジロジロ見るな）、ということだ。

▼資料

日本のボルダリング発祥の地は岡山県王子ヶ岳、六甲北山公園、湘南鷹取山、などであ

ローリング・ストーンズ　ビートルズと双璧をなす60年代からのイギリスのロックバンド。ビートルズが品行方正のアイドル路線だったのに対し、こちらは不良っぽさが売りの、ブルースを基盤にした、まさに「ロック」の典型だった。本書第3章の「タイム・イズ・オン・マイ・サイド」というのもこのグループの曲。

キース・リチャーズ　麻薬中毒を血液全入れ替えで直したと噂がある、マジでヤバい人。代表作「悪魔を憐れむ歌」での強烈な切り込みギターは、今聞いても体が震える。

エイハブ船長　小川山クジラ岩にあるクラシックなボルダーの課題。しかし今このルートを登る者の何人が中山芳郎の名を知っているだろうか。

ることは前にも述べた。

が、フリークライミングが正式に導入されて以後、意識的にボルダリングの可能性を追った所としては、関東周辺では奥多摩御岳渓谷がその最初だろう。82年頃から池田功がこの地の課題作成にエネルギーを注ぎ、忍者返し、クライマー返し、デッドエンドなどの今もってコアなボルダラーの登竜門とされるルートを作ったのである。

その後クライマー返しはホールドが欠け、それを85年、山崎順一が度重なるトライの末に克服して、当時日本でも最難のクライミングとして再生させた。

一方、小川山に点在する花崗岩塊も、古くからボルダリングの対象とされてきた。これは戸田直樹、中山芳郎らが先鞭をつけ、池田功、J・モファット、S・グロヴァッツなどが個性的な課題を残している。その他この時代は秩父三峰や豊田近郊などがエリアとして拓かれている。

これら80年代のボルダリングは『岩と雪』105号（84年10月）、『クライミング・ジャーナル』44号（89年11月）に特集されたが、残念ながらこれはどちらも大きな反響を呼ぶまでには至らなかった。

そうした状況を変えたのが、本文にもある通り、95年の草野俊達による「石の人」、ボルダリングのアピールである。この時、今の日本のボルダリング尺度である段級グレードと共に、小川山の「石の魂」（初段）、御岳の「蟹」（三段）などが紹介され、ボルダリングはまったく新たな時代に突入した。そして続く99年、室井登喜男の『小川山 御岳 三峰ボルダー図集』（私家版）出版によりボルダリング・ブームは決定的なものとなり、今に続いている。ちなみにボルダーマットが市販され始めたのも、この頃からである。

なお、日本のフリーの歴史にとって忘れられないヨセミテの「ミッドナイト・ライトニング」は、94年、寺島由彦により日本人初登が記録されている。現在日本最難の課題は小山田大による「白道」（五～六段、V15～、鳳来）である。

▼補足

この20年での最も大きな変化ともいえるボルダリング人気に関しては、もう言わずもがな。今や廻り目平に来るクライマーのおそらく7～8割はボルダラーで、それは隣の瑞牆山も変わらない。

新ボルダリングエリアも全国各地で開拓される他、個別のガイドブックも多数出版されている。ちなみに国内最難は小山田大による那由多（六段／V16、下呂、2017年）。世界最難はV17で、ナーレ・フッカタイヴァルによるBurden of Dreams（フィンランド、2016年）とシャルル・アルベールによるNo Capote Only（フォンテーヌブロー、2019年）。

世界はどこにある

ヨセミテを訪れた戸田直樹一行が「日本は10年遅れている」とコケにされてから（失礼）、約四半世紀。日本人はその勤勉さと貪欲さでもって、フリークライミングをたまげるほどのスピードで発展させてきた。

これだけ頑張ったんだからそろそろ世界に追いついてもよさそうな頃なのだが、あいにく向こうも同じくらいムキになって進歩しているから、果たして追いついたのか追いついていないのかはわからない。

もっとも今、こっちに平山ユージや小山田大がいることを思えば、世界に伍するどころではない。

などと虎の威を借りてもしょうがないのだが、そのような特殊なケース（と捉えるのは本当は良くないことなのだろうが）は置いておいて、それだけ遅れてスタートした日本人が世界に認められるというのは、やはりなかなか難しいことには違いない。

しかも日本は昔からいわれるように島国である。世界の評価というものもここにいてはちょっと見えづらく、よくある日本人初とか日本人として何番目の、などという記録も、それが果たして世界水準でどれくらいのものなのかというと、これはなんとも期待できない。だいたい「○○人初」などというタイトルをやたらありがたがるのは日本人だけで、イギリス人やアメリカ人はそのような言葉をまず使わない。

ということを、筆者は最初に行ったヨセミテで鈴木英貴氏によく聞かされ、さすが世界を見据えている人は違う、とジャンクフードをだらだら食べちらかしながらいたく感心したものだ。

その鈴木英貴氏とはもちろんフリークライミングの分野で日本人初を総ナメにした人物で、それ以上におそらく日本人として世界の舞台に上がった初めてのクライマーだろう。もっとも最初は単にアメリカの有名クライマーと一緒に珍しい所を登った、という程度のものだったのだが、それでもそうした記事が向こうの雑誌に載るというだけで我々としては誇らしく、ヨセミテなどで夢中になって読んだものだった。

が、やがて氏は**スフィンクスクラック**やグランド・イリュージョンの初のレッドポイントで文字通り世界的に知られるようになる。そしてバンベルドローム（5・13c）、スティングレイ（5・13d）などの決定打を放ち、本場のクラッククライミングのトップに立ったわけだが、その頃の向こうの雑誌には氏をして「難ルートコレクター」などと書かれていたことがあり、お株を奪われた本場の連中のヒガミというものもちょっとうかがえなくはない。

そうしたアメリカのフリークライミング史に次に登場するのは、もちろん平山裕示。コズミック・デブリ、フェニックスなどの5・13クラックの登攀である。

これは先ごろ出た**パット・アメント**著『WIZARDS of ROCK――アメリカ、フリーク

スフィンクスクラック　コロラドにある長さ50m近いフィンガークラック。ダイナマイトによってできたという話で、ワンサイズのクラックが延々と続き、猛烈な耐久力が必要とされる。

パット・アメント　アメリカのクライミング・ライター（?）。60年代アメリカで最も早くグレード5・11を達成したことでも知られる。冗談を解さない人かと思っていたら、この平山君の写真は……。

ライミングの歴史』という、まるで電話帳みたいな本にも出ていることで、記事の内容は「日本から来た17歳のユージ・ヒラヤマがフェニックスとデブリをレッドポイントした（1986年）」となっている。

正確にはレッドポイントというのは間違いでロワーダウンスタイルだが、それでも17歳にしてこれらを登るというのは当地でも驚きだったに違いない。ちなみにこの本には言わずと知れたサラテのオンサイトトライも大々的に取り上げられており、これには氏の顔写真も出ている。が、それはおそらくインターネットから焼き写ししたものだろう。とても21世紀を迎えた霊長類ヒト科の顔には見えず、ほとんど国辱に近い。アメリカというのはまったくダメな国である。

さて、その裕示氏が88年からヨーロッパに渡り、世界の檜舞台でどんな活躍をすることになったかは、既に誰もが知るところだ。

ざっと挙げただけでも、88年、渡欧初年のレ・スペシャリスト（8b+、5・14a、当時世界最難）第4登と、8aのオンサイト。さらにワールドカップやアルコ・ロックマスターなど国際大会でのいきなりの入賞。

続いて89年アルコ・オンサイト部門で3位、ニュールンベルク国際大会優勝、91年アルコ優勝、世界選手権2位、ワールドカップ東京大会優勝と総合ランク2位、以後ワールドカップ上位の常連となり、98年と2000年には総合優勝。

ハードルートでは、90年世界初の8a+オンサイト（**ネオフィット**）、95年スフィンクスクラック（5・13b〜c）の初オンサイト、99年8c（5・14b）の初オンサイト（**モータルコン**

ネオフィット　南仏ベルドンにある難ルート。同時期B・ムーンが8cを初登したが、その時「今は8cを拓くことより8a+をオンサイトする方が偉大なのではないかと思っている」とコメントしている。

モータルコンバット　南仏コート・ダジュールにあるルーフルート。平山は同オンサイトの際、このかぶった壁に40分近くへばりついていたという。

バット）、２０００年イタリア・アルコでアンダーグラウンド（8c＋／9a）初登、２００1年アメリカ最難の**クリプトナイト**（5・14d）第2登。さらにビッグウォールでは、97年エル・キャピタンの**サラテ**、オンサイトトライ、02年同、**レッジ・トゥ・レッジ**＆ワンデイ登攀、**ノーズ2時間49分**、03年**エルニーニョ**、オンサイトトライ、と、際限なく続く（ああ、疲れた。もっと詳しく知りたい方は前出『ユージ・ザ・クライマー』を読んでください）。

と、こういう話を聞いてくると、日本人云々以上に、こいつ本当に人間かよ、と思いたくなるが、さて、こうした氏の活躍について、我々日本人はどう理解しているのだろうか？

確かに、ここまで簡単に羅列されると、まあ平山君だからなあ、とか、なんだ今回は2位だったのか、などと思ってしまうことも否めない。

それについて裕示氏自身、「まあ、この後ワールドカップで優勝する日本人クライマーが果たして何人いるかということを考えれば……。僕も結構頑張っているんじゃないかと……」と、漏らしたことがあったが、実際、このようなほとんどマンガ的にできすぎた成果と氏の庶民的なキャラクターが、よくいわれるように、氏をしていまひとつの過小評価に結び付けていることも事実だろう。

しかし、実際に自分が世界に出ようとした者なら、その壁がいかに厚いものなのか、痛いほど理解できるに違いない。

そうした痛みを克服して〝実は遠い〟世界に頭角を突き出した日本人も、何人かいる。

クリプトナイト　コロラドにある5・14d。トミー・コールドウェルが初登した以後、クリス・シャーマなどを撃退してきたアメリカ最難の一本。この時の平山のグレーディングは5・14c。

サラテ　エル・キャピタン南西壁にある大クラシックルート。初登ロイヤル・ロビンス、トム・フロスト、チャック・プラット。全35ピッチで、通常は5・9、A1。詳しくは次節参照。

レッジ・トゥ・レッジ　途中のハンギングビレイボルトでピッチを切らず、両手が離せるレッジまで登って、初めてその部分を完全にフリーで登ったとする考え方。ユージ氏のこの時はヘッドウォールの13cと13bをつなげて13dとしている。

ノーズ2時間49分　スピードクライミングの雄、ハンス・フローリンと組んで成功させたものだが、これは絶対信じられない。上から懸垂下降で降りてもこの時間以内に終了できる日本人は少ないだろう。昔、ピーター・クロフトが初めて10時間の壁を破った時も、驚愕的な記録として伝えられたものだが……。

エルニーニョ　下から上まですべてかぶったエル・キャピタン南東

裕示氏と同時期では、寺島由彦がワールドカップで8位入賞、大岩あき子が同じく7位入賞を果たしているし、その後山崎岳彦も、ボルダーコンペで裕示氏（9位）を抑え7位に入っている。

また岳彦氏は当時世界最難の一角だった**マジノライン**（8c）をなんと4撃するという快挙を成し遂げており、これには向こうの連中も相当驚いたという。

しかし、こうした活躍も、日本で聞くだけだと、やはりいまひとつピンと来ない。もっともこれは裕示氏の陰に隠れてというせいもあるかもしれないが、なにしろこうしたことは、極東の島国にいては実感が伴わないことは確かだろう。後年の裕示氏のエル・キャピタンにしても、5・13bって、他にもオンサイトした人いますよね、とか、ノーズって2時間ちょっとで登れるんですか？などという人がそこそこのクライマーの中にすらいてビックリしてしまったが、これも実際にエル・キャピタンというものを見たことがなく、またもちろん、登ろうとしたことがない故の限界というものなのだろう。

そういった意味では、「日本が10年遅れている」のは、単にクライミングレベルではなくて、民度こそがまさにそうなのかもしれない。

しかし今、こうした民族の、とまでは言わないが、島国であるが故の壁も、若いある層のクライマーたちにとっては次第に取り払われつつあるようだ。

そうした〝ある層〟とは、いうまでもなく小山田大氏を筆頭とした若手軍団である。

申し訳ないことに筆者はこの**小山田大**という人物をあまりよく知らず、氏が片端から登ったという世界最難クラスのルートリストも、名前を聞いてもさっぱりわからない。自分

壁のほぼ中央を登るオールフリーライン。98年フーバー兄弟が初登したもので30ピッチ中7ピッチの5・13を含む世界最難のロングフリールート。

マジノライン　南仏ボルクスにあるルーフルート。B・ムーンの2本目の8cで、こちらは短くボルダリング的。現在は8b＋？

小山田大　九州で独自にクライミングを始めた時は「本州の人たちはみんなこれくらいやってるんだろう」とトレーニングに励み、日本のクライミングシーンに現れた時には既に誰もできない課題をこなすようになっていた、という変わった人。諸外国での評価も高く、世界最難の扉を開けるのは彼だ、ともいわれている。

茂垣敬太　松島暁人と同世代の若手トップクライマー。暁人氏がどちらかというと小僧っぽいのに比べ、こちらは必要以上にオヤジくさい。04年ワールドカップ中国大会イギリス大会共に4位に入賞している。

で言っている「民度」を自分でことさら下げているようだが、なにせ我々がフリークライミングを始めた時、世界最難は5・13b〜c（例のグランド・イリュージョン）。それが今は5・15aだとかbだとかいわれているというのだから、理解が及ばないのも無理はない。

しかも、そういうルートを小山田氏は4撃で登ったとか、5撃で登ったとか、南仏のなんとかいう8c＋を5撃するのを見てある有名なクライマーがたまげ、さっそくスポンサーの名乗りをあげた、などという話を聞けば、もうわかろうとする気力も失せてしまう。

いやはや、日本人もすごい時代に入ってきたものだ。

さらにこれに続く若手としては松島暁人や**茂垣敬太**らがおり、これも8c＋を何本登ったとか、ワールドカップで連続4位だったとか、もうまったく日本人としての自覚や慎み深さはないのか、とすら言いたくなる。

もっとも、こういう連中がいるから日本は世界に伍するか、という話になると、それもまた別問題だろう。例えば前に挙げたマジノラインの話にしても、筆者がそこを訪れた92年、既にそのルートは人気ルートと化し、高校生やら中学生やらまでが軍団でやってきては入れ替わりトライしていたし、ミッドナイト・ライトニングを7つなげたといわれたビュークスのラ・ローズ・エ・ル・バンピールでさえ、たまげるほどの年齢のオヤジたちが順番待ちを作っておまけに上まで抜けていたのだから、その層は無限に厚かったようにも思う。

それを思えば何をもって「追いついた」というかはまだまだ難しい問題ではあるだろう。

まあ、それでもこれだけ資源（岩場）が少ない中でこれだけのことをやっているんだから、少しは誉めてもらってもいいような気はするが……。

ところで世界最難という話では、かつてクライミングにはどんな体型の人間が最も身体的に有利かという話があり、面白い結論が述べられたことがあった。通常なら背が高ければ高いほど有利、ということになるだろうが、ルートが極端に難しくなり傾斜も強くなってくると、それも少々変わってくるという。

そしてさまざまなクライマーの意見を統合した結果、世界最難の扉を開くのは、背が低く、しかし腕は長く、胴長短足で、指は細く短く、逆に手のひらは長い、という人間（というより……）が最も可能性が高いという見解が導き出されたらしい。

それに該当する民族というとまさに日本人なのだが、その中でも特に思い当たる人物が、う〜ん、この中にもいますねえ、誰とは言わないけど。

▼資料

過去、日本人が世界のトップレベルに肉薄した記録としては、年代順に以下のものがある。

まずアメリカでは鈴木英貴が85年グランド・イリュージョンを第4登、同年寺島由彦が同ルートを初の1ロワーダウンで第8登、87年鈴木英貴が初のレッドポイント。89年鈴木英貴がジョシュアツリーでクラックとしては初の5・13d、スティングレイ初登。

ヨーロッパでは平山裕示の一連の記録の他、2000年までの成果ではマジノライン（当時8c、現在8b+）を平山、山崎岳彦、木村伸介、小山田大、宇佐美友樹が、その他8

b＋は寺島由彦と草野俊達、柴田朋広、他数人が完登している。さらにそれ以後、8cを達成したのは、平山ユージのマクンバクラブをはじめ、小山田大、松島暁人、茂垣敬太、保科宏太郎の今のところ4人。

また、難ルートのレッドポイントでは世界で最も注目されているといっても過言ではない小山田大の記録は、ゾッブル8c＋第2登、ウグ9a第4登、インガ8c＋／9a初登などの他、8c＋を述べ14本（2003年現在）登っているという。

一方国内では小山田が小川山マラ岩メランジ（5・14b、98年）、鳳来ハイカラ岩ムードラ（5・14c、99年）を拓く他、2003年には平山ユージが二子山にフラットマウンテン（5・14d〜5・15a）を拓いて世界最難に肉薄している。

ちなみに現在世界最難は、フレッド・ルーランによるアキラ9bの他、米クリス・シャルマによる南仏セユーズのリアライゼーション5・15aなど（03年、スペインにベルナベ・フェルナンデスがチラム・バラム5・15cというルートを拓いているが、これはまだグレードが確認されていない）。ボルダリングではつい先日（04年4月）小山田大がオーストラリアにV16「ザ・ホイール・オブ・ライフ」という課題を成功させている。

▼補足

2023年現在の世界最難（ルート）は9c／5・15dで、2017年、アダム・オンドラによる「Silence」（ノルウェー）と2022年、セブ・ブワンによる「DNA」（フランス・ベルドン）の2本。ボルダー最難はV17で、ナーレ・フッカタイヴァルによるBurden of

Dreams（フィンランド、2016年）とシャルル・アルベールによるNo Kpote Only（フォンテーヌブロー、2019年。亀山凌平が第2登し、V16／17としている）、ショーン・ラブトゥによるAlphane（スイス、2022年）の3本。

日本人（ルート）では安間佐千が5・15bを3本（Stocking the Fire＝スペイン・サンタリーニャ、Fight or Flight＝2015年スペイン・オリアナ、Soul Mate＝御前岩）成功しているのを筆頭に、小山田大がcorona（ドイツ・フランケンユーラ）、奥村優がPapichulo（スペイン・オリアナ）のそれぞれ5・15aを登っている。ボルダーでは右記亀山の記録の他、V16のCreature from the Black Lagoon（アメリカ・コロラド）を一宮大介が第4登。国内（岐阜）にある小山田大初登（2017年）の「那由多」も、V16で世界的な課題である（後、ホールドが破損）。

再び山へ

さて以上、我々がああでもないこうでもないと大騒ぎしながらやってきたフリークライミングというものを4半世紀にわたって振り返ってきたわけだが、その締めくくりはいったい何にしたらいいだろう？

それに最もふさわしいものといえば……まあ、若干〝いかにも〟ではあるかもしれないけれど、やはり平山ユージによるサラテ、そしてエルニーニョと続くエル・キャピタンへのチャレンジなどが妥当かもしれない。

エル・キャピタンといえば言わずと知れたヨセミテの盟主。これまで再三触れているように高差1000mの垂壁が渓谷下の平地からいきなりドガンとそそり立つ世界最大級の岩壁で、1958年の初登攀以来、多くの記録的なクライミングがここで展開されてきた。もちろん、そのほとんどすべては複雑なギアと多大な労力、そして日数を要するエイドクライミングで、しかしその徹底したマニアックさがヨセミテをして世界のロッククライミングの一つの頂点たらしめている。そして70年代以後、それ以外の岩壁——ハーフドームなども含め——が次々とフリー化される中でも、この壁のオールフリー化だけはあまりに理想的すぎる、つまり実現不可能な課題として残されてきたのである。

トッド・スキナー　アメリカがトラッド派と急進派の攻防で揺れた時にワイオミングから急進派の先鋒として登場したクライマー。ヨセミテでラッププロテクションによるレニゲイド（5・13d）などを拓いて物議を醸した。

ポール・ピアナ　コロラドのクライマーで、各地に初登記録を持っているが、ちょっとアピールの仕方がアザトイので、実力を疑問視する声は後を絶たない。実際筆者が見た時もそんなに上手いとは思えなかった。

アレクサンダー・フーバー　杉野保をして「会っただけで妊娠しそう」と言わしめたドイツのクライマー。エル・キャピタンのフリールートの他にもラトック2峰西壁初登など、兄トーマスとともに次々と驚くべき記録を打ち立てている。

そしてそれを解決したのが、1988年、**トッド・スキナー**と**ポール・ピアナ**による南西壁サラテルートの完全フリー化である。

　もちろんそれは多くの驚きをもって迎えられたが、しかしその方法が1ヶ月以上フィックスロープを張り巡らしてリハーサルを繰り返すというものだったり、メンバーがやや灰色がかっていたりで、どちらかというと当時は賞賛よりは批判、または半信半疑で捉えられることの方が多かったように思う。

　まあ、メスナーがエベレストに初の無酸素登頂を果たした時も、「あり得ない。ウソだ」という声がシェルパたちからさえ聞こえたことを考えれば、それも無理からぬことなのかもしれない。それくらい、エル・キャピタンをフリーで登るということは、難しい、という以上に、あり得べからざるもの、と思われていたに違いない。

　しかしそうした状況も、その7年後の95年、ドイツの**アレクサンダー・フーバー**が同ルートをレッドポイントしたことで大きく変わった。世界はまたぞろ現れたヨーロッパの怪物に驚くとともに、サラテが〝本当に〟フリーで登れることに改めて気がついたのである。

　もっとも、いかにサラテが「本当にフリーで登れる」といっても、それはもちろん多大なリハーサルを踏まえてのことで、T・スキナーらが言うように「ただ歩いていってルートに取り付き、フリーで登るというわけにはいかない」ことは間違いなかった。なにしろルートはあの距離と傾斜で、5・12、5・13を多数含む30ピッチ近くをこなしてきた最後の最後の大前傾壁に世界最難クラスのクラックが現れる、というすさまじさである。つまり、フリー化されたとはいっても、あくまでこのルートは特殊なプロジェクトなのであって、通常のクライミングの範疇には収まりきれないもの、ではあったと言ってよいだろう。

と、やたら教科書的な説明ばかりになったが、サラテという所はそういうものだ、という予備知識を得た上で、ユージ氏によるこのルートのオンサイトトライの話を進めていきたい。

さて、「オンサイト」とは、いうまでもなく、それまでの一切の事前トライをせずに、初見ですべてこなして、ノーフォールで登ることである。

これは、今の人工壁でのコンペやスポーツルートでのそれを考えると、ゲーム上の単なる一結果、だけのように思えるかもしれないが、本来は「本当のフリーとは？」という問い、というか、大袈裟に言えば哲学から発したものだ。つまり、本番にしろ事前トライにしろ、一切の人工物（プロテクション、ロープなど）に頼ることなく、その岩を自分の力だけ――パンプした腕、痙攣しそうな爪先、爆発した頭、など――で解決し、最も純粋な形で自然＝岩との関係を築くことを旨としている。とはいえ、それはもちろん上手くいった場合の話で、逆に一回でも落ちてしまったら、自分と岩とのそうした特別な関係＝本当のフリーは永遠に失われてしまう。

と、話しただけでも手に汗かいてしまうが、それをユージ氏はエル・キャピタンで行なおうという。

しかし世の中にはいくら理想であっても、できることとできないことがある。ちなみにユージ氏のこのプランについてはフーバーですら「それは無理だ」と言ったというが、まあ、それはおそらく登った登らないにかかわらず実際にエル・キャピタンを知る者全員の偽りない心情ではあったろう。

もっとも、そういうユージ氏自身は記録的には90年に既に5・13cのスポーツルートをオンサイトしていたし、クラックでも13bのスフィンクスクラックを同様に一撃していた。が、そうしたショートピッチと1000mの壁ではまるで話が別だ。実際、エル・キャピタンを登ってみるとわかるが、アブミに頼って登っていってすら、二十数ピッチ目にある5・9が体がヘロヘロでとてもフリーなどで登れたものではないのである。しかもそこで5・13のクラックをオンサイトトライしようというのだから、こうしたクライミングを知れば知るほど、サラテのオンサイトなど、夢物語以外のなにものでもない。

だが、そのような世迷言とも思えるプロジェクトに当の本人は夢中になってしまっていたし、驚くことにそれは大筋で達せられた。途中のライン採りの失敗とヘッドウォールでの数回のフォールによって完全なオンサイトは逃がしたものの、このワンプッシュ・レッドポイントによって、なにしろ「ただ歩いていって、フリーで登る」という、クライミングの理想は達成されたのである。

そしてその後、同ルートのレッジ・トゥ・レッジ登攀、エルニーニョのオンサイトトライ(同じく数回のフォールによって、記録的には28／30)と驚異的な活躍が続くのは前章でも触れた通り。

こうした活躍について、99年と04年、アメリカのクライミング専門誌『クライミング』では、氏をして〝世界最高のオールラウンドクライマー〟という賛辞を贈った。

こうした評価を日本人が受けるのは、素直に嬉しいことだし、もちろん誇りでもある。というのは、日本にこれだけのレベルのクライマーがいるというだけでなく、こうした発想を生む文化があった、ということでもあるからだ（っつってもやったのはユージ氏個人だし、我々の手柄ってわけじゃあないですけれどね……）。

しかし思えば日本フリークライミング歴約30年。確かに負の方向を見れば、急激な大衆化と歴史への無理解によって、こうした文化が内側から壊れつつあることも、正直否めない。それは前にも触れたボルト乱打による岩場の人工壁化であるかもしれないし、フリーの文化と自然の複雑さを理解しない新〝人種〟たちの出現であるかもしれない。また本来フリークライミングも含まれるべきはずの登山そのものとのあまりに露骨な分離も、考えてみればおかしなことだ（もっともこれは一人フリークライマーが悪いのではなくて、登山サイドの変な凝り固まり方にも問題はあるのだろうが……）。

だが一方で、フリークライミングを確とした文化として受け継ぐような活動が、近年活発になってきていることも確かだろう。それは例えば、草野俊達による穂高屏風岩のオールフリー、オールナチュラルプロテクションライン「**フリークライミング**」ルートや、同壁東稜の「**オープンロード**」、丸山東壁の「**緑ルート**」などに示される。フリーが再び山に戻り始めたのである。

これらは、かつてもフリー化という名のもと、国内のさまざまな岩壁で試みられたことがあったが、今回のそれは一昔前のものとはひと味違う。フリーの価値観を無理に既成概念に押し込めることなく、より素直にクライミングそのものの意義を追求したという意味で、新たな時代の成果といえるものであるように思う。

「**フリークライミング**」　穂高屏風岩東壁に草野俊達が単独で拓いたオールフリーライン。当初5・9とグレーディングされたが、第2登に成功した小野寺＝橋森ペアによって5・10＋と確認されている。

オープンロード　同じく屏風岩東稜のフリー化ライン。長野の森山議雄らによるもので、こちらはラッペルボルトによるフェースクライミング主体。最高グレード5・12a。

緑ルート　黒部丸山東壁のボルタラダールートをフリー化したものだが、ラインは左右に大きく外れる。ラッシュで5・12クラスのフリー化を行なった記録は日本でも珍しい。初登は馬目仁＝黒田誠ペア。

そう、重要なのはグレードでもタイトルでもなく、こうした態度なのだ。

またまた話が飛び、しかもまたまた音楽の話なので恐縮だが、最近BSでやった『ロックの誕生』という番組の中で、あるミュージシャン（フランク・ザッパだったかな）が「ロックで重要なのは技術ではない、態度だ」と話しているシーンがあった。

いやあ「態度」って、すごい言葉だな、でもいったい原語では何つったんだろう、と、その時は思ったが、考えてみればクライミングもまさにそうだと思う。

思わず掴みそうになるボルトをぐっとこらえて極小ホールドで耐える、というのも立派な態度だし、いずれ出会うであろうその時のためにひたすら懸垂をしたりメシを我慢したりするのも立派な態度。眠い目をこすってひたすら岩場に通うのも立派な態度。それにそもそもが人工的手段を講じてしか越えられなかった岩壁を、危険と困難を享受して人間の手足だけで克服しようとすること自体が立派な〝態度〟に違いない。そして、それを世界最大級の岩壁で人工物に一度もぶら下がることなくフリーの理想で行なおうとした日本の一クライマーの〝態度〟。こうしたものは、決して結果としての記録だけが伝えるものではないだろう。

というところで最後に再び個人的な話で申し訳ないのだが、最近、筆者も（ガイド業としてではなく）また山に行くことが多くなった。山といってもアルパインには程遠い奥秩父の瑞牆山程度なのだが、そこで、フリー先史時代からの住人、**南裏健康**氏などに連れられて昔ながらのクラックだのマルチピッチだのを登っている。

で、それらのルートもグレード的には普段ジムでウォーミングアップする程度のものだ

南裏健康　実に古くからフリー、ヒマラヤ、ビッグウォールなどで活躍したクライマーだが、この人のことを詳しく書くとマジで警察から電話が来るので、これ以上は記せない。

から楽勝かと思いきや、これがなかなかに手強い。そして技術的に手強い以上に、登る前の緊張感やプレッシャーが並でない。

ありゃりゃ?オレはこういうことに備えて今まで技術を磨いてきたんじゃなかったっけ?とは思うのだが、こればかりはしょうがない。例えば昔々に登られたワイドクラックなどで思いのほかビビってしまったりするのである。

しかし、思えばこうした思いは懐かしいものでもある。

かつて我々はこうした思いをなんとか腹の下に押し込めながらヨセミテやジョシュアツリー、あるいは小川山や城ヶ崎、さらには大昔、授業をサボっての鷹取山などで、恐る恐るもう一手、一手を伸ばしてきたものだった。そして、その時世界を支配するあの緊張感。こうしたところで本当にもう一歩、踏み出せるか踏み出せないかを決めるのは、技術や力以上に、踏み出そうとする〝態度〟でこそあるに違いない。そういった意味では、フリークライミングの追求とは、結局こうした〝態度〟の追求でこそあるのだろう。

それにしても……「態度」。ああ、なんといい言葉じゃあないですか。昔、筆者など、おまえは授業中の態度が悪い、などとさんざん教師にいじめられたものだが、今度はこれをもって開き直ることができる。これの前には技術もレベルもクソくらえ、というわけだ。ところで、そういうクライマーの態度って……、この本を読まれた方は、もうおわかりですね。

それは決して世間一般の倫理に則したものではないかもしれないし、時として法にすら触れるものかもしれない。が、しかしそれがクライマーの態度なんだからしょうがない。

そしてそれをしょうがなくさせたのは、なによりクライミングの理念、そして連綿と続く歴史。つまり悪いのはここに登場するすべての連中のせい、というわけなのである。ああ、オレ1人のせいじゃなくて、良かった。

▼資料

「地球上最大の垂壁」と呼ばれるヨセミテのエル・キャピタン正面壁の初登は、1958年。ウォレン・ハーディング、ウエイン・メリー、ジョージ・ホイットモアによる「ノーズ」ルートである。これはユマールもない時代壁の中にフィックスロープを張り、のべ37日をかけて克服されたもので、当時ロッククライミングの世界最高の成果とされたものでもあった。

そしてフリー化は88年、「サラテ」ルートにおけるT・スキナー、P・ピアナであることは本文でも触れた（これに先立ち、側壁とも呼べるウェストフェースが、79年、レイ・ジャーディンとビル・プライスによってフリーで登られている。全20ピッチでグレードは5・11c）。

以後、この「フリー化は次世代の課題」と呼ばれたビッグウォールにも矢継ぎ早にトライが繰り広げられ、驚異的な記録が次々生まれている。

すなわち、91年「ミュア・ウォール」5・13c・A0（6mを残して）、カート・スミス、スコット・コスグローブ、94年「ノーズ」5・13+、リン・ヒル、98年「フリーライダー（サラテのバリエーション）」5・13aA・フーバー、T・フーバー、98年「エルニーニョ」5・13c、A・フーバー、T・フーバー、2000年「ラーキング・フィア」5・13c、トミー・コールドウェル、ベス・ロッデン、2000年「ゴールデン・ゲート」5・13b、A・フーバー、T・フーバー、01年「ミュア・ウォール」5・13c、T・コールドウェル、ニック・セイガー、01年「エル・コラソン」5・13b、A・フーバー、マックス・レイチェル、03年「ゾディアック」5・13d、A・フーバー、T・フーバー、などである。

平山ユージの記録としては、97年サラテを初のワンプッシュで第3登、02年、初のレッジ・トゥ・レッジ（この場合のグレードは5・13d）でワンデイ。03年ゴールデン・ゲートを初のワンプッシュで第2登。03年エル・ニーニョを28／30オンサイトで第5登。

▼**補足**

エル・キャピタンのフリーに挑んだ日本人は、平山ユージを除けば、フリーライダーを2008年に杉野保が（核心ピッチのみホールドが欠けていたことを知らず、人工）、2012年に菊地・増本亮・長門敬明が（あちこちテンション交じりで、これは記録とはいえないですね）それぞれトライした後、完全レッドポイントは、2013年に佐藤裕介・横山勝丘、岡田康（チームフリー）が、2016年に増本亮が、2017年に長門敬明が、2019年に増本さやかが、2022年に樫木佑太・許山陽平がそれぞれ達成している。

その他のルートは、2017年に増本亮がエルコラソンを、2018年に倉上慶大がノーズ（ロープソロ）を。2019年に長門敬明・山本大貴がゴールデンゲートをそれぞれ完登。増本亮は2019年にサラテのヘッドウォールのレッドポイントにも成功している。

エル・キャピタン、フリーライダーに挑む増本亮

終章――再版に向けての少し長いあとがき

この本の初版が出たのが2004年。それから20年近く経って改めてこれを読み返してみると、やっぱりという感じでこっぱずかしく、内容にもガッカリしてしまった。話があまりにも昔のことばかりだし、そのほとんどが内輪ネタ。それには書いた本人でも驚くばかりで、ほとんど呆れてすらしまった。

しかしこの期に及んでまたまた自己弁護させてもらえれば、あの頃はそうした荒っぽさが、まだ（あくまで、まだ、ではあるが）許された。ような気がする。そしてそれを前提にあの頃と今のフリークライミングを見比べてみると、そこには否定しようのない世代間ギャップが、なんと色濃く漂っていることか。

実際フリークライミング（今はスポーツクライミングというべきか?）、そしてその主役であるフリークライマーたちは、その後の20年で、その内部にいてもたまげるほどに大きく変わってきた。

それはなんといってもそのレベルの進歩が第一だが、それ以外にももはや通常のルートクライミングを超えたとすらいえるボルダリングの隆盛、クライミングジムの林立、そしてなにより、競技としてのクライミングの確立など、まさに隔世の感、満杯という感じだ。

最後のものは特に大きく、2021年には日本の全国民が知る通り、オリンピック種目にもなった。これは長年マイナースポーツという立場に甘んじてきたクライマーにとっては、〝ついに〟といえるほどの悲願であり、これによってこのスポーツもいよいよメジャーの仲間入り、と喜んだ人も多いことだろう。名前も「フリークライミング」から「スポーツクライミング」へと変わり、充分国民受けもしそうである。しかしそれ以上にこれらがもたらした最大の変化といえば、このスポーツの性格そのものが、生涯スポーツから競技スポーツへと大きく変わった、ということかもしれない。

ジムに行けば高校生、中学生、果ては小学生までが大勢来ており、献身的な親御さんのビレイで立派にリードなどもこなしている。どころか、中には5・12や13などを登る子供もいるほどで、高校生くらいになるとそのあたりはもうウォームアップ、5・14をやっているようなのも珍しくない。実に腹立たしい限りだ。

というのはこの本ならではの軽い言い回しと思って読んでほしいのだが（最近の親子はこの手の冗談、通じないのが多いからな。ついでに言えば、最近の親子って、ほんとに仲がいい。我々のこの年代の頃の親との会話といえば「うるせえ」か「知らねえよ」がほぼすべてだったことを思えば、これもまた隔世の感だ）、同時にその強烈なレベルアップに感心するだけでなく、ん〜……と思うことも実はなくはない。

もう10年以上前のこと、筆者はお正月のジムで、そこのスタッフが子供たちに今年の目標を紙に書かせているのを見ていて、ビックリしてしまったことがある。その紙に書いた年初めの目標というのが、なんと全員「優勝」とか「決勝進出」ばかりだったのだ。

ええ？どこそこのルートを登りたい、とか、少なくとも「5・13」とかじゃないの？と、唖然とするとともに、ああ、時代は変わったなあ、と、この時心底感じてしまった。

もちろん、こうしたことを目標にするというのは子供にしてみればある意味自然、かつ健全なことであるだろう。そうした競争意識のおかげでこれだけクライミングのレベルが底上げされたことも事実には違いない。しかしそれをひとまず置いとくとしても、その目的意識というかモチベーションのありようが、あまりに画一的、どころかほとんど単一なことに、古いクライマーとしては疑問というか、危惧すらも抱いてしまったのだ。

そしてこうも思ってしまった。いったいこの子たちは、クライミングそのものが本当に好きでやっているんだろうか？

いや、やってる本人たちはもちろん好きでやってるに違いない。使いづらい手がかり足がかりをねじ伏せてぐいぐい高みへと登っていくこのスポーツは、単純に面白い。登れるルートがどんどんレベルアップしていくのも楽しくて仕方ないだろう。

だが問題はまわりにいる人たち。失礼を承知で筆者が感じたままを述べれば、彼らは本当にクライミングというものを、この子たちに与えてやろうとしてるんだろうか？いずれは本当の（外）岩登りもさせてあげるんだろうか？いや、少なくともそれをすることを許してあげられるんだろうか？と、老婆心ながら大いに気になってしまったのである。

といっても、だからこの年代の子たちに、基本的に危なっかしい外の岩で、基本的に危なっかしいクライミングもやらせるべきだ、というのは、やはり無理もあるだろう。本人たちにしてみれば今の激しい競争の中でそんなことをしているヒマはないだろうし、また一方、親御さんたちにしてみれば、大事に育てた子供を、そんなわけのわからない所で、わけのわからないことを、わけのわからない輩どもと一緒にやらせる、などというのは冗

ロートル　最近のジムは70代、80代も珍しくない。筆者はもう60代だが、こないだジムである年輩クライマーに年を聞かれ答えると「なんだまだ若いじゃん」と言われてしまった。

談じゃないに違いない。実際、怪我もするかもしれない。その点、競技（コンペ）としてのスポーツクライミングはオリンピックや国体などにもなっている健全な競技で学校の部活などにもあり、親の目の届くところで安心して取り組ませることができる。

と、まあ、そこまで考えるのは実際のクライミングを多少なりとも知ってる親で、多くはそれをほとんど知らず、クライミング・イコール・コンペ、と思っているに違いない（しかもそういう親に限って自分の子供の〝出来〟にやたらうるさい。なんてのはまた余計な話だな）。もちろんそれはそれで悪いことではないし、そもそもそうした子供たちも結局はオレの子じゃないから本当はどうだっていいのだが、それでもこれだけ広く深いクライミングという文化の中にいて、目標がコンペだけ、というのはちょっと寂しい気がする。そしてそういう子たちの多くは、我々から見れば相当なレベルにあるにもかかわらず、コンペでちょっと成績が出ないといつのまにかクライミングをやめてしまう。これだけ登れるなら外行きゃいくらでもいいクライミングができるのに、と思うのは傍で見ている**ロートル**ばかりだろう（この「ロートルばかり」というのも、今のクライミング界の深刻な問題ではあるのだが、それについてはここでは触れない）。

また、こうした「スポーツ化」は、コンペ以外のクライマーのメンタルの部分にも、かなりの変化をもたらしているように思える。

それは一言でいえば「ルール」至上主義。は、ちょっと違うな。ルール先行主義というか、正確には「唯ルール史観」と言ったらいいかもしれない（余計ややこしいか）。

要するに、単にルールを守りましょう、というだけでなく、物事をやる時にまずルール

チータースティック　伸縮式のクリップ棒で、正式名称は知らない。ちなみに「チート」とはいんちきとか詐欺といった意味。これを使えばほとんどすべてのボルトルートを実質トップロープ状態にすることができるが、それならなぜ最初からトップロープにしないのか?

が何なのかを考える。そしてそれに則したものが、その行為のすべてだと考える思考回路ということだ。

それはそれで必ずしも悪いことではないのだが、しかし問題なのは、逆にルールに反していないなら何をやってもかまわない、それでも高成績、あるいは何かしらの形あるタイトルを得た者が「勝ち」、という考え方にまで至ってしまう危険性があるということだ。そしてそれが実際多い。ように、これも一方的な見方ではあるかもしれないが筆者には見受けられる。

それは例えば**チータースティック**の使用だったり、ハナからすべてのムーブを人に聞きまくりながらのトライだったり、ＹｏｕＴｕｂｅでの事前の正解ムーブ確認だったりと、引きもきらない。トラッド（って、単にプロテクションにカム・ナッツを使う、ってだけの意味じゃあないはずなんだけどね）クライミングであるはずのクラッククライミングにしてからが、今はもうほとんどの人が、まずはトップロープ、という有様だ。

また、これももう10年近く前の話になるが、先年、城ヶ崎海岸で不慮の死を遂げた（ああ……）杉野保から、あるルートをオンサイト狙いで取り付いたものの下で落ちそうになったのでいったん地面までクライムダウンした。そうしたらそれを傍で見ていた人から「残念。オンサイト逃しましたね」と言われ、ああ、クライミングって、いつからこんな風になっちゃったんだ、と、心底ガッカリした、という話を聞かされたことがある。そのくらい、今のクライマーたちは「ルール」、しかも他人から聞いたその一面的な形のみにこだわり、それを矢にも盾にもする。しかしその本質の方へは、まったく目を向けなくなってしまっている、ということなのだろう。

だがまあ、ルールだなんだといったって、フリークライミングにはそもそも明文化されたルールはない。もちろん、ホールドのチッピングや個人的なボルトの打ち足しなどは明らかなルール違反といえるものだろうが（しかし過去実際にそれをやって、どこにそんなルールがある？と開き直った例もあることはある）、一方、ハングドッグがどれだけ長かろうが、ムーブをぜんぶ人に教えてもらっていようが、それが明確に「反則」ということはない。それにだいたいそういうことに目くじら立てるような人たちだって時と場合によっては同じような登り方になってしまうことだってきっとあるはずで、そこを0か100か的な、いわゆるバイナリー思考というやつで責められると、何も言えなくなって、というより、言いたくなくなってしまう。

結局、やったもん勝ちということになってしまうわけで、そういうものを見てると、筆者などがこんな言葉を口にするのはたいへんはばかられることながら、この人たちには自分の生き方に「美学」というものがないのだろうかと思ってしまう。

「生き方」とか「美学」などというとまた多くの人には疎んじられるかもしれない。これだけいい加減な生き方をしてきたどこのどいつが、こんなご立派な言葉を口にできるんだ、と、呆れを通り越して怒りすら感じる人も多いことだろう。

だが、いい加減な生き方をしてきたということを逆手にとって開き直りで言わせていただくと、フリークライミングとはそもそもが当時のロッククライミングの〝正しい〟形＝とにかく大きく、難しい壁を登る、から外れた所で、「自分の力だけで」という、当時としては一風変わった美学を主張して始まったものだ。それはルールに規定されたスポーツというより、美学を拠り所としたアートのようなものだったはずで（そもそもスポーツは基本的にアートだと個人的には思っているのだが、その話もいずれ他で）、そこにはかつての物量成果主義＝物質文明＝レールの上からの反抗という面もあったに違いない。だからこそ、このスポーツはさまざまなスタイルを生み出し、さまざまな記録を生み出してきた。たった一つの表彰台ではない、豊かな創造性に裏打ちされた、いくつもの成果を上げてきた。それこそが我々クライマーの、持つべきメンタルであり財産であるように思える。

それが、昨今のあまりにも露わな一点成果至上主義（これにはおそらく、あのうざったいSNSの影響なんかもあるんだろうな）の影でなし崩し的に失われていっているように、筆者などには思えてならないのである。

と、最後の最後に来て文句ばかりになってしまったが、そんな中でも最近になって、そのどんよりした空気に風が吹くような記録がいくつか報告された。

一つは**倉上慶大**氏の小川山マラ岩、Pass it on（5・14＋ R 2020年）。そしてもう一つは**安間佐千**氏の瑞牆山大ヤスリ岩、最後の者（5・14b R 2022年）だ。

いずれも数字的には今の世界または日本でも突出したものではないだろうが、そのスタイルと、なにより創造性という点で、ぜひ紹介しておきたいものだ。

まず前者は、マラ岩正面の超のっぺりフェース、ほとんど垂直のスラブとも呼んでいい所に引かれたもので、長年話題になりながらも絶対不可能視されてきた課題をついに解決したという点でかなり話題になった。

しかし筆者が個人的にこの記録に惹きつけられたのは、その難度や不可能課題の解決ということよりも、ボルトを手で打って埋めた、というところだった。

倉上慶大　瑞牆山十一面岩のモアイフェースをノンボルト、スーパーランナウトで登る「千日の瑠璃（5・14aR／X）」でデビュー。極難ハイボールやエルキャピタン・ノーズのフリー・ロープソロなど、ヤバイ系のクライミングを得意とする。真面目そうな顔した人が実はヤバイかもしれないの見本とも言えるが、それには触れない。

安間佐千　2012年、13年と2年連続ワールドカップ年間総合優勝という栄冠に輝く世界的クライマー。その実力はいまだ強烈で、国内の最高難度を次々押し上げている。しかしその時代、クライミングがまだオリンピック種目じゃなかったため、一般のマスコミにはほとんど取り上げられず、ジムで今、サインをねだられることは比較的少ない。

え?そんなところ?それって電動ドリルで打つのとどう違うの?と多くの人は思うに違いない。古い人たち（になっちゃったね）にとっては、昔はそんなのあたりまえだったじゃん、というような話でもあるだろう。

だがまず昔のボルトと今のボルトでは穴あけの労力がまるで違うし、当然そうなるとモチベーションの面で、この作業に対する意味合いが大いに変わってくる。

夏の暑い日、だったかどうかは知らない。冬の寒い日だったかもしれないし、春の暖かく気持ちよい日だったかもしれない。ともかくそういう日に1人で壁にぶら下がり、1時間近くかけて腕をくたくたにしながらボルトをようやく1本埋め込む。その時の岩と向き合った気持ち、岩との心の中での会話というのは、思うにとても尊い。電動ドリル抱えて「ここにももう一本打っとく?」なんて感じでバリバリやるのとは明らかに一線を画したもののような気がする。

それは言うなれば、岩とクライミングに対する「誠意」。それらに誠実であろうとする心意気といっていいものだろう。それがこの記録には何よりも感じられ、思わず拍手を送りたくなってしまったのである（拍手だけだが）。

そして後者、大ヤスリでついこのあいだ行なわれたもう一つの**Rルート**の初登だが、これもその記録としての数字＝5・14b、R（これだけでも充分すごいよ）よりも、その開拓スタイルがイケていた。

その開拓スタイルとは、まずその最初の試登過程を、ボルトレス、完全グラウンドアップで行なったということだ。しかもそこはクラックなどではなく完全なのっぺりフェースだから、並大抵のことではない。最初は浅ポケットに半効きのカムだけで垂壁をトラバー

Rルート　ルートの危険度を表す形容詞グレードの一つ。落ちれば大怪我をするかもしれない程度の意味で、この上にはX（落ちたら死ぬかもしれない）がある。いずれもアメリカの映画閲覧制限記号（18歳未満や未成年入場禁止など）から来ている。良い子は関わらないように。

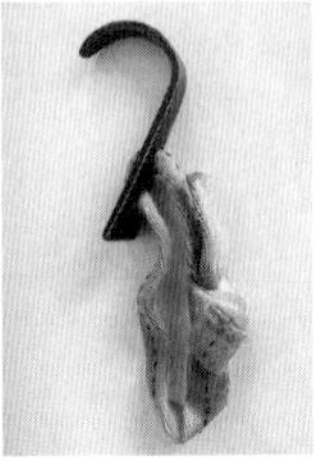

スカイフック　?字型の金属を岩の凸凹に引っかけて支点とする人工登攀用具。支点といっても本人の体重を支えるだけでプロテクションにはもちろんならない。信用度もまさに?である。

スするも行き詰まり、結局、最後は**スカイフック**での人工登攀に切り替えて完登。この時のアブミに乗った瞬間を安間は「この瞬間の屈辱は今でも忘れない。今までのクライミングのすべてが無に還るようだった」と記しているが、それでも「上から懸垂し冒険性を失うよりは」グラウンドアップを選んだ。そして見た目Rより厳しいんじゃないの?と思われるような際どいランナウト・スカイフックエイドクライミングをこなして頂上へと至ったわけだが、そのこだわりの頑固さ、そして素晴らしさ。それは最終的に記されることになるタイトル「オールナチュラルプロテクション、5・14b、R」とは違って、いずれは忘れられる一過程にすぎないものではあるかもしれない。だがそれでもそこに全存在でこだわる、というところに、筆者は家で寝転がって煎餅などかじりながらこの記録を読んで感動してしまった。これぞフリークライミング、ともう一枚の煎餅に手を出しながら心の中で叫んでしまったのである。

と、いったん貶しといて最後は持ち上げるという、安っぽくも雑な常套手段で最後は締めくくるわけだが、さてさて、それで我らがフリークライミングはこれからどこへ向かうのか。

それは筆者にはわからない。情けない話だが、本当に、掛け値なしに、わからない。

おいおい、そういうのをある程度でも見通した見識を示すのがこうした歴史書（って呼べるようなものではないし、呼ぶのも気が引けるが）の役割じゃないのかよ?と思う人もいるかしらん。

しかし、わからないものはわからないのだからしょうがない。この20年でこれだけ変わったのだから、次の20年でどれだけ変わるのか、それはまったく見当もつかない。自信を持って言えるのは、「わからない」。ただそれだけだ！あとは皆さんでなんとかしてください。

How we have clung to the "STONE"

extra

付録

紀元前のフリークライミング

「2017〜2020年 ROCKCLIMBING 連載」

①「紀元前」の、説明できない動機

ボルダリングジム・ロッキーで今度雑誌『ＲＯＣＫＣＬＩＭＢＩＮＧ』を作るのでなんか書いてくれと言われたのだが、こちらはもう昔話くらいしか話題を提供できない。しかしそれでもいいというので、この際開き直ってそれを書くことにした。その名も「紀元前のフリークライミング」。よろしくお願い、または興味なければ読み飛ばしていただきたい。

ということで、さて、その表題「紀元前」の、「紀元」だが、これはそもそも何を指すのか？これについては日本全国、諸説言い分さまざまあるだろうが、おおよその共通認識として、例の「バーカーショック」と言ってしまって、特に問題はないだろう。

これは正式には１９８０年1月、今のロクスノの前身ともいえる雑誌『岩と雪』72号に、戸田直樹らの「アメリカとコロラドでの体験」なる手記と、同時にヨセミテのミッドナイト・ライトニングを登るジョン・バーカーの連続写真が載って、日本に〝正式に〞フリークライミングなるスポーツが紹介された。そして、既に世界の趨勢であったフリークライミング時代へと、我が国も一気に突入していったというものだ。

とはいえ、これ以前にももちろん、日本各地でそれなりのフリークライミングの萌芽はあった。それは例えば日和田山であったかもしれないし、鷹取山や、あるいは関西では北山公園、王子ヶ岳などであったかもしれない。

おおよそのそうした岩場――ゲレンデ、と当時は呼んでいましたね――で、それまで「アブミ」を使った人工登攀でしか越えられていなかった、あるいは越えられるとは考えられていなかった所を、「これ、アブミなしでも登れんじゃね?」なんて感じで取り付き、どこでもそこそこの成果を上げていたはずなのだ。

それはおそらくなかなかなレベルであったはずで、実際我が鷹取山などでは「コの字」と呼ばれる高さ4mほど、幅たった6~7mほどの垂壁になんと20本近くのルートが作られ、その中にはヒールフックや、フィギュア4といった、その20年近く後にようやく「フランスで考え出された」とされる技すら独自に編み出され、使われていたのである。

おっと、話がついつい自慢方向に傾いてきてしまったな。

しかしここで注目してほしいのは、この言葉、「フリーでも登れる」ではなく、「アブミなしでも登れる」という、なんとも妙な言い回しである。

これはどういうことかというと、つまりこの時代、「フリークライミング」なんていう概念はなかった——と言ったら間違いだな。クライミングの形式を表すものとしてもちろんこの言葉はあった。そしてこうした動きが世界では進んでいるらしいということも、外国の山岳雑誌などからの情報として、持っている人は持っていた。

しかし、それでもこれが今のようにクライミング界の主流になるとはおそらくこの頃、誰も考えていなかったはずだし、それどころかこれがいずれ確立した独自の「スポーツ」になると、予測し得ていた人すら、実際はほとんどいなかったのではないかと思う。

というのは、当時、クライミングの主流、というか主目的はあくまでアルパインクライミングであり、それはとにかく大きい壁、あるいは冬などの自然条件が厳しい課題が至上目的とされていた。そうした中でこのような小手先の難しさだけを追うという行為は、「ゲレンデクライミング」と卑下されて、かなりに下に見られていたのだ。

実際、私も鷹取山でボルダリングをしていると、その頃売り出し中だったある有名クライマーから「あんなことしても何の役にも立たない」と言われ、あやうく喧嘩を売りそうになったことがある（いや、売ってたかな？覚えてないや）。

また山岳会に入れば入ったで、ある時ある山の壁でA２（人工登攀のグレード）とされているハングをフリーで越え、それが後日集会で報告されると、ある先輩に「そんなことして落ちたらどうすんだ。他のメンバーに迷惑のかかることをやるな」と、諌められたことがある。

何？何つまんねえこと言ってやがんだこの野郎は、とその時は思ったが、たぶん反論はしなかった（はずだ）。それは私が決して気が弱かったからではなく、確かに当時は、それが一般的な、そして大勢の意見であることは間違いなかったからだ。

というわけで、自分たちがいくら目の色変えて難しい課題を登ろうが、それは所詮、ただの遊び、というか、もっとあからさまに言うと「勘違い」と考えられていたわけで、その点は、この際、クライミングの歴史を語る上で、はっきりと確認しておいていいだろう。

ではなぜ、そうした中で、いったい我々が、こんなただの石登りに躍起になっていたかというと……、ん～、なんでなんだろうね？

単なる成り行き、と言ってしまえばそれはそれで間違いじゃない気もするんだけど、ちょっとそれじゃあ情けない。でもそれでも、確かにそれを私はやりたかったし、実に人生の中で、今まで味わったことがないような手応えを既に感じていたことも事実ではあった。

まあ、あえて前向きに考えれば、ある物事を単純に面白いと感じられる素朴な感覚が、まだ今のような情報化の波に晒されていない当時の自分たちには備わっていたから、かもしれない。って、ずいぶん手前味噌な言い分で自分でもなんかウソっぽく感じてしまうが、しかし思うに、物事の始まりって、どれもそうした、ごく素朴な発想に根ざしたものなんじゃなかろうか。

そこにはごく自然発生的なモチベーションがあり、それゆえ、それに対するピュアな問いかけもあるような気がする。

だからその後世界を席巻することになる〝フリークライミング〟なんてものも、おそらくそもそもの始まりは、日本各地、のみならず世界各地で自然に芽生えた、そうした実に簡単な欲求にすぎなかったもののように、私には思える。

今のように与えられたレーンの上を走るようなものとしてではなく、走るか、飛ぶか、投げるか、まるで決まってないものを、他の誰かが欲するものではなく、自分自身が欲するものとして選んで、やる。しかももちろんそれは、誰が認めてくれるというようなものでもない。しかしそれでもそれをやるという、いわば開き直ったエネルギー。

そのエネルギーこそが、当時の「クライミングの主流からは外れた」フリークライミングの、そもそものルーツにして忘れてならない重要なメンタルであるように、私には強く思えるのだ。

小煩いSNSなどに完全に浸りきってしまっている今の世代にはピンとこない話かもしれないが、でもそもそもスポーツの意義って、そうした単純な自己実現欲求にこそあるもののような気がする。それを思うと今のオリンピックをめぐる世のあれこれなんかは、どうもちょっと違うようにも感じられて仕方ない。

って、やっぱりという感じでそろそろ愚痴になってきたようなので、次回はもうちょっとしっかりした知識としての話をします。

(2)

世界各国の「紀元前」

本書『我々はいかに「石」にかじりついてきたか』によると、フリークライミングの起源は「世界的には旧東ドイツのエルベ砂岩塔地帯、イギリス湖水地方、アメリカ東部などなどとされている」とある。

またいい加減なこと書いてんな、と思いつつ、もう少し詳しい説明を加えさせていただくと、やはり本当の起源といえるのは、20世紀初頭のドロミテだろう。

これはそもそものロッククライミングの起源がこのドロミテなのだから当然といえば当然、逆に勘違いしやすいといえば勘違いしやすいのだが、要は19世紀末に始まった、ここのたいそうな岩山を登るための手段——ロッククライミングが、その後結局はもっと大きな所を登るためにいろいろな道具（といっても当時はハーケンがせいぜいだが）に頼りだしたことに対して、それを拒否する動きが新たに芽生えたというものだ。その急先鋒はパウル・プロイス（1886－1913）なる人で、この人はハーケンどころかロープの使用まで拒んだというのだから物凄い。ただしこれは登山史の中でもやや例外的だし、個人的にもいずれもっと詳しく書きたいからここでは飛ばそう。

だがいずれにしてもこの時代、既にクライミングに対してこのようなスポーツ的な主張があったことは事実で、それは確かにフリークライミングのルーツと呼んでいいもののような気がする。が、これが今の形にしっかりと繋がっているかというと、これはこれで、また疑問だ。

これら主張もその後の時代の流れ、規模拡大の波に押されてなし崩し的に消えていってしまったことも、また動かぬ事実ではあるからだ。

そうした伏線を踏まえて、改めてフリークライミングの起源を探すとなると、先に挙げた3箇所がやはり最初に浮かび上がる。

しかし、そういう中でもこの3者には、相応のお国柄とでもいおうか、それなりの違いもあったようだ。

まずエルベ地方に関しては、ここは写真で見たことがある人も多いであろう、平原に岩塔がにょきにょき生えているといった景勝地で、かつ軟らかい砂岩でできているという理由から、人工物の使用が極端に制限されていたという事情がある。それがためここでは基本、手足だけで登る＝フリーしか許されず、ハード面でも、ビレイ点には大きなリングボルトが据えられているが、ルート中のプロテクションはスリング（?）以外使っちゃダメ（つまり基本、なし）、チョークも禁止というかなり特殊なルールとなっている。

そうした中、ここでのクライミングは「1865年に始まって1928年までにほとんどの岩壁が登られ」「37年にはすでにⅦ級（5・10〜11）が登られていた」と、『クライミングジャーナル』（91年に廃刊したクライミング専門誌）12号には書かれている。

残念ながらこの雑誌じゃその情報もこれが限界なのだが、要はここでは、最初は地理的な事情から、その後は東欧ならではの職人的ガンコさから、人工手段を排除した〝フリークライミング〟が堅持され、密かに発展していったというのが実情のようだ。

しかしやはりその特殊性からそれが世界に広がることはなく、その50年近く後にギュリッヒらが「あそこはすごい」と漏らすまで、知る人も稀という状態だったのである。

一方、イギリス湖水地方というのは、今やトラッドの牙城として有名な所だが、その前にこの国は、スポーツとしての登山そのものの発祥の地でもある。

細かいことをいえばいわゆる近代登山は、1786年、ヨーロッパアルプスのモンブラン初登頂に始まるとされている。のだが、その後のアルプス初登頂時代の主役を担ったのは、イギリスの貴族階級だった。そして1857年には世界初の山岳会「アルパイン・クラブ」がこの国で発足することになるのだが、この時の登山に対する見方が面白い。曰く登山は「科学的知識の発展のためというより、遊びとしてやる価値がある」云々。う〜む。今だにスポーツに多くの大義名分を掲げ、何かしらの見返りを求めたがる我が国の有様を考えると、当時からのイギリス人のこうした考え方には実に感服するものがありますね。

まあ、そういうお国柄だから「遊び」としてのクライミングにスポーツ的なルールを持たせようとするのは当然といえば当然だったのかもしれない。

だが、それでも時代が時代、しかもイギリスといえばその後エベレスト初登頂、同南壁初登攀などで大規模成果主義登山の最先端を突っ走った国である。そこで地元の小さな山で行なわれている主張がどれほど強い発言力を持ったかというのは、やはり難しい問題ではあったろう。だが逆に、だからこそそれに抗うような動きが生まれたのもこの国ならではで、それもまた「イギリス」という国、そして国民性を考えると感慨深いものがあるのである。

そして最後にアメリカ東部。

って言っても、どうして「東部」なのか、というより、なぜそう『我々は〜』に書いたのか、当の筆者も今となってはさっぱりわからない。おそらくアメリカに近代的なロッククライミングを持ち込んだのが東ドイツ（しかもエルベ地方）から移住してきたフリッツ・ヴィースナーなる人物で、氏が1940年代にニューヨーク近郊シャワンガンクスの開拓をして、5・6という当時最難グレードを達成したという『イワユキ』（111号）の記事なぞを見て適当に書いたんじゃなかろうか。

しかし家にある『WIZARDS of ROCK——A History of Free Climbing in America / Pat Ament』という電話帳みたいな本によると、合衆国初の5・6は、1914年、コロラド、ガーデン・オブ・ザ・ゴッズでの、アルバート・エリングウッドなる人物によるもの、初の5・8は、1924年、やはりエリングウッドによるコロラド、サウスプラットでのものとなっている。

もっともこのあたりのことは記録もかなりあやふやだろうから、そう細かく捉えてもあまり意味はない。それより気になるのは、同書でアメリカ最初のフリークライミングとして取り上げられているのが、1869年、ジョン・ミュアー（アメリカ自然保護の父とされる人だね。知らない奴はヨセミテ入山禁止だ）によるトゥオラミ、カシードラルピークの初登頂であるということだ。

これはミュア氏がアメリカ人にどれだけ人気があるかを考慮してもちょっと意図的すぎる気がしないでもない。が、実際にこの山に登ってみると、高差300m近くに及ぶ南西壁や、一番やさしい面から登っても5・5〜6程度は確実にある頂上ピナクルも含め、山全体に人工物は一切なく（だから頂上まで上がってしまったら最後はクライムダウンするしかない）、ミュアが単独で初登したこの山が、氏の考え方とともにこの国でどれだけ大切に扱われているかがわかる。

ということでアメリカのフリーは、ある意味では自然保護思想の影響を受けている、と、この際こじつけたいのだが、しかしもちろん、こうした考え方も、当時は今のように世間に全面的に受け入れられたものではなかったろう。だいたいアメリカってのは自然（フロンティア）をガンガン壊して大きくなってきた国だからして物質文明推進派があくまで主流なことは間違いなく、だから逆にその後、カウンター・カルチャーなんてものが生まれたりしたという経緯がある。そうした意味ではフリークライミングだって、最初はもちろん反主流の流れの中にあったであろうことも、また想像に難くない。

なんだか話が長くなり、かつ、柄にもなく（いや、これが私の真の姿か?-）ガクモン的になってしまって申し訳ないが、つまり何が言いたいかというと、「フリー」っていうのは、どこで始まったものにせよ、ハナからそこに脳天気にあったものではなく、前回述べた通り、やはり何かしらのエネルギーがあって、そうではない下地の中から、初めて形を表してきたものだということだ。

そして、そのエネルギーとは、ワタクシ的に一言で言うなら、やはり反骨精神というものに尽きると思う。

「?-?-」と思われるかもしれないが、あの時代、人類の富と叡智が人々の豊かさをウナギ登りにもたらしていた時代に、その物質主義に逆らう、成果に背を向け内容——生き方、って言ってもいいかな。カッコつけすぎだが——をこそ問う、というのは、やはりそれなりの、かなりへそ曲がり的な気概がなければできることではない。

フリークライミングが完全な（社会に認められた?-）スポーツとなり、「成果」が明確な形として今まで以上に強い力を持ってきた今日、かつてのクライマーたちのこうした気概に改めて目を向けてみるのも、時に必要な気もするのである。

ということで今日の講義はこれで終わり。寝ていた人は後で職員室に来るように。

カシードラルピーク

フリークライミングの黒歴史（3）

前回はフリークライミングがどこでどのように始まったかということについて簡単に、というか、かなり主観的に説明した。で、結論はそれぞれ、最初はあくまで反主流であったであろうものの、いずれも行きすぎた物質主義への反発として必然的に興ったものだということだった。

で、翻って日本はどうだったかというと、これはもう既に何度も触れている通り、70年代末にアメリカ、というより、ヨセミテから明確に入ってきた（実際、その頃の我がフリークライミングはそのような名前で呼ばれず、「ヨセミテ・スタイル」という、かなりにぶっ飛んだ名前で呼ばれていたくらいなのだ）。要は黒船来航にまたしてもひれ伏すことになったわけだが、ここで１００年たっても外圧にからきし弱い我が国民性を恥じることはない。

なんといってもあの当時、世界のフリークライミングの中心は、確かにヨセミテにあった。それはヨーロッパにおいても同じ認識だったことだろう。

さて、ではその頃のヨセミテの60~70年代（つまり日本の紀元前）というのは、どんな感じだったか、ということだが、これを詳しく書くと本一冊どころでは済まなくなる。

だから興味のある方は何かで調べてほしいのだが（あれ？この本って、それを書いてるんじゃなかったの？）、ここで重要なのは、70年代というその時代背景である。

70年代――。

この時代について、『我々は～』には、「イーグルスが『ホテル・カリフォルニア』を歌い、ブルース・リーが強烈な肉体と掛け声で世界を駆け巡った」「実に〝heavenly〟な時代だった」としてある。これは個人的な話で再三申し訳ないながら筆者の10代がこれとまったくかぶっていることからそう書いたものなのだが、しかし本当は、アメリカ本国では、そうそうぼんやりした時代ではなかった。はずだ。

というのは、アメリカにとって70年代がどういう時代だったかというと、それは一言、「ベトナム戦争が終結した時代」だったということだからである。

ええ?突然何?と思われた方も多いかもしれない。が、この頃のアメリカ文化に詳しい方なら話の意図はわかってくれるだろう。

つまり、アメリカが「強国」のプライドを引っさげてアジアの小国にいらぬ介入をし、思いもかけぬ長期戦に身も心もへとへとになりながら、75年、負けに近い形でついに撤退する。国内では反戦機運が高まり、世代間での価値観の相違が火花を散らすほどに明確になる。その結果が、前回触れたカウンター・カルチャーの誕生に結びついていくわけで、そのエネルギーはなかなかに強かったと推察される。少なくとも我が国のオタク文化などとは明らかに次元が違う、逆ポジティブともいえるものだっただろう。

で、そうした彼の国のカウンター・カルチャーが具体的にどのようなものだったかというと、ジミ・ヘンドリックスやグレイトフル・デッド（バンド名を直訳すると〝安楽死〟だよ）などといったサイケデリック・ロックであり、ジャック・ケルアックやアレン・ギンズバーグなどのビート（こっちは〝ぐれる〟だ）文学であり、ウッドストックであり、ヒッピーであり、ドラッグであり、ラブ・アンド・ピースであり……と、興味は尽きない。

そしてこれらにどっぷり漬かっていた時代のクライミングが、物質成果至上主義からフリーという内省に向かっていったのは当然といえば当然の話で、実際この時代のヨセミテクライマーたちも明らかにヒッピー文化を地で行くものだったようだ。彼らの多くは社会からドロップアウトし、バムとしてここでコミューンを作って、ひたすら自分たちの内なる完成形を追い求めた。その様子の一端が、『岩と雪』１００号の記事「VALLEY BOYS」にこう表されている。

「理解に苦しむんです。どうしてＬＡで年間50週も働いていられるのか。そうして、ようやくもらった2週間の休暇で、ここに来る。ぼくたちは1年のうち9ヶ月、ここで生活しているんですからね」（海津正彦訳）

ちなみにその頃のこの谷の疾風怒濤ぶりを捉えたものに『ヨセミテ・クライマー』なる写真集がある。これはまた個人的な話で申し訳ないが私などは憧れに憧れ、今でもその中の１ページ（p３１８参照）をスマホの待ち受け画面にしているほどなのだが、そこに写っているクライマーたちの実にヒッピーなこと！

誰も彼もが長髪にバンダナ、ボロボロのズボンに上裸で、ほとんどの人が、目がイッちゃってる。

ちなみにこの時代のここのルートは、名前もそれ系からいただいているものが多い。エレクトリック・レディランド、アストロマンなどはジミヘンの曲（アルバム）名だし、マジックマッシュルーム、タンジェリン・トリップなども、ドラッグ用語以外何物でもない。さらにここには書けない隠語なども実は多数あるようなのだが、これらを探してみるとその頃の空気を多少なりとも感じ取れるかもしれない。

ついでに触れておくと、セパレット・リアリティやテイルズ・オブ・パワーなどといったルート名も、当時どういう意味なのかわからなかったが、実はカルロス・カスタネダという、70年代にアメリカで熱狂的に流行ったドラッグ作家（本人はUCLAの文化人類学者だと名乗っているようだが）の著作名なんだという。というのを、日本で最もこの世界に近そうな南裏健康氏から教わり、私もこれらを読もうとして、あまりに延々続くトリップ描写にどれも挫折した（しかし私が後年瑞牆に作ったイクストランへの旅というのも、その中の一冊である。南裏氏の達磨バムも、J・ケルアックの本の名前だ）。と同時に、当時のヨセミテクライマーたち、ロン・コーク含め当時世界のトップにいた人たちが、その頃皆こういうものを読んで生きていたということに、いたく感銘を受けてしまった。

そういえば昔、彼の地で、「グラスレス」という言葉を聞いたことがある。これは、葉っぱ（大麻のことね）を吸わずに登ったということで、A4やA5といったヤバい人工登攀やフリーソロなんかによく冠された。しかしそれがそもそもの自慢、あるいはタイトルになってしまうというのだから、皆さん、日頃はなかなかにご結構なものだったのだろう。

そうした中、ここのフリークライミングは世界の頂点へと上り詰めていったわけで、それを思うと見る目もだいぶ違ってくる。つまり、今、こんなにも健全な（ように見える）スポーツであるフリークライミングは、実はかように黒い歴史の上に成り立ったものだったというわけなのだ。なんか今回は健全な時代に完全に乗り遅れたジジイの仕返しのように聞こえるかもしれないけれど、しかし事実は事実なのだからしょうがない。残念だったね。

(4) ヨセミテの、聞きづてでしか知らない黎明期

こないだは話が少し変な方向に進んでしまった。オリンピックにもなったスポーツに、あれは何?と思った人もいるかもしれない。が、しかしもちろん、天下のヨセミテクライミングは、その程度のことじゃ揺るがない。なんといっても当時、彼の地の影響力は絶倫いや絶大で(すまん)、それを抜きにしては世界のクライミングはもうこれっぽっちも進まないところまで来ていた。それは間違いない事実だったからだ。

そうしたヨセミテの実態を、世界がおそらく初めて知ることになったのは、『マウンテン』(長年クライミング界のオピニオンリーダーとして君臨してきたイギリスの山岳雑誌。残念ながら今はない)74年1月号に掲載された「ヨセミテの新しい波」(邦訳は『岩と雪』39号)という一文によってだろう。

74年という非常に早期に書かれたその記事には、その時点での成果として、バターボールルーフ(垂直20mのフィンガークラック。5・11c)やトワイライトゾーン(5・10d!のオフウィズス)、アウルルーフ(5・12cのルーフオフウィズス。ただしこの時のグレードは5・11!)などが挙げられていて、まずたまげる。これらは今でも訪米日本人の、わりと厳しめの目標になっているルートだし、最後のものなどいまだに日本人未登なのである。

さらにそこには、当時まさに絶頂期だった人工登攀に対する批判、それに伴うフリークライミングという新たな課題の提唱、そしてそれに取り組む様子や、早くもスタイル論議なども示され、それがしかも内容的に今とほとんど変わらないことに、ますます驚く。

何度も言うが、74年というたまげるほど早期に書かれたこの記事が、この時、世のクライミング界にどれだけ理解されたかは、今となってはわからない。が、そのレベルだけをとってみても世界のクライミング界に相当な衝撃を与えたことだけは間違いないだろう。

しかもこれを書いたのは、ロイヤル・ロビンスでもジョン・ハーリン（両者ともヨーロッパアルプスで時代の最先端ともいえる難ルートを開拓し、アメリカ人の実力を世界に知らしめていた）でもない、ジム・ブリッドウェルなる人物。氏は後年、エル・キャピタンのパシフィックオーシャンやゼニヤッタ・メンダッタなどを初登して日本ではエイドクライミングの第一人者のように思われてしまったようだが、実はヨセミテの代表的5・11ルートの大半はこの人が初登している。つまりこの時、まさに新世界にあったこの渓谷には既に世界最強ともいえるクライミング国家が樹立していて、そこには確とした王がおり、しかもそれが古い大陸に先んじて現代社会の完成形を作り上げていたというわけなのである。

そのブリ氏が満を持して紹介したのが「ヨセミテの新しい波」だったわけだが、そこで気になるのは、ではこうした文化がどういったいきさつで始まり、ここまで独自に発展してきたのか、ということだ。

で、それは、今まで何度も申し上げた通り、実はよくわからない（なんだそりゃ?・）。

しかしまあ、とりあえずここの岩場が花崗岩でそもそもクラックが発達していたことからすれば、ジャミングなどのいわゆるクラック（フリー）クライミング技術が必然的に発展していたことはまず肯ける。実際、それらルートのおおよそは、普通に登ってもそれまでヨーロッパの最上級とされていたVI級（5・8）またはそれを超えるものばかりで、それだけでも充分注目に値する。

しかし、それでも、それを「あえて」ということになると、これはこれでまた別の話だ。ヨセミテの岩壁は技術的に難しいだけでなく、その規模も当時としては相当なものばかりで、そこにスタイル的にさらなる負荷を付け足すというのは、それは並大抵のことではなかったに違いない。そうした中、1944年にチャック・ウィルツとスペンサー・オースティンという二人のクライマーがハイアーカシードラル・スパイヤーのレギュラールートをフリー化（5・8）したわけだが、これはおそらく、ヨセミテ登攀史の中で「First Free Ascent」という言葉が使われた初めてのものと思われる。これはその言葉が単に「使われた」のではなく意図して「使った」ということが重要なのだが、これはしかしもしかしたらヨセミテ初どころか、アメリカ初、あるいは世界初だったかもしれない。なお、このC・ウィルツなる人物に関しては前々回紹介したP・アメントの『WIZARDS of ROCK』でも記録とともに1ページ大で紹介しており、彼の国でもやはり相当の扱いを受けるべき人だったと推察される。ついでに言えば日本国内ではこの時代、というのは大戦中もいいとこだからたいした記録はないが、その後、国内初の埋め込みボルト使用で有名になった一ノ倉沢コップ状岩壁初登が58年、投げ縄やタガネによるチズリングを使用した屏風岩中央カンテ初登が47年だから、やはりすべてにおいて相当にギャップがあったことは否めない。

さて、そうしたヨセミテの、フリークライミングの世界的シンクタンクとしての本領が発揮されたのが、1960年代中盤。特にフランク・サッカラーの活躍である。

サッカラー氏の名前は日本ではあまり取り沙汰されることがないが、ヨセミテ経験者にはエル・キャピタン・ベースのサッカラー・クラッカーで思い当たる人も多いことだろう。1964年（！）に初登されたこの30ｍのクラックは、ツルッツルの岩にフィンガー〜ハンド〜オフウィズスと続く嫌なもので、しかもそれが5・10ａ！このグレードに騙され泣いた日本人も少なくないはずだ。

そうした氏の代表的な記録が、エル・キャピタン、ハイアーカシードラルロック、ミドルカシードルラルロックのそれぞれのイーストバットレスルートのフリー化である。

どれもグレード的には5・10止まりでそれだけ見るとたいしたことないようだが、登ってみるとそのスケールとストレニュアスな内容に、今でもたいへん感銘を受ける。ルートのトータルな厳しさとしては瑞牆山のベルジュエールより上と感じる日本人も多いのではないだろうか。

しかも驚くのは、これらがフリー化されたのが、1964〜65年という、たまげるほど昔であることだ。今でこそこうした大岩壁のフリー化はクライミングの一つのトレンドにもなってはいるが、当時はカムもナッツもない時代。これらをただ登るだけでも充分たいへんだった中に、あえてこれらをオールフリーで登ろうと考える、そしてなによりそれが「できる」と考えるのは、相当なことだと思う。その先見性、というか、発想力に、恐れ入るばかりなのである。

さらに氏は、後年のブリッドウェル氏の言によれば当時既にノーズのストーブレッグスがフリー化できることや、さらにはノーズのワンデイアッセントというアイディアまで持っていたようだ（当時このルートの通常スピードは1週間程度で、カムが開発された80年代以後でも4〜5日が一般的である。初のワンデイアッセントは75年、ブリッドウェルらだが、これは当時世界的な大記録として話題になった）。

こうなるとますますもってその発想力は天才的という他ないが、しかし思えばクライマーの資質とは、こうした発想力が結局はものをいうような気がする。時代を切り開くクライミングというものはまさに創造（Creation）であって、それを具現化するのがいわゆる天才というわけなのだが、その決め手はやはりこうした「発想力」の豊かさ、というか、鋭さだろう。しかしまた同時に、それでもこうした天才の出現は、一人その個人だけに由来するものでもないようにも思える。その個人の資質とともに重要なのが、その天才に必然としての創造をもたらす歴史と文化なのであって、そうした、いわば天の声を響かすような下地こそが、その文化の底力というものでもあるのだろう。

そういった意味で、このサッカラーというクライマーは、今なお世界に名だたるヨセミテのクライミングを完成させた天才であると同時に、まさにヨセミテという文化そのものを象徴する人物であるように、私には思えるのである。

ちなみに氏は、他のクライマーたちの書いたものを読むと、確かどこかの大学教授で、さらにJ・ブリッドウェル氏の直近の師匠だったのだという。で、ブリ氏の手記では、ある日、ブ氏がキャンプ4にいるとそこにサ氏が現れ、今日はおまえは何をするのかと聞くから、自分は昨日登りすぎたから今日はレストするつもりだというと、よし、それならおまえは今日は飯は食うな、とのたまったそうだ。

確かにその発想力は、並じゃなかったようだ。

そして、次の新たな天の声に告げられて、いよいよ華やかな70年代がやってくる。わけだが、それについてはまた次回。

(5) フリーのフリーたる所以の、オールドスタイル

パタゴニアが出している出版物に『THE STONE MASTERS』というものがあった。「California Rock Climbers In The Seventies」と副題の付けられたこの豪華写真集には、その名の通り70年代のヨセミテの主役「ストーン・マスターズ」たちのシビレる写真やエピソードなどが満載されていて、私などにはまさに感涙ものだ。残念ながら文章が英語ばかりなので（あたりまえだ）読むところはほとんどないが、そこに写し出される、ジョン・バーカー、ロン・コーク、ジョン・ロング、ジョン・ヤブロンスキー、トビン・ソレンソン、そしてジム・ブリッドウェルらビッグネームたちのイキイキとした姿は、もうそれを見ているだけでフリークライミングの何たるかを知るに充分に思える。

で、そういう彼らがこの時代に成し遂げたクライミングがどのようなものだったかというと、これはもう、皆さんおそらく知っている通り。71年、クッキークリフの3ピッチ目にあるウルトラシンクラック、バターフィンガー（5・11a）がブリッドウェルによって初登されたのを皮切りに、73年バターボール（5・11c、H・バーバー）、75年ホットライン（当時世界初の5・12とされた。J・バーカー、R・コーク）、同年アストロマン（J・バーカー、R・コーク、J・ロング）、77年テイルズ・オブ・パワー（5・12b、R・コーク）、78年セパレット・リアリティ（当時5・12a、R・コーク）と、引きも切らない。

まさに世界に先んじたレベル、そして飽くことを知らぬエネルギーといえるわけだが、しか

しこれらにただ感心する、あるいは逆に、それほどでもないな、などと思うより前に、これらの記録を理解するためには、まずこの時代のクライミング・スタイルというものにも触れておかなければならない。というより、むしろ今回言いたいのは、こちらの方だ。

で、その言いたいことが何かというと、この時代は、まず「ノンハングドッグ」が、そのかなり特徴的なルールだったということである。

ハングドッグとは、単純にはロープにぶら下がる、つまりテンションレストをするということで、今は誰もが普通にやっていることだ。しかしこの時代はそれは、ドッグ＝せこい野郎のやることで、明らかなインチキとされていた。

だからこの時代はそれは「ノン」。クライミング中に落ちたらそのままロープにぶら下がってそれ以上のクライミングを続けることはせず、すぐさまそこからリタイア、つまりロワーダウンしなければならない。それが義務付けられていたのである。

〝ルール〟というとまたウルサガタは、本当にそういうルールが決められていたのか?何に書かれてあった?などと聞いてきそうだが、そんなものはもちろんない。あくまでこれは〝フリー〟というものに関する彼らの考え方、主張であって、各自が自分に課せばいいだけの〝スタイル〟にすぎないものだ。そしてそうした〝スタイル〟というものを理解しない限り、このルール（だから正確にはルール的なスタイル、ということだな）は理解できない。ややこしいが、このあたりのことがどうしてもわからないという人は、このページは読み飛ばしてくれ。どうせ最後までわかんねえから。

なんて、ちょっといらついてしまったが、要は、クライミングをする本人が、岩を〝フリーで登る〟とは、どういうことと考えているか、ということである。

『ROCKCLIMBING』で、小林由佳さんがいいことを書いていた。

「岩は自然が作り出したものであり、岩の課題、ルートはこの世界に1つしか存在しない」

私などとはあまりにもレベルが違いすぎる彼女の言葉を借りるのはちょっと気が引けるが、要はそうした唯一無二の存在である岩を、自分だけの力＝フリーで登ろうとする。「パンピングした腕でまるっきり回復にもならないレスティングをしながら」「過去も現在も含めて、すべて（の局面で）、ロープの助けを借りずに、自分の力でホールドを発見し、自分の腕でムーブを探り出しつつ」（これは不肖私めが昔書いた言葉）、登る。自然が作った偉大な創造物であるそのルートと、自分だけの力でフェアな邂逅をする。それが〝フリー〟であると、この当時の人たちは考えていたということなのである。

その考え方でいくと、本当のフリーとはオンサイトのみということになる。そもそもオンサイトの意味とはそういうことであって、決してタイトル的に最上位にあるものとか、コンペのルールとかということではないのだ。

だがまあ、クライミングを本当にそれだけに限定してしまったら（そういう人も過去実際にいた。一回でも落ちてしまったら、自分はこのルートは〝フリー〟で登れなかったと言って、やめてしまうのである）、クライミングはなかなか進展しない。だからその後のやり直しは容認するが、ロープに頼ってそこに張り付き、そのままあれこれしてはならない。それはもう人工登攀である。

というわけで、ではどうするかというと、先に述べたように、その場ですぐロワーダウンする。わけだが、難しいのは、そこまでセットしたプロテクションを、どうするかということだ。

結論から言うと、多くの場合、そのまま残してロワーダウンし、ロープもそのままの状態、つまりすべてのプロテクションにかけっぱなしにするのが一般的だった（中にはロープも引き抜いてしまう人もいたが）。だから次のトライの時は、前回落ちた地点まではトップロープ状態ということになる。そしてまた落ちたらそこからロワーダウン。これを繰り返しながら登るわけで、これをシージング、またはヨーヨースタイルと呼んだ。

これをある時説明していると、あるクライマーから、「ではそこ（前回落ちた地点）までは次に行く時はレッドポイントより楽ですよね」と言われたことがある。

「ん〜、わかってねえな、と思いつつ「そういう考え方もありますね」などと答えたか答えなかったか、忘れちゃったが、忘れてならないのは、それでもそこ（前回落ちた所）からさらに先のムーブは、再びそこまで登っていった「パンピングした」状態の腕で岩に張り付き、解明しなければならない、ということだ。

ハングドッグで充分ワーキングした後なら、確かにヨーヨーの方がレッドポイントより楽だろう。しかし、一度でも落ちたらすぐそこから降りなければならないとしたら、まずその落ちた一手の解決が難しい。しかもそれを、何度も言うが、そこまで登っていってパンプしまくった状態の腕で、行なわなければならないのである。それが1箇所だけならまだいいが、さらにその上でも何箇所も出てきたりしたら（たいてい出てくるが）、もうお手上げだ。

だから、極端なことを言えば、今の一般的なハングドッグスタイルで初回のトライ時に5回も6回も落ちるような人（今ではそれはかなり少ない方だ）では、ノンハングドッグスタイルではおそらく1シーズンかけても終了点に辿り着けない、なんてこともあるだろう。

今から思えばあまりにも効率の悪いルールで、これじゃあぜんぜん上手くならないよ、と不満を言いたくなってしまう。しかし、当時の人たちは、こうしたルールを自らに課して、限界を押し上げていった。〝フリー〟の何たるかを、追求していた。それはこの時代の記録を見る時、その数字だけでなく、ぜひとも頭に入れておくべき事柄だろう。

1980年、ビル・プライスが、12日間かけてコズミック・デブリ（現在5・13b）を初登した。この15m程度のクラックに、彼は長いことロープを残したままトライを重ねた。ということに批判を受けた、ということも聞いたことがあるが、その頃からなし崩し的に広がりつつあったハングドッグスタイルをきっぱり否定し、あくまで自分の〝フリー〟を押し通したこの70年代のオールドクライマーは、やはりかっこいい。ラリってるばかりじゃなく、みんな骨があったんだね、ということに、改めて憧れを高めてしまうのである（あくまでクライミングに対しての憧れだよ）。

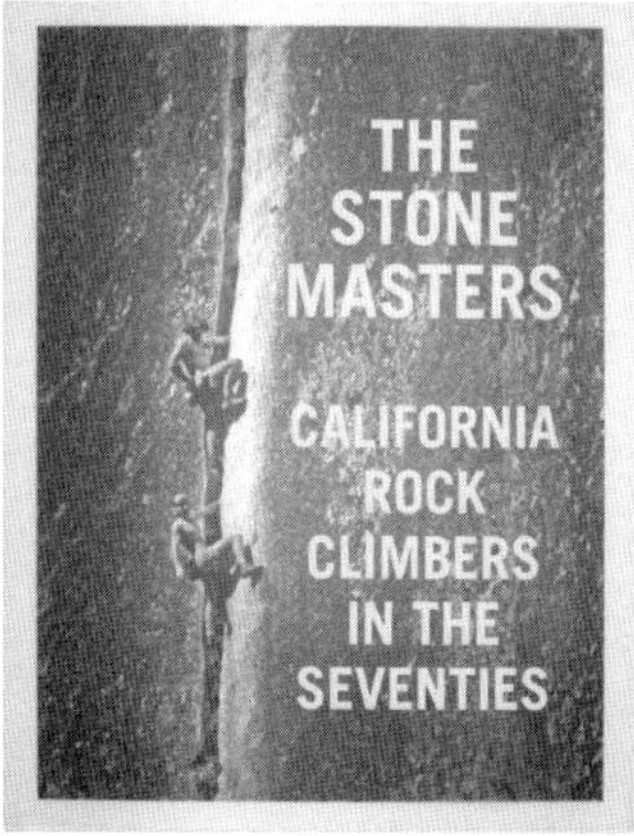

『THE STONE MASTERS』

(6)

進歩か退廃かの狭間で

今回はややネガティブな話をしなけりゃならない。

それは、前回紹介したフリークライミングのスタイルが、時代とともにいかに変わっていったか。要はノンハングドッグというルールがどう崩されていったかということだが、これは言い換えれば、フリークライミングにおける「フリー」の意味の一つが、どのように失われていったか、ということでもある。

なんてちょっと嫌味な言い方で反発を抱かれる方も多いかもしれない。が、前もって言っておくと、もちろん私も、今は、というよりずいぶん昔からハングドッグスタイルを、普通にやる。どころか、そのしつこさは仲間内ではむしろ上の方である。

だからなんとか気分を害さないで読んでほしい。

などとことさらに、かつ恥ずかしげもなく予防線を張るのは、この手の話をするとついつい煙たがられる。「自分だって」という目線を投げつけられ、あからさまにシャットダウンされる。という経験を、今まで山ほどしてきたからだ。

しかし思えば、それはそうだろう。みんなが普通にしていることを自分もしていて、「それは本当はルール違反だ」などと言われたら頭にくる。しかも言われた側がその後ろめたさを薄々感じていたともなればなおさらだ。「なんだ上から目線で」とか「自分だけ正しいみたいな顔しやがって」となるのは世の理（ことわり）というものだ。人間というのは弱く、また自分を守りたい生き物なのである。

なんて、ほんとネガティブだね。今回は。

と思いつつもさらに続けると、このルールがなし崩し的に失われていった経緯には、もちろん、この新（ハングドッグ）スタイルがクライミングレベルの大幅な進歩をもたらしたということも確かにある。だが同時にここには、そうして上を目指すより、むしろ下に向かうベクトル、つまり安易に流れるという人間の弱さも、実は大いにあった。ように、私などには感じられるのである（もちろんその中には私も含まれる、ということを、しつこいながら予防線として言い添えておこう）。

って、話がさらにネガティブになってきた。なのでこの辺でこの話題からは離れ、その歴史的経緯をとりあえず見ていってみよう。

ハングドッグスタイルというと、まず最初に必ず出てくる名前が、レイ・ジャーディンである。

氏はまず、世界初の5・13、フェニックス（5・13a）の初登者であり、また、世界初のセルフフィッティング・カムディバイス「フレンズ」の考案者として知られている。

というのが、ウィキペディアあたりに出ていそうな氏のプロフィールだ。だがまた同時にこの人は、前号で述べた当時の規律を無視し、禁断のハングドッギングをヨセミテに持ち込んだ張本人でもある。

そしてその初登リストにあるのは、クリムゾン・クリンジ（5・12a）、ハングドッグ・フライヤー（5・12c）、ロストラム・ルーフ（5・12b）など、現在のヨセミテの代表的な5・12の数々。これらは上のフェニックス含めいずれも76～77年という非常な早期に登られたもので、その先鋭性は確かにたいしたものといえる。だがこれらの業績に対して、これを先駆的と捉えるかズルと捉えるかは、人によって違ってくるだろう。

今の感覚では前者の方が断然多数派かもしれない。しかし当時、キャンプ4の連中の反応は、間違いなく後者だったようだ。

そこには、前回紹介した通り、この谷で培われてきた「フリー」に対する哲学が当然あったわけだが、同時に、彼の国で時折指摘されるこの谷の閉鎖性も、少なからずあったのかもしれない。それについては、かのグランド・イリュージョン（世界初の5・13b／c。このルートは79年の初登後、3年間再登を許さなかった。第2登はウォルフガング・ギュリッヒである）の初登者トニー・ヤニロも後年グチをこぼしており、我々が思う以上に強いものだったようだ。

もっともこのグランド・イリュージョンも実はハングドッグスタイルで初登されたもので、しかもヤニロ氏の年齢はバレーの常連たちより若干若かった（イリュージョン初登時はなんと17歳だ！）。それを思えば彼が相応の非難とやっかみを受けるのもわからないではない。

またジャーディン氏に関しては、その後ノーズのど真ん中にチッピングホールドを刻んだことでも有名で、それゆえ氏の評判はますます地に落ちた。筆者が初めてヨセミテを訪れた時（82年）など、ヨセミテのトイレの壁に「ジャーディンは出て行け」と書かれていたほどである（ちなみにこのトイレの落書きはなかなか面白い。中には「ジミ・ヘンドリックスは生きている」なんてのもあった）。

しかしここで誰がなんと言おうと、結果として、こうした高難度ルート、フェニックスやグランド・イリュージョンなどの影響は大きかった。こうした方法で限界が押し上げられることがわかると（もっともこれは実は皆「わかっていた」ことだとは思うが）、それまで皆が痩せ我慢してきたことが徐々に崩れていき、さらに数年後、ヨーロッパから5・14というレベルが持ち込まれると、このスタイルは完全に市民権を得るまでになっていった。

のだが、これらの流れを当時の皮膚感覚で考えると、どうもこのルール改正に当たっての「人間の限界を超えるため」という意味は、一般レベルでは後づけという感じがしないでもない。というのは、この方法は特に「人間の限界」のルートではなく、クライマーそれぞれの「自分の限界」のルートに適用されることの方が多かったからだ。そしてそれらのルートの多くは、またまた嫌味な言い方かもしれないが、かつてはノンハングドッグで普通に登られていたものだったのである。

ちなみにこれについての日本でのありようは、そもそも日本にこのスポーツが伝わったのが、こうした流れのまさに過渡期。このオールドルールを守る人も、かなり稀ながらいるにはいたが、ほとんどの人は、聞いたことはあるけど実際にはやっていない、という状況だったように思う。多くの人にとってこの命題は、難ルートを登るというミッションを前に、既に見て見ぬふりができるものになっていた。ように思える。


なんか話がまたネガティブになってきた。

しかし、今さらなぜ、ここでこんな話をするかというと、やはり最近、「フリー」ということが、どうも、というか、ますます希薄になっているように思えてならないからだ。どんなルートでもハナからロープテンションを前提にムーブを解明し、レッドポイントに繋げる。それが今やフリーのあたりまえの取り組み方になっている。それがどうにも気になって仕方ないのだ。

確かにそういう方法で自分の限界に挑むのは、大切なことだろう。しかしだからといって事前にいくらでも人工手段を講じてもいいとなると、また話は違う。しかもその過剰投入が、毎度毎度とくれば、それはもはや「フリークライミング」ではなく、「レッドポイントゲーム」と呼ぶべきものだ。

「自然が作り出した」「世界に一つしかない」ルートを「フリー」で登る。それはいったい、どういうことか。

それを考えるには、グレードや記録に対する画一的な見方ではなく、多面的な視点というものがやはり必要だろう。そしてそういう視点こそがこの文化の中核であろうと、はかない望みを懸けながらつくづく思うのである。

（7）
たまげるほど単純な「フリー」の定義

前回の話は、なんだかよくわからなかったね。ノンハングドッグだヨーヨーだと言っても細かい部分がいまひとつよくわからなかったし、それ以前に、だから何？ってのが、自分で読み返していてもなんだかハテナだった。レッドポイントスタイルを取り入れて発展してきた現在のフリークライミングに今さら文句つけたところで、じゃあどうしろっていうのよ、ということが、筆者本人、まるでお手上げになってしまったのである。

しかし今回の話は実にわかりやすい。

ロープをどう使えばフリーだフリーじゃないなどといったある意味作為的なルールじゃなくて、ハナからロープは使わない、つまりフリーソロ以外、クライミングじゃないという、あっぱれ単純明快にして猛烈な論理。そんなマンガみたいな論理と、それを実際に行なったというウソみたいな人のことだ。

その名はパウル・プロイス。

この（2）でもちょっと触れたが、20世紀初頭、ロッククライミングというスポーツがこの地で始まり急激な進歩を見せたイタリア・ドロミテ地方で、その頃から使われ始めたピトン（ハーケン）の使用を拒み、しかも単独で、当時のクライミング全体のレベルを押し上げていったという希代のクライマーだ。

ちなみに氏を紹介する時必ず言われる「ピトンの使用を拒み」「単独で」という文言は、当時の貧弱な道具や技術を考えれば、ほとんどフリーソロと同義と捉えてよい。というか、間違いなくそうだろう。

事実、氏がその名を決定的なものにしたドロミテの巨大針峰、カンパニーレ・バッソ東壁の初登攀（1911年）は、300m、V。当時のレベルを完全に超えたもので、第2登を目指したパーティは墜死し、その後17年間も誰も登れなかったという強烈なものだが、これを氏は「ピトンどころか、護身用のロープすら使わずに登った」（ダグ・スコット『ビッグ・ウォール・クライミング』より）という。

しかも氏は、こうしたことを、日本人が好きな不言実行ではなく、かなり強気で主張しつつ行なったようだ。

それは自身が所属する山岳会の会合で発表した登攀の6原則なるものに記されている。曰く「ピトンは非常の危険に際してのみ用いられるべきであり、ザイルも山行を容易にしこそすれ、可能にしてくれるわけではない」。もちろんこれには他の先鋭クライマーたちから反論が出たが、氏はこれを頑として曲げなかった。

これについて、後年フリッツ・シュミットなる人がドイツの山岳雑誌『ベルクシュタイガー』に評伝を書き、それに日本の『岩と雪』が「彼はなぜかくも厳しくピトンの使用を拒否したのか?その答えはこの記事からはうかがい知れない」とコメントしている（120号）。が、これには私は一家言ある。

ここからは私の、ちょっと自慢話になっちゃうのでなんなら飛ばしてもらって構わないのだが、私自身、クライミングは、そもそもフリーソロから始めたという過去がある。

といっても舞台は横須賀鷹取山、歳は中学そこそこだからたいした話じゃないのだが、友達と遊びに行った時にそこの四方が壁に囲まれた15mほどのある岩塔が登れず、悔しくなって1人で何日も攻めつ戻りつした揚げ句にある日突っ込んで登り切ったということがあった。それ以来、こうしたフリーソロ（なんて言葉はもちろんこの頃はなかったが）が気に入り、近所の高校に入ってからも、そこの10～20mくらいの壁をよく一人で登って過ごした。この頃のことを『我々は～』にはヒマな連中とのんべんだらりんとボルダリングばかりやっていたように書いたけれど、実は私自身はこんなことも密かにやっていたのだ。授業をサボって一人ここに赴き、落ちたらただじゃ済まない高さの所で、一手一手、喉から心臓が飛び出しそうな決断を下しつつ、上を目指す。その病的な緊張感が文字通り病みつきになり、結果出席時間はますます減るに至ったというわけなのである。

その後もっと本格的にクライミングをやりたくて町の山岳会に入り、そこで初めてロープを使って登らせてもらったのだが、それはしかし今までやってきたこととはずいぶん違うものに感じられた。なんといってもそこにはあの暴力的なプレッシャーはなく、クライミングが安堵感溢れた楽しいものに、完全に姿を変えて再出現していたのだ。

そうして私は〝正しい〟クライミングをようやく知ることができたわけなのだが、しかしそれは今考えると、自分にとっての〝真のクライミング〟の、実は終わりだったのではないかという気もしている。

って、話がまたわからなくなっちゃったが、何が言いたいかというと、だからプロイス氏がクライミングの真理追求にロープをも拒否したというその気持ち。それが筆者には感覚的によく理解できる。気がする。なんて言ったらみんなに笑われるだろうな。それは充分わかっている。おこがましいなんてもんじゃない、ということも了解だ。

しかしそれでも、あののんびりとした平日の石切り場跡で一人夢中になっていたものが、あのクライミングの大家が大昔主張していたものと、皮膚（胃液と言っていいかもしれないな）感覚的に、多少は近いものだったんじゃないかとも、内心では思っている。そして、またまたおこがましいセリフながら、そうしたやり方から私自身この世界に入れたことは、やはり貴重な体験だった気がする。もちろんそうは言ってもレベルはたぶん5・9あるかないか。今は中学生でも13、14を登ることからすればちゃんちゃらおかしい話かもしれないが、少なくとも私的にはそれは確かな財産だったように思えるのである。

な〜んて話しても、誰も興味ないだろうし、わかってもくれないだろうな。と思っていたのだが、しかし最近のボルダリングの記事を見ていて驚き、その考えも変わってきた。というのは、彼らがやっているハイボール。これってまさにこうしたクライミングそのものなんじゃないかと思え、驚くと同時にいたく感銘を受けてしまったのである。「自然が作り出した」「世界に1つしかない」岩を、誰の助けも借りず、洞察力、肉体能力、そして決断力を総動員して、自分という存在を捧げて登る。というクライミングの根源的な姿を、実に体現しているように思える。そしてそこに漂う強烈な緊張感、というより、もうほとんど嘔吐感。その感覚こそが、もはや外野からの戯言であることを覚悟でいえば、このスポーツがどんな形になろうと、クライミングが絶対に失ってはならない大切な感覚であるように、強く感じるのである。

なお、こうしたことを知ってか知らずか、前記『ビッグ・ウォール・クライミング』の著者は「現代登山界にはパウル・プロイスのスタイルに回帰する動きがある」と述べている。また氏の生誕１００年にあたる１９８６年には、かのメスナーが『Freikletterm mit Paul Preuss』という評伝を出版している。なかなかな人だったんだね、このプロイスって人は。

ちなみに氏は１９１３年秋、ドロミテ・マンドルコーゲル北壁に単独で向かい、それがこの世の最後となった。短いながらも厳しさの凝縮した27年の生涯（あまり見本にはしない方がいいと思うが）であった。

(8) グラウンドアップという考え方とその実態

2018年の瑞牆末端壁での倉上慶大氏のまたまたヤバい記録「沈黙の春」を受けて、「グラウンドアップ」というスタイルについて解説をする。

というその「グラウンドアップ」が、さてどういうことかというと、これは要するに「地面(下)から登る」ということで、登山ではあたりまえのことだ。下から登らない登山などあり得ない。

だから本来はこんな言葉があること自体おかしいのだが、しかしそれが今のクライミングの話となると、やはり立ち止まって注釈を加えざるを得ない。

というのはもちろん、そこにグラウンドアップではないスタイルがあるからで、しかも今やそっちの方がむしろあたりまえになってしまっているからだ。

そのスタイルとは、つまりは「ラッペル(トップダウン)スタイル」のことである。

要はルートを作る時に、普通の登山、あるいは大岩壁の登攀のように下から登りながらルートを拓いていくのではなく、上から懸垂下降して支点(ボルトなど)を設置し、ラインやムーブを確認したりして、ルートを「作成」する方法のことだ。

石灰岩の前傾壁などではそうしなければあんなルートは作れないから、それに対しては今さら疑問を抱く人はいないだろう。しかし穂高岳や谷川岳などの、いわゆるアルパインではそういうことはしない。なんで?と思う人も、たぶんいるに違いない。

まあ、アルパインとフリーは違うから、というのが、多くの人の答えではあるだろう。が、それなら、小川山はどうする？瑞牆山は？あそこにあるあの大きな岩壁群は穂高谷川なんかよりぜんぜんすごくて、事実、十一面岩で1978年に行なわれた大内尚樹らの微笑み返しルート登攀は、国内に残された大岩壁の近年稀なる「初登」として大いに話題になったものだった。

それを、下から登らず上からロープを垂らしてルートを作り、「初登」などとしたら、相当違和感があったことだろう。当時なら当然ものすごい批判をこうむったに違いない。

しかしその30年後、わたくしめが作ったアレアレアは、各ピッチほとんどラッペルスタイルである。いくら技術的に難しいといっても、そんなんありか？と思う人も、当然いておかしくない。気がする。

さて、どうしたもんかね？

ということで、いささかわかりづらいこのルールだが、もちろんこれについては過去、少なからぬ論争があった。

その最も大きなものが、やっぱり、という感じの、80年代アメリカである。

そもそもアメリカではフリークライミングは完全に「登山」の一部として発展してきたという経緯がある。ヨセミテの巨大な壁を見ればそれもまあ納得というものだろうが、当然、ここでは70年代に世界を驚愕させた高難度フリールートもすべて下から攻められ、登られてきた。

といってもここではルートの大半はクラックだからそれも特別なことではないのだが、実は多くのスラブルートも、グラウンドアップで拓かれてきた。ある日本人が見た話では、向こうのクライマーはスラブにボルトを打つ時、そこそこのフットホールドを見つけてはそこにつま先と、おでこに巻いたバンダナ(!)でかろうじてバランスを保ちつつ立ち、頭の上で微妙にハンマーを振るってボルトを埋め込むのだという。そうして拓かれたルートの多くは猛烈なランナウトを伴うのが常で、5・10というグレードでも今、ほとんどの日本人はそれを登れない。
しかしそうした中にもたらされたのが、ラッペルボルト、ハングドッギングによる高難度フリー、当時の言葉でいう「フレンチスタイル」である。これによって1986年、フランス人のJ・B・トリビュにようてオレゴン州スミスロックにアメリカ初の5・14、To Bolt or not to be が拓かれると、状況は一気に変わった。

今まで痩せ我慢的に保たれていたトラディショナルルールがわらわらと崩れ、みんながロープにぶら下がって平然とすると同時に、各地にラッペルボルトルートが拓かれだした。特にセンセーショナルだったのはヨセミテでのそれで、それまで伝統派と目されていたR・コークが、こともあろうにJ・バーカーの有名なRルート、ファントム(5・13)の脇のカンテにラッペルボルトを打ち込み、それがもとで殴り合いの喧嘩になるという事態まで発生した。

さらにこの後、バーカーがグラウンドアップでトライしていたトゥオラミのフェースにコークがラッペルボルトを打ち込み、それをレッドポイントしようとする寸前に今度はバーカーがボルトをすべて叩き抜くという泥仕合まで演じられたという。
筆者なんかこういう話を聞くとワクワクしちゃうのだが、その後ちょっと落ち着いてからこれを俯瞰すると、時代は既にラッペルボルトを容認せざるを得ない。しかしそれでもヨセミテにはそれは似合わない。クライミングにはエリアによってそれなりの哲学や歴史があり、それを尊重すべきである、というところに落ち着いたようだ。ちなみにそれに先立つ86年12月のアメリカン・アルパイン・クラブ年次総会でも、ハングドッグなどのスタイルは個人的な問題だが、ラッペルボルトは場所をわきまえるべき、という認識が確認されている。

ということでこの頃、件の「フレンチスタイル」急進派と「グラウンドアップ」伝統派との間ではこのようなせめぎあいがあり、しかしそれも時間とともに前者が優勢になっていくわけだが、それでもこの頃、伝統派のパフォーマンスもなかなかにすごいものがあった。

その中でも有名なのがトゥオラミのバーカー＝イェリアン（5・11c X）だろう。これは81年初登とかなり古いものだが、バーカーは巨大なこの垂壁にグラウンドアップで取り付き、ごく稀に現れる比較的大きなホールドにスカイフックをかけてはそこにボルトを打ち、結局40ｍの1ピッチをボルト3本で完登した。第2登はかなり後の、なんとW・ギュリッヒで、今でもこのルートはこの手のクライミングの象徴とされている。同じくバーカーのボディ＆ソウル（5・12b）も巨大なルーフを含む30ｍの垂壁～前傾壁にボルトは地上10ｍほどの所にある1本だけというすさまじさで、これらを見ても、この時代のトラッドクライミングを、その後のニューフェース・フレンチスタイルは、果たして本当に超えていたんだろうかという気がしてくる。

なお、この後トゥオラミでは伝統派に敬意を表したイギリスのJ・モファットによって、87年、上記グラウンドアップスタイルでクラッシュ・オブ・ザ・タイタンズ（5・13a）も拓かれている。これもカンナで磨いたような垂壁にボルトはほんのわずかしかなく、とても取り付こうとは思わない代物である。

話が他人の手柄話ばかりになってしまったが、なにしろこの時代、クライミングがスポーツ化していく中での問題は、この連載でも何度か述べた「ハングドッグ」ということより、むしろ「ラッペルボルト」か「グラウンドアップ」か、ということであったように思う。他人への影響（ルートという公共物の制作）ということを考えるとそれも当然なのだが、それは日本で考える以上に、大きな事案であったようだ。

しかしそういう話をここで述べても、それらは結局ルート開拓でのことで、ただそのルートを後から登るだけの一般クライマーには関係ない話でしょ?と、多くの人は思うかもしれない。だがクライミングを、ただ数字目当ての運動としてではなく（それならジムで充分だ）、自然との類まれなる邂逅と捉えると、この部分での考え方は非常に重要だ。

「クライミングはその結果に至るプロセス、すなわち体現するスタイルこそが全てだ」とは本誌の前出倉上氏の記録の中にある言葉だが、そういう感覚でこのスポーツを見た時、「山（岩）は、下から登るべきもの」という考え方は、やはり登山の普遍の原則として最初に考慮されるべきものだろう。要するに既成ルートを登る場合であっても、グラウンドアップ（この場合は昔はオンサイトトライと言ったんだけど、今はどうなのかな?）という考え方は充分成り立つし、それがまず第一義であろうということだ。そして、この考え方を理解しない限り、ナチュラルプロテクションといったトラッドクライミングや、オンサイトの意義などは理解できないだろう。

そういった観点から、またもや論争が起こったのが、今度はトラッドの牙城、イギリスである。

ここのRやXといった大胆なナチュラルプロテクション・クライミングは今やあまりに有名だが、しかしこれも、よく見るとトップロープ前提という、妙な一面がある。

これについてかつて大陸派（フランス志向ということね）から、それならボルトを打ってでもオンサイト（グラウンドアップ）トライができるようにした方が、むしろ正統的だ、という声が出たことがあった。

これも当時（90年代初めだったかな）、ずいぶんすったもんだあったように記憶しているが、そうはいっても人間のできることにはやはり限りがある。RXならトップロープ前提、オンサイトトライならボルト前提という二者択一はさすがに崩せず、結局その後は前者がなんとなく一般的になっていったようだ。

と思っていたら、そこはイギリス、最近はそれを超える話も出てきたそうだ。聞くところによると、彼の地ではRやXというルート（しかも13クラス）ですら、既にグラウンドアップ（オンサイトトライ）でトライされ始めているという。なんとも驚くべき話だが、そうした限界突破への大胆な挑戦こそが、まさにスポーツの進展というものでもあるのだろう。しかしまさか、日本でそんなことしようとしているアブナイ子は、いないでしょうね？

(9)

ジム・ブリッドウェルというクライマー

2018年2月に訃報が伝えられたジム・ブリッドウェルについて、改めて書いておこうと思う。ブリッドウェルというとアルパイン、またはビッグウォールクライマーという印象が強いが、今日のフリークライミングという文化を理解するには、どうしてもこの人の存在は欠かせないように思えるからだ。

それにしても、70年代のアルパインクライミングからこの世界に入った私などが、このブリッドウェルという存在に、どれだけ憧れたか。それはいくら言っても言い足りないだろう。それを伝えるにはまずその「70年代のアルパインクライミング」というものを説明しておかなければならないのだが、これはまあ、やや一方的な見方ではあるものの、一言でいえば「IV級A1」ワールド。岩場はどこもリングボルトだらけで、IV級（UIAAグレードのもので、デシマルでは5・4。要はただの這い登りに毛が生えたようなものだ）が登れてアブミの乗り方さえ知っていれば日本中どこでも登れる。おまけにボルトの打ち足しも平然と行なわれる。そういう状況だったのだ。

そうした中、1980年になって世界的潮流としての「フリークライミング」が日本にもようやく伝わったわけだが、しかしそれが本当に市民権を得るまでにはまだ紆余曲折を経なければならなかった。それは『我々は〜』にも書いた通り、アルパインの世界でまず成果を見せるということで、具体的には穂高谷川岳などのアルパインルートのフリー化がその主なものだった。

しかし海外に目を向ければヨセミテ派、要するにフリークライマーたちがやっていることは当然もっとすごかった。有名なのはR・ロビンス、J・ハーリンらのヨーロッパアルプスでの新次元の記録（ドリュ西壁直登、フー南壁など）がそれだが、私個人的にはトビン・ソレンソンのキッチナー北壁（カナダ）冬季初登の記録にぶったまげ、さらに氏の他の記録（アイガー北壁直登ルートを初のアルパインスタイルで第2登、ドリュ北東クーロワール・ダイレクト初登など）を知るにつけ、ますますびっくりしてしまった。そして氏が「ストーン・マスターズ」というチーム名を名乗っていることに鷹取山出身の私などはいたく感動してしまった。

個人的な話ではそれで私はヨセミテに行くことを決めたのだが、そんなことはどうでもいい。ともかく、当時のアルパインクライミング界にヨセミテ派の衝撃はものすごく、まさに世界の目は、いっせいにここの文化、つまり「フリークライミング」へと向けられている。そんな感じだった。

さて、それでいよいよヨセミテに赴き、いよいよブリッドウェルの息吹に触れることになるのだが、それはしかし先の先の話。海の向こうの田舎から出てきた我々がまず感じたのは、この世界的に注目される谷の、意外とも思えるローカル色の強さだった。昼間の灼熱の岩場や夜の薄暗いラウンジにたむろうクライマーたちから聞かれる話は実に目先のことばかりで、それはほとんど享楽的ですらあった。それは後年、ここの弱さとして指摘されたことでもあるのだが、しかし実際にここで登ってみれば当面の問題は目の前にある鋼鉄のような花崗岩であり、ジャミングを弾き返すクラックである。それらをなんとかするためには外界のことなど構っちゃいられない。そんなように思えた。

ちなみにこの頃のここの文化を表したものに、前述した「VALLEY BOYS」なるレポートがある（トリップ・ガブリエル著、海津正彦訳『岩と雪』100号掲載）。そこには「世界的水準のクライミングを行ないながら社会からはドロップアウトし、ヒッピーのような生活を送っているクライマーたちの奔放な生き様」が描かれており、そこにはこんな言葉が書かれている。

「アメリカのクライマーはこれまでずっと焼印なき仔牛だった。変人扱いされたことは数限りないし、社会的にのけ者扱いされたことだって珍しくない」

「ウィンドサーフィンのように誕生間もないスポーツでさえ、今では賞金総額が7万5千ドルにのぼるプロ競技会がいくつもある。それなのにロッククライミングでは1セント稼ぐのも難しい状態だ。（中略）実際、地を這うことになる」

確かに、ここの連中の身なりといえばボロボロのTシャツに擦り切れたパンツ。それが70年代ファッションといえば聞こえはいいが、つまりはアウトサイダーであり、要するに前述カウンター・カルチャーそのものだったのだろう。ヒマラヤの有名峰を初登頂して国から勲章や爵位をもらったりするヨーロッパと違い、ここでのこのスポーツは、あくまで自分たちだけの価値観で成り立っていたように感じられた。

しかしそれと同時にここで強烈に我々にのしかかったのは、ここの猛烈なレベルでの密度の濃さだった。このご時世に不謹慎な喩えで申し訳ないが、うず高く積まれた瓦礫を、取り除いても取り除いてもまだ先が見えてこない。そんな底無しの感覚にまず圧倒された。鈴木英貴氏が昔「5・9を100本登り、それから10を100本登り……」ということを言っていたが、それはこっちのクライマーを見ている限り決して間違いではないような気がしたし、それだけの奥深さがここにはあるように思えた。

そしてその密林にもがきつつ分け入っていくと、その遥か彼方に見えてきたのが、君主ブリッドウェルである。

ということでようやく話をブ氏に戻せたのだが、なにしろここでこうしてこの谷のクライミングに浸ってみると、氏のすごさというのは、単にすごい所（セロトーレやムース東壁など）を登ったという以上に、ここの無尽蔵ともいえるクライミングをまったくすべて、見事に踏み越えてきたという点にあるように思えた。その上で、その遥か高みにリビング・レジェンドしているというすごさ。それに改めて感慨を深めてしまったのである。

さて、そのブリッドウェル氏を後年トゥオラミの駐車場で見かけ、たどたどしい挨拶をしたという話は『ロクスノ』にも書いた。が、実は筆者はその1～2年前にカリービレッジのテラスでも氏を見かけたことがある。その時こちらがギフトショップから出てくるとちょっと先の暗がりにブ氏が一人でポツンと座っていた。で、その脇を観光客がカンカラをゴミ箱に捨てて通り過ぎると氏はすかさず立ち上がり、そのゴミ箱に手を突っ込んでカンカラを拾い上げ、さっといなくなってしまった（ヨセミテ国立公園内で販売された缶飲料には5セントのデポジットが付いていて、これを店に持っていけば5セントもらえる。昔からクライマーはそうやって小遣い稼ぎをしていた）。え～、あのブリッドウェルが、今でもこんなことしてんの?まさか落ちぶれちゃった?とびっくりしたのだが、しかしこれも後から思うと（そして他の人の話を聞くと）、あくまでこの谷の昔ながらの価値観を堅持していたようにも思えるし、そもそもあれが氏の地だったようにも思える。

その話を後年ある人にすると「まさに筋金入りだな」と笑った。が、しかし思えばこの言葉は、クライマーにとっては最高の賛辞なんじゃないだろうか。そしてそうした筋金入りの「クライマー」として、ブリッドウェルは本当に憧れの存在であったと、今でも思う。

中央がジム・ブリッドウェル
（『ヨセミテ・クライマー』より）

(10) あの有名なヒマラヤ・サミッターの影響力

前回はずいぶん山臭かったですね。

しかし今回の話はもっとすごい。主役はなんと、あのラインホルト・メスナーだ。

メスナー?メスナーって、あのヒマラヤ8千メートル峰14座登頂のあのおじさん?ピークハンターのカリスマ?と思う人も多いに違いない。というより、誰それ?って人の方が多いかもしらん。テント作った人?って言った奴も、過去にいたしな。

だが私ら世代にとってはこの人の影響力はものすごい。

まずヒマラヤニストにとっては8千メートル峰に初めてアルパインスタイルで挑んだ人だし、エベレストに初めて無酸素で登った人だし、初の単独登頂までやらかした、まさに大御所である。

しかし、私のようにヒマラヤに行けなかったただの岩ヤにとっては、それ以前にヨーロッパアルプスやドロミテでとんでもない単独登攀を成功させてきたクライマー、かつそこに「よりフェアな方法」ということを主張してきたニューヒーローであった。

要は今の「フリークライミング」を、登山（ロッククライミング）の正統的な方向性として紹介した先駆者ということなのだが、実際のところ、当時の日本クライミング界——当然すべてアルパインクライミングだったが——に「フリークライミング」という新しいムーブメントを知らしめたのは、実はブリッドウェルより誰より、このメスナーだったのではないかと思う。

そのきっかけは、氏の日本での初訳本『第7級』（横川文雄訳、山と溪谷社刊）である。

1974年に出版されたこの本は、そもそもは「第6級」（注）を人間の限界としていたそれまでの考え方を否定し、肉体能力の切磋によってより難しい尺度の可能性を示すというものだった。今から思えばそんなの誰でも考えそうなことじゃん、となるかもしれないが、当時はそれもなかなかたいへんだったようだ。

なにしろ保守派の主張がものすごい。


「この難易度（上記6段階制。筆者注）は高度の相対値の、ごく自然にでき上がった測定手段である。もしこの数値を徒にせり上げるとすれば、それは健全悟性に対する違反行為であり……」

「山に相応しくない功名心だけをただ満足させるためだけに、新しい難易度の段階を作ることはできない」（いずれもオットー・シュタイナー　1962年）

当時の権威者の、まるで絵に描いたような石あたま的意見だが、それについてのメスナーの主張はずいぶんと用心深い。

「アーミン・ハリーが百メートルを10秒フラットで走ったからといって、これが今のところ人間が走れる最高タイムだ、だからもう計るのはやめよう、などとそうあっさりいえるものでもなかろう（やや意略）」

なんだかいやに弱々しい。で、ついでにここでメスナーが提唱したのが、今ある最高難度（6級）のルートから人工的前進手段を排除すれば、より難しい難度（つまり7級）が可能になるという考え方だった。曰く

「50本もの前進用ハーケンを使っても最高の難度を示すようなルートをハーケンなしで登ることができれば、このルートには当然より高い難度を与えてしかるべきであろう」

「数年前から、アメリカ合衆国からやってきた有能なクライマーたちが、部分的に人工の技術を必要とする既登のルートを手と足だけで初登攀しようと闘っているが、既に数回にわたり初登攀が果たされている」

要するにその後あまりにもあたりまえになったフリー化とヨセミテの動向を報告したということなのだが、ここで注目しておきたいのは、これがおそらく、それらを「登山界」での正統的な成果としてヨーロッパ人が取り上げた、最初のものだったであろうということだ。というのは正確ではないかもしれないが、少なくとも当時の一般的な感覚では日本で巷に行き渡った最初の発言であったように思う。

ここでいま一度確認しておくと、前に述べたブリッドウェルの「ヨセミテの新しい波」がマウンテンや岩雪に載ったのが、同じく74年。なんだメスナーと同じじゃん、と思うかもしれないが、当時の感覚では、正直これは一ローカル地域でのやや毛色の違った一ムーブメント、いわばオリンピックに対するXゲームのようなものとしてしか見られていなかったように思う。

だからこの時のメスナーの発言は、当時のクライミングにとってはなかなかインパクトのあるものだった。といっても、実はその後この『第7級』に書かれているのはほとんどアルパインクライミングの話ばかりで、「フリークライミング」が特別前面に押し出されているわけではない。目次にはドロワット北壁（ほとんど氷のルート）単独初登攀やマルモラータ南壁直登ルート単独初登攀などが次から次へと並ぶ他、最後の解説も氏のナンガパルバート・ルパール壁初登攀の話でほとんど占められている。

だがまあ、こうした成果があったからこそこの本は日の目を見たともいえる。わけなのだが、それでもこの第7級男、メスナーが当時のフリークライマーの卵たちに与えた影響は大きかった。そして実際、この「アルパインクライミングの新星」によって日本に「フリークライミング」という新しい文化がもたらされたとも言ってよいだろう。

ただし、それと同時にこのスポーツが、この時点ではまだ独立したジャンルではなく、あくまでアルパインクライミング＝登山の一部であったこともまた間違いない。

しかし私的には、今から思い直しても、それはごくごく正しいことだったと思う。

というのは、今のあまりにも人工的な方向（コンペなどのことではない、外岩のことだ）に進んでしまっているフリークライミングを見ると、つくづく感じるのだが、この行為が登山の一部であるという考え方は、不滅にして真理であり、我々は決して忘れてはならないものだ。と、強く思うからだ。その意味でも、この『第7級』には、まさに古典とも言っていい、素晴らしい言葉がてんこ盛りに述べられている。

「山と人間との出会いには、はっきりと境界線が引かれている。登攀が極めて困難な領域で、もし無制限に人工的な補助手段が動員されるとすれば、ただ困難な課題が解決されて片づいたというだけではすまない。山と人間とのあいだに引かれた境界線まで消されてしまうのである。」

「いまでは、知性を備えた人々による山登りというものは、もはやジャーナリスティックな成果とはしょせん無縁なものである。むしろ、優雅さとか困難さを目指すものであり、いかにして困難を乗り越えるかという点に目標がおかれるのである。努力して求められるものは一つの理想なのだ。」(『第7級』より)

(注) 岩登りルートの難易度評価基準として20世紀初頭にイタリア・ドロミテ地方で提唱された数字。規模を含めたルート全体の難易度(ルートグレード)と、純粋なムーブの技術的難度(ピッチグレード)があるが、両方同じく6段階で設定されている。5段階ではなく6段階という半端な数字は、人間の達成できる通常の限界(第5級)を超えたものとして特別に設けられたものと思われる。事実、長らく「第6級」というのは「最上級」の同義語として使われ、それらを登るクライマーを「第6級の男」などと呼んだ。今のような正確な比較数値というより、象徴的な言葉として用いられていたようにも思われる。日本ではこれらは大和民族には登れないものとして「6級神話」などという言葉も生んだ。

（11）改めて覗く、フリークライミングの本当の始まり

長らく山の話ばかりで皆さんうんざりしているかもしらんが、今回も同じ。イケイケボルダラーたちにはあてつけがましいくらいの昔の山、20世紀初頭フリークライミング黎明期のドロミテでの動向についてだ。本当に申し訳ない限りだが、ここで述べたいのは、このロッククライミングそのものの発祥の地、ドロミテで、「クライミング」の進展以上に「フリー」という考え方がどのように発展していったのか？ということだ。

が、しかし実は、これが思いのほか資料が少ない。といってもこのあたりの資料で家にあるのは例のダグ・スコット『ビッグ・ウォール・クライミング』（山と溪谷社刊）だけだから仕方ないのだが、それを見る限りでは当時彼の地では、クライミングの規模の拡大と同時に、それをもたらした人工手段（ここでは主にハーケン）の使用に対する反発も、ある時点から既にあったこように見受けられる。ちなみにここでいう人工手段とは支点をプロテクションとしてだけではなく直接使うことも含めていたようだから、それを使わないイコール「フリー」と考えても間違いではないだろう。

一例を挙げれば、ドロミテ最大の岩壁チベッタ北西壁（高差約１０００ｍ）を１９２５年にエミール・ゾレダーが初登した時「2人は想像を絶するこのルートをたった5本のペグ（ハーケンのこと。筆者注）――それも登攀補助用ではなく――を使用しただけで、15時間ほどで完登した」あるいは同じく当地の代表的ビッグウォール、マルモラータ南壁の南柱状岩稜（高差９００ｍ）

を1929年にルイジ・ミケルッツィが初登した際も、「彼らは氷結した岩と闘わねばならなかったが、6本のペグしか使わなかった」などなど。

もっとも、これは当時開発されたばかりのハーケンの性能、壁の形状などを思えば、ハーケンを「使わなかった」のか「使えなかった」のか少々疑問ではあるが、とにかくこの本には、こうした記述が多数出てくる。それは半分はボルト嫌いのD・スコットの偏向した見方も入っているかもしれないが、今から見ればこうしたスタイルの主張というのは、当時のドロミテ・クライマーの、確かに一つの心意気であったことは間違いないだろう。

しかし、同時に疑問に思うのは、これは当時のクライミング界にあっては、大した心意気とはいいつつ、それがどこまで同調を得ていたのかということだ。

というのも、当時の本来の課題は、より巨大な壁、より困難なルートの初登攀である。その「困難」の中にはその頃ようやく始まった人工登攀も含まれているはずで、実際この直後1933年にエミリオ・コミチが初登したチマ・グランデ北壁は高差500mにも及ぶ巨大前傾壁で、最初の250mに75本のハーケンが投入されたというが、それでもこのルートは当時最も冒険的な、世界最高の成果とされたのである。

そんな中で「人工補助具を使わない」というのは、どういうことだったのか?

などということを書くと、今、たいていのクライマーは、それは当然のチャレンジだと思うかもしれない。

しかし、これはかなり私的な意見と断って述べると、これを「当然のチャレンジ」だとするのは、ずいぶん後付けの話のように思える。むしろ当時は「当然」どころか、かなり余計な話。

使えるものは使って、より巨大な壁を登るのが「当然」つまり「ルール」であって、そこに「使わない」などという余計な負荷を課すのは、むしろ「邪道」。ルールを無視した身勝手と見る人すらいたんじゃないか、とも思うのだ。

実際、筆者は昔、人工登攀を使うべき所をフリーで登って先輩から「迷惑だ」というセリフを吐かれた。という話を前にも書いたが、それから約半世紀、クライマーのメンタルはそこから本当に進歩しているのか、私的にはたいへんに疑問である。

などと嫌味たらしく書くのは、どうも最近のクライマーは「ルール」というものに重きを置きすぎていて、それを無視する、と言っちゃあ誤解を招くな、よく言えば乗り越えるエネルギーを、やや失っているんじゃないかと思うからだ。

「ルール」を守ることは確かに大切だろう。しかしそれのみに目が行くと、逆にルール内なら何をやってもいいという発想になりかねない。近年のチータースティックの使用やポピュラーグレードでの過剰なワーキングなどがまさにそれだが、一方でやらなくてもいい、あるいはやった方が逆に迷惑なブラッシングなどは「ルール」として煩く言う人も多い。そしてこうした「ルール」を当たり前のように行なう、あるいは従う風潮は、私的には少々危険な気がする。「安全」が最大のルールだった時代に余計な登り方＝落ちる可能性のあるフリークライミングをして「迷惑だ」と言われたのと同じ閉塞感を、なんだか感じてしまうのである。

だから相当な暴言であることを覚悟で言えば、フリークライミングは、もともとルールを破る、あるいは無視するところから始まったものだ。と、認識することも必要だと思うのだ。

岩に登ることが安全登山のルールからすればそもそもの違反行為だった100年前のドロミテで、そこにさらに余計な負荷をかけた先人たち。彼らはあくまで自分のルール、というより単に心意気に従ってこうした行為を行なったわけで、それはきっと相当な反骨精神に基づくものだったに違いない。そしてこうしたクライマーたちが正確に再評価されるようになったのは、ほんの最近のことだ、ともD・スコットの本には記されている。

(12) 再度グラウンドアップの話

最近、「フリークライミング」ではなく「スポーツクライミング」という言葉を多く聞くようになった。オリンピックでやるのは「スポーツクライミング」だし、テレビなどでもいつの間にかこの呼び名を普通に使うようになっている。揚げ句は日本山岳協会までもが「日本山岳・スポーツクライミング協会」に名称変更したという有様だ。

これはどういうことか?日山協は「フリークライミング」という言葉を知らない、あるいはフリークライミングとスポーツクライミングが違うものなら、フリークライミングのことはあずかり知らぬということか?

ということで、目を覚ましたら突然何気顔で上座に座っていた「スポーツクライミング」について、今回は言葉の観点からちょっと触れてみたい。

さて、ではこの「スポーツクライミング」なるものは、今まで我々がどっぷりと浸ってきたはずの「フリークライミング」と、どう違うのか?どこから湧いて出てきたものなのか?ということだが、これはたぶん筆者の実にあやふやかついい加減な記憶では、『岩と雪』133号(89年4月号)の「スタイル論争の続く米クライミング界」という記事でのそれが、我が国では最初の露出だったんじゃないかと思う。

それは(8)でも紹介したB・バーカーとR・コークによるヨセミテでのラッペルボルトル

ートをめぐる喧嘩に端を発したものだったのだが、その後舞台をトゥオラミに移してのさらなる顛末についてのお互いの言い分の中で、バーカー側がラッペルボルトルートについては従来までのグラウンドアップルートと分ける意味で、デシマルグレード（5・いくつ）とは違う、Sグレード（S・いくつと表示）を使おうと提案した（『クライミング』111号）。で、そのSとは「スポーツクライミング」のSだと明示したのである（この時の『イワユキ』には「スポーツ・クライム」と表記されている。イジワルなこと言うと、「クライム」って一般的には「犯罪」っていう意味だよ）。

要するにバーカー派の連中は、グラウンドアップで拓いた、あるいは初登したルートでのクライミング（もちろん再登者のクライミングも含めて）と、ラッペルボルトで拓いたルートでのクライミングとを、別物、違うスポーツと見なしていた、ということなのだ。そして露骨にはそうは言わないだろうが、なおかつ自分たちの価値観の中では、後者を前者より下に見ていた、であろうことも想像に難くない。

ん〜、これじゃあ喧嘩はいつまでも収まんないだろうな、と思いながら筆者は自分ではラッペルボルトを打ちまくりつつ、一方でトラッド派のカッコ良さをまるで自分の手柄のように誉めそやすという、なかなか絶妙な立場にいるわけだが、やはりここで、（8）でさんざん説明したはずの「グラウンドアップ」ということの意味について、もう一度触れておきたいと思う。

というのは、（8）ではどちらかというと（既にある）ルートを下から攻める、ということの意義について主に触れており、そのルートを作る、という視点がやや薄かった。そしてそうなると、前述ヨセミテの喧嘩でバーカーを殴ったというマーク・チャップマンが主張したように

「クライマーの大多数はルートがどんなふうに作られたかという点にはあまり関心がない。ルートの価値はできあがったルートの内容によって判定されるべきものだ」ということになってしまう。

しかしルートをあるパフォーマンスの結果という観点から見ると、この二つには明確な違いがある。そこで「グラウンドアップでルートを作る（正しくは初登する）」ということについて述べると、『クライミング・ジャーナル』50号（1990年）で、不肖わたくしめが、J・モファットのクラッシュ・オブ・ザ・タイタンズ（5・13b）初登記録をネタにこう書いている。

「一切のリハーサルなしに初見で取付き、登れるだけ登ってスカイフックをかけられるエッジが見つかればそこにフッキングしてボルトを打ち、その都度ロワーダウンして、最後にレッドポイントしたのである。もしフッキングエッジが現れなかったら……彼は5・13bのフェースをオンサイト・フリーソロするか、クライムダウンするかしたであろう。グラウンド・アップとはそういうことなのだ。」

って、ずいぶんエラそうな文章で、おまえそういうの、したことあんのかよ、と文句言われそうだが、これを単に「登る」だけでなく、「初登する」という観点から想像すると、そのすごさ、というか、アブノーマルさが伝わってくる。

それをさらに伝えるために（8）でもちょっと触れたバーカーさんのボディ&ソウル（5・12b）を例に挙げると、まず1本目のボルトは地上10mほど上にある。そこまでは完全な垂壁だが細いクラックがあるように見えたから、ひょっとするとナッツなどを入れられるのかもしれない。ただしこのルートの基部は土ではなく硬い岩畳だから、取り付くには相当な気合いがいる。そしてボルトの上はクラックも何もない垂壁（5・11d）が5～6m続いて、その上に張り出し1・5mほどのルーフが控えている。ここが核心で12b。ルーフの根元にカムの3番がかろうじて利くとのことだが、さらに問題はその上部。完全にかぶった壁（しかもトゥオラミ特有のてろっとしたノビーフェース）が15m近く続き、ビレイ点はもう一つルーフを越えたそのさらに上にある。この前傾壁は報告では11cとのことだが、バーカーさんなのでこのグレードはアテにならないだろう（氏が初登したトゥオラミのラブ・シュプリームというクラックは、報告が11+で、今のグレードは13b）。

　で、このルートにわたくしなどは憧れ、何度か見に行っては取り付かずに帰ってきた、という話を前にもしたけど、ここでぜひ想像して欲しいのは、これをただ登るというだけでなく、グラウンドアップで初登する、という現実だ。

　グラウンドアップだから当然トップロープリハーサルなどはしていない。どこにホールドがあるかもわからないし、どの程度の難しさなのかもわからない。どころか、本当に登れるかどうかもわからない。それでプロテクションのほとんどない12b（これも事前に難しさはわからない）のルーフを、最後のボルトから遥かにランナウトした所で越えてしまって、その上の前傾壁で登れなくなったら、どうするんだろう？そんなところに突っ込んで行くってのは、いったいどういう神経してるんだ？「登れなくなったらクライムダウンする」って、よく言うけれど、そんなことがこの壁でできるもんなのか？

　ってふつう思うが、グラウンドアッパー（なんて言葉はないけどね）たちのやることはすごい。実際バーカー派の一角であるピーター・クロフトもジョシュアの有名な前傾フィンガークラック、イクイノクス（20m、5・12d、今は13？）にオンサイトフリーソロ（！）で取り付き、核心の前傾部分を越えて最後のスローパー・レイバック部分でヤバくなり、そこからクライムダウン（!!）したという。

いや〜、この人たちの考えてることはまったくわからない。が、これを、何度も言うが、実際にやると想像して、そんなことできるだろうか？あるいは誰か他の者がやるでもいい、そんなことできる者がいるだろうか？仮にいたとしても、端で黙って見ていられるだろうか？

しかし彼らはやっていたし（まったく自分の手柄みたく言う奴だな、オレって）、そういうふうにして作られたルートはアメリカのあちこちにある。実際、トゥオラミにあるバーカーさん初登（もちろんオンサイト・グラウンドアップ初登）のルートは、垂直30ｍのフェースで、そこにはボルトは一本もない。グレードは報告されてないが、そのすぐ脇にあるルートが5・10ｄだからそれよりやさしいということはないだろう。

さてさて、困っちゃったね。

しかし確かにフリークライミングってのはもともとが他の力（ホールドとしての支点や、ロープも含む）を借りずに自分の力だけで岩を登ろうというスポーツである。であるなら、わずかな助けを期待してロープは着けといてもいいが（ハイボールでのマットみたいなものか）、基本はフリーソロと同じ気持ちで取り付かなきゃならない。

それが「フリークライミング」だと、彼らは思っていたということなのだろう。

もちろん、実際にそれがルールや形になることはありえない。

しかしここで思うのは、仮にも「フリークライミング」をやっていると自負している人は、そのような気持ちを決して忘れてはいけない。だろう、ということだ。

まあ、だからといって本当にオンサイトフリーソロなどをする必要はないが、大切なのはそういう心づもりで岩に取り付くという気概。それはフリークライミング（トラッドクライミングなどは特に）の、原始から変わらぬ、というか変えてはならぬＤＮＡの一つなのだと、私的には思うのである。

そしてそれをスポーツ的に昇華したものがスポーツクライミングなのだと、みんなに好かれたい年頃の私などはそう思いたい。というより、実際コンペなどで猛烈な気合で完登（もちろんオンサイト）を目指しに行くあの気合ってのは、ある意味、外岩のインチキ臭いレッドポイントゲームなどよりずっと〝フリー的〟なものかもしれない。

ボディ＆ソウル
ルートは写真ほぼ真ん中をまっすぐ抜ける。下にいるのは見て怖気づく著者

⒀ 日本の誇る元祖「フリークライマー」

「フリークライミング」というスポーツの始まりについて、今まで外国のことばかり書いてきたけど、では日本ではどうだったのか？

ということについてだが、これがまた、資料が少ない。だがまあ、明治から大正、昭和へと移っていく〝国〟そのものの激動期の中で、ただでさえ余計な遊びだった登山、その中でさらに余計な岩登りなどに、歴史的な資料が少ないのは致し方ないことではあるだろう。

しかしそうした中で気になる一人の人物がいる。

谷川岳一ノ倉沢や穂高屏風岩の初登攀などで知られる小川登喜男である。

なんだ結局山の世界の話じゃん、などと思う人もいるかしらんが、この人が日本のクライミング界で、どれだけ飛躍的かつ偉大な人だったか、私などが書いても到底書き尽くせないだろう。むしろ今のフリークライマーたちには、あの室井登喜男の名は母上の由美子さんがこの人から取ってつけたんだよ、と言った方が説得力があるかもしらん。日本ではあまりメジャーでないレイトン・コアの偉大さを伝えるのに、ブリッドウェルの息子レイトンの名はこの人から取ったと言えばすべてが済むのとおんなじだ。

とにかく、この小川登喜男という人は日本の登山史上、たいへんにすごい人だった。

メジャーデビューは前述した谷川岳一ノ倉沢の初登攀（昭和５年、１９３０年）。国境稜線から屏風のように削ぎ落ちるこの谷の奥壁中央（3ルンゼ）をいきなり登ったというものだ。これは実は一ノ倉沢の正確な初登攀ではないのだが、それまで登られていたのはこの谷の岩壁部分からはだいぶ離れた手前の沢だけだったから、岩壁登攀史的にはこの3ルンゼをもって一ノ倉沢のすべての「岩壁」を通じての初登攀とするのが一般的といえる。

その後の氏の記録は穂高屏風岩2ルンゼ初登、同1ルンゼ初登、一ノ倉沢中央稜初登、南稜初登と続く。これらは今にすればそれほど難しいルートではないが、しかしこの時代、それまでのルートがほぼ岩稜登り、もしくは沢登りの域を出ないものばかりだったことを思えば、その技術的飛躍度は相当なものであった。日本のアルパインクライミングは、ほぼこの人によって今の骨格が作られた、と言ってもいいものかもしれない。しかも氏は平成の同名者と違って頭もスルドく、東北帝大～東大というエリートである。ああ、きっといけすかない奴なんだろうな、というやっかみもどこ吹く風、自分自身へのモラルに対してもなかなか厳しい人だったようだ。

そのエピソードとしてよく挙げられるのが、穂高屏風岩1ルンゼを、ハーケンを一枚も使わずに初登攀したということと、その直後に発した言葉。「岩を傷つけずに登れたことが嬉しい」だ。

この1ルンゼというのは1987年に大崩落して多数の死者を出し今は登攀禁止になっているが、筆者はそのずっと前に登ったことがある。その時の核心部は30mくらいのチムニーの最上部でハングをヤバい格好で抱えつつ横にへつって上のスラブに抜ける所で、V級（5・7程度）。筆者はその時、既に小川氏の「ハーケンを一枚も使わず」を知っていて、しかしもちろん自分はそこにたくさん残された残置ハーケンを使って登ったのだが、本当にここをノーピンで登った、しかも当時の靴で、というのがちょっと信じられなかった。

で、この「岩を傷つけずに」のセリフは、かつてはハーケンを使わずということに対してだと解釈されて、改革者小川登喜男の技術的尖鋭性とモラルの厳しさを表す象徴と長らくされてきたのだが、これは実はちょっと違うということが、最近、宗宮誠祐氏「クライミング文献ノート」第1回（『ROCK&SNOW』78号）によって明らかにされた。それによると「岩を傷つけず」は文字通り岩を削る、今でいうチズリングをしないで登ったということなのだという。というのも当時、チズリング――タガネで岩に手がかりや足がかりを刻むは、当時の技術書にも書かれているくらいの普通の〝技術〟で、実際小川氏も同壁2ルンゼ初登の際にはそれを行なっている。しかし氏はその直後の、2ルンゼより難しい1ルンゼであえてそれを行なわなかったのであり、結局そのあたりのメンタルが、当時やはり特筆できることであった。と、結論付けられたのである。

で、これは確かにその後世界で同時多発的に起こったフリークライミングへの潮流に、間違いなく繋がるものなのではないかと、筆者も思う。

みんながやっていること（実際、その遥か後の昭和22年・1947年に同壁中央カンテを初登攀したパーティは完全にチズリングを行ない、それをまた自身の初登攀記に不可能を打ち破る的に記している）に対して自分自身の感覚からそれを疑問に思い、それを厳しい――ほとんど命がけの行為の中で拒否する。

そうした行為の根拠をこの連載では前に「反骨精神」と書いたが、この小川氏のやりようを見ると、その言葉より「誠実さ」というものの方が合っているように思える。「Honesty」と言った方がわかりやすいか。

そしてその基準は、ルールでも慣例でもない。自分が実際に山に接して、どう感じるか。それがすべてだろう。すべては山が教えてくれる。

そういった意味ではこの小川登喜男という人は、レベル的や記録的なものだけでなく、精神的な部分でも偉大な先駆者であるように、筆者などは強く思うのである。

フリークライミング年表

年	海外	国内
1947	・アメリカ、カリフォルニア州ターキッツロックでJ・メンデンホールらが5・9を登攀	
1949	・アメリカ、ユタ州ビッグコットンウッドキャニオンでH・グッドローが合衆国初の5・10を登攀	
1959	・アメリカ、コロラド州エルドラドキャニオンでR・ノッチカットが合衆国初の5・11を登攀（エスチーユクラック・ダイレクト）	
1964	・アメリカ、サウスダコタ州ニードルズでJ・ギルが合衆国初の5・12を登攀（スウィンブル）	
1965	・アメリカ、ヨセミテでC・プラットがトワイライトゾーン（5・10のオフウィズス。現在は5・11との評価も）を登攀	
1969	・大阪山の会吉永定雄、ヨセミテ訪問。岳人261号に「ヨセミテクライミング」として彼の地を日本に初めて紹介	

1971	・アメリカ、コロラド州エルドラドキャニオンでJ・エリクソンらが合衆国初のロング&ハードルート、ネイキッド・エッジ（6P、5・11）を登攀	
1972	・アメリカ、カリフォルニア州スイサイドロックでJ・ロングがパイサノ・オーバーハング（5・12c）を登攀	
1973	・黒田薫ら、ヨセミテ訪問。ワシントンコラムなど登攀	
1974	・森正弘、ヨセミテでフリークライミング。ナットクラッカー（5・8）、モビーディック（5・9）など登攀	・岩と雪39号にJ・ブリッドウェル「ヨセミテの新しい波」掲載
1975	・ヨセミテ初の5・12、フィッシュ・クラックがH・ハーバーにより初登（初登時のグレードは5・11+） ・J・バーカー、R・コーク、ヨセミテでホットライン（5・12a）初登 ・J・バーカー、R・コーク、J・ロングによりヨセミテの代表的なロングフリールート、アストロマン初登 ・黒田薫らヨセミテチーム、ヨセミテを再訪。5・10ルートを数本登攀 ・蔡恵司ら骨と皮同人、ヨセミテ訪問。ミドルカシードラロック・ノーズバットレスなど、5・10ピッチを含むミドルルートを登攀	・この頃より日和田山女岩ハングのフリー化、御在所岳のトッププロープログレム作成、北山公園、王子ヶ岳、鷹取山などで本格的なボルダリング始まる
1976	・林泰英、吉野正寿、ヨセミテ、エル・キャピタン・ノーズ登攀	・広島・三倉岳でフリールート開拓始まる
1977	・R・ジャーディンがヨセミテで世界初の5・13、フェニックスを初登	

1978

海外

・R・コークがヨセミテでミッドナイト・ライトニングを初登

国内

・山本譲、奥鐘山西壁紫岳会ルートフリー化
・この頃より韓国仁寿峰を訪れる日本人急増

1979

海外

・T・ヤニロがカリフォルニア州レイク・タホでグランド・イリュージョン（5・13c）初登

国内

・廣瀬憲文、小川山涸沢岩峰2峰にダイレクトルート開拓
・森徹也、明星山南壁フリースピリッツ下部開拓

1980

海外

・ビル・プライスがヨセミテでコズミック・デブリ（5・13a）初登
・檜谷清、ヨセミテでグリーンドラゴン（5・11b）登攀

国内

・岩と雪72号に戸田直樹「ヨセミテとコロラドの体験」掲載
・戸田直樹、谷川岳一ノ倉沢コップ状岩壁フリー化
・三ツ峠、戸田クラックで岩登り競技会。檜谷清優勝
・中山芳郎、小川山モアイクラック（5・9）初登

1981

海外

・鈴木英貴、ヨセミテ、ワシントンコラム東壁アストロマン、センチネルロック北壁シュイナード＝ハーバードルートなど登攀
・鈴木英貴、ユタ州モーゼスタワー、プリムローズダイヒードラル（7P、5・11＋）登攀
・鈴木英貴、コロラド、ヨセミテなどで多くの5・11ルートを登攀
・堀地清次ら、カリフォルニア州ジュシュアツリー訪問。モア・モンキー・ザン・ファンキー（5・11b）など登攀

国内

・吉川弘、室井由美子、小川山レイバック（5・9）、マラ岩ホリデー（5・9＋）、クレイジージャム（5・10d、トッププロープ）登攀
・池田功、クレイジージャム（5・10d）リード初登
・四方津ドラゴン（橋本覚、後ホールドが欠け12b）、鷹取山直角ハングなど、各地で5・11＋クラスのゲレンデクライミング報告
・戸田直樹、瑞牆山で春うらら1P目（5・11b）フリー化
・池田功、甲斐駒Aフランケ・スーパークラック（5・10＋）初登
・城ヶ崎海岸の開拓始まる。代表ルートはファザークラック（5・10c）、ゴリラクラック（5・9）など

1982

海外

・J・モファット、アメリカでスーパークラック（5・12c）、イクイノックス（5・12d）などオンサイト
・鈴木英貴、コロラドでブルースパワー（5・12a）、ヨセミテでクリムソンクリンジ（5・12a）、テイルズ・オブ・パワー（5・12b）登攀
・W・ギュリッヒ、アメリカでグランド・イリュージョン第2登

国内

・池田功、南場亨祐、谷川岳一ノ倉沢衝立岩正面壁フリー化（グリズリーと命名、5・11d）
・池田功、小川山でイムジン河（5・11d）初登
・堀地清次、小川山でバナナクラック（5・11d）初登
・戸田直樹らグループ・ド・コルデ、瑞牆山十一面岩末端壁で活動。5・11クラスのクラックを多数登攀

1983

・鈴木英貴、コロラド、ワイオミング、カリフォルニア各地で多くの5・12ルートを登攀
・堀地清次、寺島由彦らアメリカで5・12ルート多数登攀。主なものは堀地のスケアリーモンスター（5・12、ジョシュアツリー）、サンシャインダイヒードラル（5・12a、スミスロック）など
・M・メネストレル、仏ビュークスでレーブ・ド・パピヨン（8a、5・13b）初登
・独フランケンユーラでW・ギュリッヒがMr.マグネシアを、J・モファットがザ・フェースをそれぞれ初登。いずれもX－（5・13b）

・チーム・イカロス、城ヶ崎シーサイドロック開拓。プレッシャー、赤道ルーフ（ともに5・11b）など登攀
・池田功、鷲頭山でジェット（5・12a）初登
・篠原富和、檜谷清ら、小川山妹岩開拓。デッドエンド、忍者返しなど

1984

・鈴木英貴、ヨセミテ、コズミック・デブリ（5・13a）登攀。数ロアーダウン
・W・ギュリッヒ、独フランケンユーラで世界初のX級（5・13d）、カナール・イム・リュッケン初登
・J・モファット、ヨセミテでフェニックス（5・13a）、オンサイト

・岩と雪100号記念で城ヶ崎を特集。オーシャン、シーサイド、ファミリーも各エリアを紹介
・城ヶ崎タコ（5・12b、堀地清次）、瑞牆山春うらら2P目（5・12a、戸田直樹）、小川山ロリータJUNKO（5・12a、綿引英俊）、湯河原幕岩スパイダーマン（5・12a、大岩純一）、小川山スーパーイムジン（5・12c、池田功）、小川山流れ星（5・12c、堀地清次）など
・岩と雪105号でボルダリング特集。小川山ビクター、クジラ岩、神戸北山公園、御岳クライマー返しなどを紹介
・P・エドランジェ、テレビ朝日の招きで来日。明星山南壁フリースピリッツをフリーソロ
・J・モファット、C・ゴア、来日。スーパーイムジンをオンサイトのほか、蜘蛛の糸、タコなどを登攀
・R・フォーセット、モンベルの招きで来日。スーパーイムジンなど登攀

1985

・鈴木英貴、アメリカでグランド・イリュージョン第4登。2ロワーダウン
・寺島由彦、グランド・イリュージョンを世界初の1ロワーダウンで第8登
・W・ギュリッヒ、オーストリアでパンクス・イン・ザ・ジム（32、

・檜谷清、城ヶ崎プレッシャー（5・11b）はじめ、小川山など各地で多数のルートをフリーソロ
・山崎順一、御岳のクライマー返しをホールド欠損後、初の再登
・小川山ローリングストーン（5・12c、橋本覚）、城ヶ崎スカラップ（5・12d、池田功）など

海外

1985

5・14a）初登

・A・メネストレル、仏ビュークスでラ・ラージュ・ド・ヴィーヴル（8b+、5・14a）初登

・大岩純一、あき子、保科雅則ら、アメリカシャワガンクス訪問。スーパークラック（5・12c）など登攀

1986

・イタリア、バルドネキアとアルコでクライミンググランプリ開催。男子P・エドランジェ、女子C・デスティビルがそれぞれ総合優勝を飾った

・平山裕示、山野井泰史、アメリカ訪問。山野井がコズミック・デブリを、平山がデブリ、フェニックス、アシッドクラック（すべて5・13a）を登った

・アメリカ、オレゴン州スミスロックでフランス人のJ・B・トリブがトゥ・ボルト・オア・ノット・トゥ・ビー初登。アメリカ初の5・14

・寺島由彦、金子幸男、芥川尚司、ヨーロッパ訪問

1987

・W・ギュリッヒ、独フランケンユーラでウォールストリート初登。グレードXI級－で、ドイツ初の5・14

・鈴木英貴、グランド・イリュージョンをノーフォールで再登。世界初

・J・B・トリブ、南仏ベルドンにスペシャリスト開拓。当時グレード8cで世界最難

・P・クロフト、アストロマンをフリーソロ

国内

1985

・吉野・柏木の岩場開拓

・大岩純一、小川山で日本初の5・13、エクセレントパワー初登

・丸山浩之が豊田市郊外でKANNONクラックを初登。5・12dで国内のクラックとしては最難

・冬～翌春のシーズン、シーサイドロックで一大ルート開拓。主なものはサーカス（5・12b、保科雅則）、パンピングアイアンII（5・12b、大岩純一）、コロッサス（5・13b、杉野保）など

1986

・大工英晃、城ヶ崎タコをフリーソロ

・奥多摩日原の御前岩、白妙フェースが鈴木昇己、平山裕示らによって開拓

・S・グロヴァッツ来日。スーパーイムジン、エクセレントパワーをオンサイトの他、小川山にニンジャ（5・14a）開拓

・M・ル・メネストレル、D・シャンブル来日。スーパーイムジン、エクセレントパワーなどの他、日原御前岩にパチンコゲーム（5・13d）開拓

1987

・城ヶ崎シーサイドカップ開催。杉野保優勝

・小川山夢舞クライミングコンペ開催。平山裕示優勝

・小川山フェース開拓ブーム到来。屋根岩2峰、父岩、リバーサイドなどに拓かれる

・滝口康博、穂高屏風岩東壁雲稜ルートフリー化

1988

・S・フランクリン、スミスロックにスカーフェース（5・14a）を開拓。アメリカ人初の14
・大岩純一、堀地清次、寺島由彦、オーストラリアでマサダ（5・13b）など登攀
・4月より平山裕示のヨーロッパツアー開始。渡欧すぐにレーブ・ド・パピヨン（8a）、シュカ（8a+）、レ・マン・サル（8b）を登攀
・平山裕示、仏ベルドンでスペシャリスト（8b+）第4登
・W・ギュリッヒ、カラコルムヒマラヤのトランゴタワー・スロベニアルートをフリー化。5・12－
・平山裕示、仏シマイでオランジュメカニク（8a）オンサイト

・平山裕示、パチンコゲームを第2登
・城ヶ崎シーサイドロックにシンデレラボーイ（大岩純一）、虎の穴（保科雅則）などの5・13ルートが誕生
・大岩純一、小川山に力・ザ・大岩、ニンポー、磁力（いずれも5・12+）、めおとカンテ（5・13a）を開拓
・橋本覚、山形三崎海岸にレッドイーグル開拓。東北初の5・13
・保科雅則、湯川の白髪鬼（5・13b～c）初リード
・吉田和正、城ヶ崎の巨大なルーフクラック、マーズ初登。5・13dで当時日本人による最難グレード（現在5・14との声も）
・秋から翌春にかけて、二子山の岩場が大々的に開拓。国内最大級のスポーツクライミングエリアとして誕生

1989

・鈴木英貴、ジョシュアツリーでスティングレイ（5・13d）初登。クラックとしては世界最難
・B・ムーン、仏ビュークスにアジンコートを開拓。世界初の（公式な）8c
・平山ユージ、アルコロックマスター、オンサイト部門で3位。ワークトとあわせ総合10位
・鈴木英貴、ヨセミテでバン・ベル・ドローム5・13cを初登
・大岩あき子、米スノーバードのワールドカップで7位

・昭和記念公園で大倉カップ開催。男子平山ユージ、女子室井由美子が優勝した
・日本フリークライミング協会設立
・平山ユージ、北海道赤岩青巌峡に神威（5・13c）開拓。日本人による最難フェースグレード

1990

・平山ユージ、仏ベルシー室内コンペとアルコロックマスターでともに5位。
・平山ユージ、仏ブリアンソン国際マスターで2位。ニュールンベルク国際大会優勝
・B・ムーン、英ダービシャーにハッブル（8c+）開拓
・J・モファットはノースウェルズにリキッドアンバー（8c）を完成
・L・ヒル、仏シマイでマスクルティク（8b+）に成功。女性として初の5・14
・平山ユージ、フランスでネオフィット（8a+）オンサイト。このグ

・堀地清次、小川山兄岩にサマータイム（5・13b～c）開拓。当時日本人による小川山最難グレード
・吉田和正、小川山ニンジャを第2登
・寺島由彦、山形三崎海岸にランボー（5・13d）開拓

レードのオンサイトは世界初

1990

海外

国内

1991

海外

- 大岩あき子、仏シマイでサミズダッド登攀。日本人初の8a
- 杉野保、米スミスロックでルードボーイ（5・13c）登攀
- 平山裕示、アルコロックマスターで優勝。世界選手権は2位。ワールドカップ東京大会優勝。総合ランク2位
- W・ギュリッヒ、独フランケンユーラでアクシオン・ディレクト初登。世界初のXI級（5・14d）、のちに5・15a（9a）との声も

国内

- クライミング・ジャーナル休刊
- 東京代々木の国立競技場でアジア初のワールドカップ開催。平山裕示が優勝
- 吉田和正、北海道赤岩青巌峡に燃えるお兄さん（5・13d〜14a）開拓。日本人による最難グレード更新
- 鈴木昇己ら甲斐駒Aフランケの赤蜘蛛ルートをフリー化。スーパー赤蜘蛛（5・11c）とした

1992

海外

- 平山裕示、仏ボルクスでマジノライン（当時8c）に成功。他にも多くの8b+とカランクルのル・サンス・ド・ラ・ヴィ（8c）など登攀
- J・B・トリブ、米スミスロックにジャスト・ドゥ・イット開拓。5・14cでアメリカ最難
- 草野俊達、柘植求、アメリカにジョン・ギルの足跡を訪ねるツアー。草野がスウィングルなどを登る

国内

- 福原俊江、城ヶ崎のシンデレラボーイ（5・13a）に成功。国内では女性初のグレード
- 吉田和正、北海道神居岩で日本人による初の5・14a、シュピネーター初登
- 日本フリークライミング協会主催ジャパンツアー開幕。初代総合優勝は男子木村康則、女子杉守千晶
- 寺島由彦が埼玉県入間市にTウォール開店。国内初の本格的クライミングジム
- 岡山、備中の岩場が開拓。西日本最大のスポーツクライミングエリアとして発展する

1993

海外

- L・ヒル、エル・キャピタン・ノーズをフリー化。5・13b?
- F・ニコル、スイスにバン・ド・サン（9a）を開拓

国内

- 岩手県泉、山梨県太刀岡山、伊豆城山マルチピッチ、奥多摩神戸などが開拓
- 吉田和正、北海道見晴岩にハードラック・トゥ・ミー（5・14a〜b）開拓

1994

海外

- J・B・トリブ、仏ボルクスにスーパープラフォン（8c+）開拓。マジノラインのロングバージョン
- 寺島由彦、米スミスロックでスカーフェースとホワイトウェディング

国内

- 89年頃より拓かれ始めていた奥三河の鳳来峡がクライミングエリアとして完成。岩と雪165号に紹介される

（いずれも5・14a）を登攀
・寺島由彦、ヨセミテでミッドナイト・ライトニングに日本人として初めて成功

1994

・草野俊達、国内でボルダリングを追求。御岳の「蟹」（三段）など
・岩と雪、休刊。最後の特集はクライミングウォール

1995

・A・アドラー、独アクシオン・ディレクトを第2登
・A・フーバー、サラテを全ピッチフリークライミング
・F・ルーラン、仏オークレールでアキラ（9b）初登。グレードは未確定
・平山ユージ、米コロラドのスフィンクス・クラック（5・13b）で初のオンサイト

1996

・F・ルーラン、仏オークレールでウグ（9a）初登

1997

・小山田大、仏オルゴンでブロンクス（8c+）に成功。わずか2日間のトライ。他にコネクション（8c+）などにも成功
・アメリカアリゾナ州バージンリバーゴージュでC・シャーマがネササリー・イーブル（5・14c）初登
・平山ユージ、サラテをオンサイトトライ。2カ所のフォールのみでワンプッシュ・レッドポイント

・群馬有笠山、城山ワイルドボアゴージュなど開拓
・小山田大、小川山マラ岩ケイブにスペシャリスト（5・13d）、またたび（5・14a）など開拓
・草野俊達、穂高屏風岩に「フリークライミング」開拓。オールフリー、オールナチュラルプロテクションのライン
・小山田大、鳳来ハイカラ岩にpiku、ラーマなど5・14a〜bのルート開拓

1998

・A・フーバー、T・フーバー、エル・キャピタン南東壁エルニーニョ初登。北アメリカ壁のフリー化。5・13b
・平山ユージ、ワールドカップ総合優勝

・小山田大、小川山マラ岩ケイブにメランジ（5・14b）開拓。国内最難
・室井登喜男、小川山、御岳、三峰などでボルダリングを追求。代表作は冬の日（四段、小川山）など
・飯山健治ら、屋久島本富岳に水の山開拓。10P、5・12cでマルチピッチとしては国内最難

海外

1999
・T・コールドウェル、コロラドでクリプトナイト初登。5・14dでアメリカ最難
・小山田大、仏ジュラシックパークのゾッブル（8c+）のレッドポイントに5回目で成功。このクラスのR・Pでは世界最短
・平山ユージ、仏ニース近郊でモータルコンバット（8b+、5・14a）のオンサイトに成功。このクラスのオンサイトは世界初

2000
・T・コールドウェル、エル・キャピタン西壁ラーキングフィア、フリー化。5・13c
・F・ニコル、スイスにドリームタイムを開拓。V15で世界最難のボルダー
・平山ユージ、ワールドカップ総合優勝
・平山ユージ、イタリア・アルコでアンダーグラウンド（8c+／9a）初登

2001
・C・シャーマ、仏セユーズでリアライゼーションに成功。5・15aで世界最難
・J・ベレシアルトゥ、スペインでホンキーミックス（8c）に成功。女性初のグレード
・岡野寛、仏シャモニのボルダリングコンペで10位
・平山ユージ、米クリプトナイト第2登
・J・ベレシアルトゥ、伊アンドノのノイア（8c+）に成功。女性初のグレード

2002
・平山ユージ、サラテをレッジ・トゥ・レッジでフリークライミング。5・13d
・木村理恵、オーストラリアのワールドカップで8位
・岡野寛、伊レッコのボルダリングコンペで3位
・松島暁人、仏アルジャンティエールのボルダリングコンペで6位

国内

1999
・小山田大、鳳来ハイカラ岩にムードラ（5・14c）開拓
・杉野保、飯山健治ら、小川山屋根岩5峰開拓。プラズマ火球（5・13c）など

2000

2001

2002
・兼原佳奈、小川山スペシャリストに成功。国内女性初の5・13d

2002

- 小山田大、南仏オークレールでウグ（9a）第4登。日本人最高グレード
- J・ベレシアルトゥ、スイスのバン・ド・サン（9a）に成功。女性初のグレード

2003

- B・フェルナンデス、スペイン・マラガ近郊でチラム・バラム（5・15c）初登。世界最難？（グレードは未確認）
- 茂垣敬太、ワールドカップ中国大会、英エジンバラボルダリングコンペで連続3位
- A・フーバー、T・フーバー、エル・キャピタン南東壁ゾディアック、フリー化。5・13d
- 平山ユージ、エル・キャピタン・エルニーニョをオンサイトトライ。2ヶ所でフォールした以外はほぼオンサイトで完登

- 平山ユージ、二子山東岳でフラットマウンテン初登。5・14dで国内最難
- 室井登喜男、小川山で闇の絵巻（五段）初登
- 小山田大、鳳来で白道（五〜六段、V15〜）初登。国内最難のボルダー

2004

- 小山田大、オーストラリア・ホロウマウンテンケイブで世界最難V16のボルダー「ザ・ホイール・オブ・ライフ」初登
- 小山田大、スイスでドリームタイム（V15）に成功。第10登
- 平山ユージ、スペイン・バルツォーラでホワイトゾンビ（8c／5・14b）オンサイト。世界初の8cのオンサイト

2005

- 茂垣敬太、韓国で開かれたアジアンXゲームで優勝
- 小山田大、ドイツ・フランケンユーラでアクシオン・ディレクト（5・14d）完登

- 平山ユージ、備中で国内2本目の5・14d、空知（カラチ）初登
- 小林由佳、太刀岡山カリスマ・オンサイト。国内女性初の5・13オンサイト

2006

- ソニー・トロッター、カナダ・スコーミッシュで当時世界最難のクラック、コブラクラック（5・14b／c）初登
- J・ベレシアルトゥ、スペイン・モンサンのハイドロフォビア（5・14aオンサイト。女性初の5・14オンサイト

	海外	国内
2007		・小山田大、塩原でバベル（五段+／六段−）初登。国内最難グレード更新
2008	・ベス・ロッデン、ヨセミテでメルトダウン初登。5・14cでクラックとしては当時世界最難 ・野口啓代、ボルダリング・ワールドカップ、（仏モントバン）で優勝 ・野口啓代、ワールドカップで年間優勝 ・デイブ・マクロード、スペイン・マルガレタのダルウィン・ディクジット（8c／5・14b）をフリーソロ。このグレードのフリーソロは世界初 ・トミー・コールドウェルら、エル・キャピタン・マジックマッシュルームをフリー化。32ピッチ、5・14a ・クリス・シャーマ、ネバダ州クラークマウンテンで全長80mの5・15b、ジャンボ・ラブ初登 ・クリスチャン・コーレ、世界初のV16（その後V15／16とも）、Gioia初登 ・パチ・ウソビアガ、スペイン・エチャウリでビシ・エウスカラッス（8c+／5・14c）オンサイト。このグレードでは世界初 ・アレックス・オノルド、ヨセミテ・ハーフドーム北西壁をフリーソロ	・尾川智子、塩原のカランバ（四段／V12）に成功。このグレードは女性初
2009	・茂垣敬太、スイス・ブランソンのラ・ダンス・ド・バルログ（V13）をフラッシュ。このグレードのフラッシュ世界タイ記録 ・安間佐千、ワールドゲームズ台湾・高雄大会で優勝 ・杉野保、グランド・イリュージョン（5・13c）2撃（ピンクポイント） ・野口啓代、ワールドカップ連覇（年間優勝）	・室井登喜男、瑞牆山でアサギマダラ（六段）初登。日本最難
2010	・村岡達哉、スイシ・クレシアーノのドリームタイム（V15）に成功。ホールド欠損以後の第2登	

2010

・安間佐千、スペイン・オリアナでパピチュロに成功。日本人初の5・15a

2012

・アダム・オンドラ、ノルウェー・フラタンゲルで世界初の5・15c、チェンジ初登
・安間佐千、ワールドカップ年間総合優勝
・小山田大、スイシ・クレシアーノのザ・ストーリー・オブ・トゥー・ワールズ（V16?当時世界最難）に成功
・野口啓代、城ヶ崎シンデレラボーイ（5・13a／b）をオンサイト。日本人女性のオンサイト最高グレード
・尾川智子、塩原のカタルシス（V14）に成功。女性世界最高グレードを更新

2013

・アダム・オンドラ、スペイン・オリアナで世界で2番目の5・15c、ラ・デュラデュラ初登
・ニコラ・ファブレス、ノルウェーで世界最難のクラック、ザ・リカバリードリンク（5・14c／d）初登
・安間佐千、ワールドカップで2度目の年間総合優勝
・安間佐千、鳳来でガンジャ・エクステンション（5・14a）、オンサイト。日本初の5・14のオンサイト

2014

・野口啓代、ワールドカップで年間優勝

2015

・野口啓代、ワールドカップ、ボルダリング部門で年間優勝
・安間佐千がスペイン・オリアナでファイト・オア・フライト（5・15b）完登。日本人初の5・15b
・トミー・コールドウェル、エル・キャピタン・ドーンウォール（32ピッチ、5・14d）フリー化
・倉上慶大、瑞牆山十一面岩で千日の瑠璃（7ピッチ、5・14a、R／X）初登

2016

・ナーレ・フッカタイヴァル、フィンランドで世界初のV17、バーデン・オブ・ドリームス初登
・楢﨑智亜、ワールドカップ、ボルダリング部門で年間優勝
・小山田大、フランケンユーラでcorona（5・15a）完登

海外

2017

・マーゴ・ヘイズ、スペインのラ・ランブラ（5・15a）完登。女性初の5・15
・アンゲ・アイター、スペインのラ・プラン・デ・シバ完登。女性初の5・15b
・アダム・オンドラ、ノルウェーで世界初の9c／5・15d、サイレンス初登
・アレックス・オノルド、エル・キャピタン・フリーライダーをフリーソロ
・増本亮、エル・キャピタン・エルコラソン完登
・楢崎智亜、ワールドカップ、コンバインドで年間優勝
・一宮大介、コロラドでCreature from the Black Lagoon（V16）を第4登

2018

・倉上慶大、エル・キャピタン・ノーズをロープソロ
・野中生萌、ワールドカップ、ボルダリング部門で年間優勝

2019

・裸足のクライマー、シャルル・アルベール、フォンテーヌブローで世界で2本目のV17、No Capote Only初登（同年亀山凌平が第2登し、V16／17としている）
・安間佐千がスペイン・サンタリーニャでストッキング・ザ・フィーレ（5・15b）完登
・増本さやか、エルキャピタン・フリーライダーを日本人女性初のレッドポイント完登
・長門敬明・山本大貴、エル・キャピタン・ゴールデンゲートをチームフリーで完登
・楢崎智亜、ワールドカップ、ボルダリング部門で2度目の年間優勝

2020

・アレックス・メゴス、フランス・セユーズで世界で2本目の9c／

国内

2017

・小山田大、岐阜・恵那で那由多（V16）初登
・御前岩解禁

2018

・安間佐千、御前岩でソウルメイト（5・15b）初登
・石井秀佳（13）、鳳来の白道（V15）第4登。女性でのこのグレードは世界で3人目、最年少

2019

2020

5・15d、ビブリオグラフィ初登（のちに5・15cにグレードダウン）

・奥村優がスペイン・オリアナでPapichulo（5・15a）完登

・セバスティアン・ブワン、フランス・ベルドンで「DNA」初登。正式な9c／5・15dとしては世界で2本目

・ショーン・ラブトゥ、スイスで世界3本目のV17、Alphane初登

2020

2022

・東京オリンピックで「スポーツクライミング」が正式種目に。優勝は男子がA・ロペス（スペイン）、女子がY・ガンブレット（スロベニア）。野中生萌が2位、野口啓代が3位に入賞した

リードグレード比較表

JAPAN (USA)	French	UIAA	Australia
5.2		I	6
5.3	1	II	7
5.4	2	III	8
5.5	3	IV	10
5.6	4	V−	12
5.7	5a	V	14
5.8	5b	V+	16
5.9	5c	VI−	17
5.10a	6a	VI	18
5.10b	6a	VI+	19
5.10c	6b	VII−	20
5.10d		VII	21
5.11a	6b+	VII+	
5.11b	6c		22
5.11c	6c+	VIII−	
5.11d	7a		23
5.12a	7a+	VIII	24
5.12b	7b	VIII+	25
5.12c	7b+	IX−	26
5.12d	7c	IX	27
5.13a	7c+	IX+	28
5.13b	8a	X−	29
5.13c	8a+		30
5.13d	8b	X	31
5.14a	8b+	X+	32
5.14b	8c	XI−	33
5.14c	8c+		34
5.14d	9a	XI	35
5.15a	9a+		36
5.15b	9b	XI+	37
5.15c	9b+		
5.15d	9c		

菊地敏之（きくち・としゆき）

1960年神奈川県生まれ。10代の頃より鷹取山でクライミングを始め、アルパインクライミングからフリー、ビッグウォールへと活動を広げる。特にヨセミテには足繁く通い、そこから大きな影響を受ける。元クライミングジャーナル編集長、元オペル冒険大賞事務局長、現（公社）日本山岳ガイド協会会員、現（一社）アルパインクライミング推進協議会代表。著書に『最新クライミング技術』『最新アルパインクライミング』（東京新聞出版局）、『日本マルチピッチフリークライミングルート図集』『クライマーズコンディショニングブック』（山と溪谷社）、『日本の岩場・上下』『関東周辺の岩場』『日本50名ルート』（白山書房）など。

ブックデザイン — 天池聖（drnco.）
校正 — 中井しのぶ
DTP — 株式会社キャップス
印刷・製本 — 図書印刷株式会社

定本
我々はいかに「石」にかじりついてきたか
日本フリークライミング小史

2023年3月10日 初版第1刷発行

著者 菊地敏之
発行人 川崎深雪
発行所 株式会社 山と溪谷社
〒101−0051 東京都千代田区神田神保町1丁目105番地
https://www.yamakei.co.jp/

▼乱丁・落丁、及び内容に関するお問合せ先
山と溪谷社自動応答サービス●TEL.03-6744-1900
受付時間／11時—16時（土日、祝日を除く）
メールもご利用ください。［乱丁・落丁］service@yamakei.co.jp
［内　容］info@yamakei.co.jp
▼書店・取次様からのご注文先
山と溪谷社受注センター●TEL.048-458-3455 FAX.048-421-0513
▼書店・取次様からのご注文以外のお問合せ先
eigyo@yamakei.co.jp

＊定価はカバーに表示してあります。
＊乱丁・落丁などの不良品は送料小社負担でお取り替えいたします。

ISBN978-4-635-34044-1